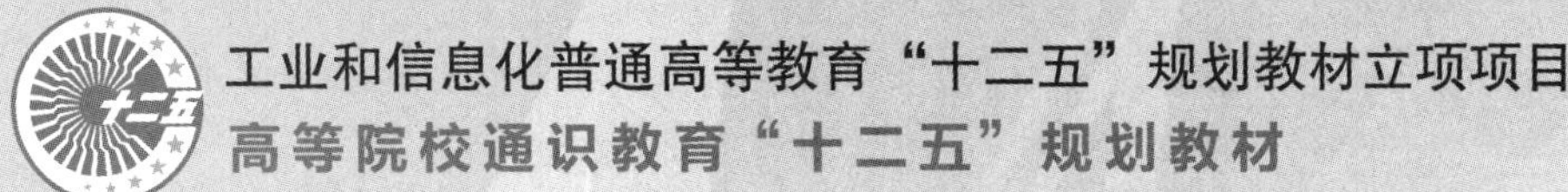

工业和信息化普通高等教育“十二五”规划教材立项项目

高等院校通识教育“十二五”规划教材

信息检索与图书馆资源利用

Information Retrieval and Library Resource Utilization

计斌　主编

人 民 邮 电 出 版 社

北 京

图书在版编目（CIP）数据

信息检索与图书馆资源利用 / 计斌主编. -- 北京 : 人民邮电出版社，2015.9（2021.12重印）
高等院校通识教育“十二五”规划教材
ISBN 978-7-115-39282-4

Ⅰ. ①信… Ⅱ. ①计… Ⅲ. ①情报检索－高等学校－教材 Ⅳ. ①G252.7

中国版本图书馆CIP数据核字(2015)第171298号

内 容 提 要

本书较为系统地介绍信息检索的基本知识与基本理论，以图文并茂的方式详细生动地介绍网络信息资源、图书、期刊、特种文献的特征与检索方法，同时本书还从提高大学生信息素养的角度，对信息利用过程中所涉及的学术论文写作等进行介绍。

本书既可作为高等学校文献检索课程的教材，也可以作为广大科技工作者掌握网络信息资源检索方法，进行学术论文写作的参考书。

◆ 主　　编　计　斌
责任编辑　王亚娜
执行编辑　喻智文
责任印制　焦志炜

◆ 人民邮电出版社出版发行　　北京市丰台区成寿寺路 11 号
邮编　100164　　电子邮件　315@ptpress.com.cn
网址　http://www.ptpress.com.cn
北京市艺辉印刷有限公司印刷

◆ 开本：787×1092　1/16
印张：12.25　　2015 年 9 月第 1 版
字数：249 千字　　2021 年12月北京第14次印刷

定价：29.80 元

读者服务热线：(010)81055256　印装质量热线：(010)81055316
反盗版热线：(010)81055315

本书编写委员会

主　　编：计　斌

副 主 编：陈先平　汪剑平

参　　编：（按姓氏笔画为序）

朱庆明　江丽霞　李志明　陈　勇　张　波

周淑英　胡森树　龚金林

主　　审：陈先平

前言

21 世纪是信息世纪，信息已成为人们认识社会、创造社会财富和促进社会发展的主要动力，信息活动已成为人类的主要活动。如何从浩如烟海的信息海洋中快速、及时、准确地获取自己所需要的信息，已成为人们工作、学习的关键问题，谁掌握了信息，谁就掌握了打开人类知识宝库的钥匙。

本次编写是在上一版的基础上进行修订的，增加了 SCI、SD、EI 及 MOOC 资源和 RSS 文献资源订阅内容，对原有的内容做了科学删减、合并和重组。新版教材更加突出实用性、针对性和新颖性，既继承了原教材的优点和特色，又力求创新发展。全书从内容体系上更加科学合理、自然流畅、协调一致。本书既可作为高等学校文献检索课程的教材，也可以作为广大科技工作者掌握网络信息资源检索方法，进行学术论文写作的参考书。

全书共分为 6 章，内容包括文献信息检索概论、搜索引擎及网络信息检索、图书信息检索、期刊论文检索、特种文献检索和学术论文撰写。各章编写人员如下：第 1 章，计斌、张波；第 2 章，陈先平、李志明；第 3 章，胡森树、陈勇；第 4 章，张波、龚金林；第 5 章，周淑英、朱庆明；第 6 章，汪剑平、江丽霞。

在本书编写过程中，编者参阅和引用了许多参考文献，这为本书的完成提供了帮助，也丰富了本书的素材，在此对相关作者表示真诚的谢意。由于编者水平所限，而且网络环境下文献资源在快速地变化，网络检索平台也在不断更新，书中难免出现疏漏和错误之处，恳请读者予以批评指正。

编者

2015 年 6 月

目录

第 1 章

文献信息检索概论

在信息化高度发展的今天，我们再也不用担心无处查找信息，但如何全面、快速、准确地从信息海洋中找到所需，又使我们陷入另一种困境。俗话说，工欲善其事，必先利其器。只有掌握信息检索技能，提高信息素质，才能从茫茫的信息海洋中找出精华、去除糟粕。

1.1 文献信息资源与类型

信息一直在人类的生产、生活中扮演着重要角色，特别是 20 世纪 80 年代以来，随着第三次信息技术革命的推动和知识经济的蓬勃兴起，人类逐渐进入信息社会，信息化水平已经成为衡量一个国家或地区的国际竞争力和综合实力的重要标志。

1.1.1 信息、知识、文献和情报

1. 信息

信息（Information）是自然界、人类社会以及思维活动中普遍存在的现象，是一切事物存在方式、运动状态及其特征的反映。简言之，信息是事物发出的信号、消息。

按信息产生的客体性质分类，可分为自然信息、生物信息、机器信息和社会信息，例如昼夜的变化、树的年轮、手机黑屏、口口相传的民间故事等。信息按其所依附的载体分类，可分为文献信息、口头信息、电子信息等。其中，文献信息是以文字、符号、声音、图像为编码，并经人们筛选、归纳和整理后记录下来的人类精神信息。口头信息是存在于人脑记忆中，通过交谈、讨论、报告等方式交流、传播的信息。电子信息在这里特指通过电视、计算机、网络等传播的瞬时信息。

2. 知识

知识（Knowledge）是人的主观世界对客观世界的概括和真实反映，是人们对各种自然现象和社会生活的认知总结。信息是知识的来源，人们对其进行加工、分析、提炼与综合，形成知识。因此，知识是人的大脑通过思维重新组合的优化、系统化的信息集合。

根据经济合作与发展组织（OECD）的定义，知识分为以下 4 类。

① 知道是什么（Know What），即事实知识，关于事实方面的知识，如伦敦奥运会的正式开幕时间等。这类知识通常被近似地称为信息。

② 知道为什么（Know Why），即原理知识，关于自然原理和规律方面的知识，如牛顿第一定律等。这类知识往往在专门的研究机构，如实验室和大学里形成。

③ 知道怎样做（Know How），即技能知识，关于技术或能力方面的知识，如车床操作技能等。很多企业的技术情报和商业秘密被归入这一类。

④ 知道是谁（Know Who），即个体认知与能力知识，关于谁知道什么及谁知道如何做什么的知识，如通过政府网站、统计年鉴等工具可以获取中国 2008 年的 GDP 数据信息。这类知识是较难获取、很有价值的知识。

3．文献

文献（Literature）通俗地讲是记录了知识的一切载体。具体而言，文献是用文字、代码、声频、视频等方式将知识信息记录在物质载体上的结合物。其中，知识内容、信息符号、物质载体和记录方式是文献的 4 个基本要素。

随着信息技术的发展与演进，人类记录、传递知识的历史已经历了从“语言的诞生—文字的创造—造纸与印刷术的发明—电子技术—计算机与互联网”这 5 次革命，所以文献除了包括常见的书刊等印刷型出版物，还包括会议文献、科技报告、专利文献、学位论文、科技档案等各种特殊出版物，也包括古代的甲骨卜辞、金石简牍、帛书卷轴、手抄文稿、书画文物、线装古籍，以及现代的电影胶卷、缩微胶片、录音录像带、数字文献等。

4．情报

情报（Intelligence）是关于某种情况的消息和报告，是在特定时间、特定状态下对特定的人提供的有用知识，是激活了的知识，具有传递性、效用性和知识性的特点。早期人们只将情报和军事联系在一起，认为情报是战时关于敌情的报告。但现代社会知识创新迅猛，行业竞争激烈，情报已被广泛用于政治、经济、文化等各个领域，已经成为人们进行决策、规划和管理的主要依据。

5．信息、知识、文献和情报相互之间的关系

信息普遍存在于自然界和人类社会之中，其涵盖面最为广泛，包含了知识、文献和情报；知识来源于信息，是人类经过思维加工而成为的有序化信息，知识是信息中最有价值的部分，但信息能否转化为知识，转化得是否充分、完整，则取决于信息接收方的认知能力；情报是指被传递的知识或信息，是解决用户具体问题所需要的特定的知识和信息；文献是物化了的知识记录，是信息、知识和情报的主要载体形式。总之，信息是生产知识的原料，知识是系统化的信息，文献是静态的、被记录的知识，情报是动态的、被传递的知识。

1.1.2　信息社会的特征

信息社会是信息技术飞速发展、信息产业高度发达、信息资源极为丰富的社会。将外在的知识和信息为人所掌握，并内化为人的学识，才能转化为现实生产力。对于任何个人、组织、企业和国家，获取和应用信息的能力是取得事业成功的关键。

1．信息成为重要的战略资源

信息社会是以知识和信息为基础从而促进社会高速发展的一种社会形态。在农业社会和工业社会中，物质和能源是主要资源，所从事的是大规模的物质生产。而在信息社会中，信息成为比物质和能源更为重要的资源，以开发和利用信息资源为目的的信息经济活动迅速扩大，逐渐取代工业生产活动而成为国民经济活动的主要内容。

2．人们对信息的需求日益增强

在信息技术广泛应用于社会生活各个领域的大趋势下，信息资源的获得、处理和利用直接关系到各项工作的进程和结果。例如，在科学研究中，信息是科研工作的前哨；在商务活动中，信息就是金钱和财富；在现代化战争中，信息的获取和利用程度可决定战局的胜负。信息的“触角”伸入到社会生活的各个角落，人们主动寻找信息和应用信息的意识不断增强，信息搜索日益成为日常工作和生活中的一项重要内容。无论是学习研究、劳动就业，还是寻医问药、文化娱乐、旅游观光、吃饭购物等，人们总是习惯“上网搜一下”，从网络中寻找相关信息。

3．全球性信息环境问题突出

随着人类社会的不断进步与发展，信息资源无限膨胀，信息技术一日千里，社会的信息化程度也随之不断提高，这一切给人们的工作、学习、生活提供更多的机会与便利的同时，也造成了信息超载严重、信息失衡明显、信息污染成灾、信息障碍加剧、信息犯罪增多等问题，降低了用户获取信息的效率，增加了人们利用信息的难度。面对信息社会的挑战，只有提高信息素养、掌握信息技术，才能趋利避害，从而快捷地从浩如烟海又纷繁复杂的信息资源中搜寻并利用有价值的信息。

1.1.3　文献信息资源的类型

文献信息资源的种类繁多，形式多样，为了对它们进行更有效的检索和利用，人们从物质载体、出版形式、加工程度等不同角度对其做了适当的划分归类。

1．按物质载体划分

按物质载体的不同，文献信息资源可以分为手写型、印刷型、缩微型、声像型和机读型 5 种。

（1）手写型

手写型信息资源既包括古代在印刷术发明之前以手写记录的文献形式，如甲骨、简策、金石、帛书等，也包括还没有正式付印的手稿。这类信息在研究历史方面具有很高的学术价值和收藏价值。

（2）印刷型

印刷型信息资源是以纸张为载体，通过油印、铅印、胶印等印刷手段，将负载知识的文字固化在纸张上的一种传统的信息形式。它技术含量较低，却是最常用的一种信息资源，如常见的纸质图书、期刊和报纸等。

（3）缩微型

缩微型信息资源是以感光材料为载体，以光学缩微技术为记录手段，将文献的影像固化在感光材料上的一种信息形式，包括缩微胶片、缩微平片等。

（4）声像型

声像型信息资源又称视听资料，是以磁性、感光材料为载体，以磁记录或光学技术为手段直接记录声音、图像，并以声图并茂的方式展现的一种信息形式，如唱片、录音带、录像带、幻灯片、电影等。

（5）机读型

机读型信息资源又称电子型信息资源，是用数字技术将信息存储在磁盘、磁带或光盘等载体上，通过计算机处理生成的信息形式，如电子图书、电子期刊、光盘数据库、软盘、磁带等产品，以及电子公告、电子邮件等。

2．按出版形式划分

按出版形式和内容的不同，文献信息资源可分为图书、连续出版物和特种信息 3 种。其中，连续出版物是指具有统一题名，印有编号或年月顺序号，定期或不定期在无限期内连续出版、发行的出版物，主要包括期刊、报纸等；特种信息也叫作灰色信息、难得信息，包括学位论文、专利信息、标准信息、会议信息、科技报告、政府出版物、产品资料和技术档案，在收藏管理上往往与图书报刊分开，另立体系，分别管理。以下是文献信息资源主要类型的特点。

（1）图书

图书是指 50 页以上的以印刷方式单本刊行的出版物，包括专著、汇编本、多卷本、丛书等。每种图书都有特定唯一的号码，即国际标准书号（International Standard Book Number，ISBN），如 978-7-8110-1534-9。图书按其用途可分为阅读性图书、参考工具书以及检索性图书等。

其特点为：①图书的内容全面系统，基础理论性强，论点成熟可靠。如果需要对大范围问题获得一般性知识，对陌生问题进行一般了解，对熟悉问题进行历史性的全面系统的回顾，查阅图书一般来说是行之有效的办法。②传统印刷业图书的撰写、编辑、出版周期较长，传递信息速度慢，内容相对陈旧，不过电子图书的出版发行可以弥补这一缺陷。

（2）期刊

期刊也称杂志，是一种以印刷形式或其他形式逐次刊行，通常有数字或年月顺序编号，并打算无限期地连续出版下去的出版物。每种期刊都有特定唯一的号码，即国际标准刊号（International Series Standard Number，ISSN）。例如，大学图书馆学报刊号为 1002-1027；西安石油学院学报刊号为 1001-5361。期刊按其性质和用途不同，可分为学术性期刊、检索性期刊以及快报性期刊等。

其特点为：①期刊有固定的名称和版式，有连续出版的时间顺序标识，即出版年、月、卷、期号；②期刊由专门的编辑机构编辑出版，与图书相比，数量大，刊载速度快，出版周期短，发行与流通面广，便于获取；③内容新颖，信息量大，能及时反映各学科发展的最新动态和科学研究的最新成果；④按期连续出版，便于研究者长期跟踪研究。

（3）报纸

报纸是指以刊载新闻和评论为主的出版周期较短的定期连续性出版物，是宣传报道最迅速的出版物，一般按固定时间出版。报纸出版周期短，传递信息快，传播范围广，信息量大，现实感强，具有时事性、时效性、大众性和通俗性的特点，是重要的社会舆论工具和情报源，对社会经济和政治生活有着广泛的影响，但报纸所涉及的资料庞杂零散，不易积累与保存。

（4）学位论文

学位论文是高校或科研机构的学生为获取学位而撰写的学术论文。按学位的不同分为学士学位论文、硕士学位论文和博士学位论文。

（5）会议文献

会议文献是指在各种学术会议上发表的论文、报告及其他有关资料，包括会前文献和会后文献。众多学科的新理论、新技术，大多利用科技会议论文形式首次公布。它往往代表某一领域最新研究成果，学术性较强，是科学工作者了解学科发展动态、获取学科最新信息的重要来源。

（6）专利

专利文献是指各国专利局及国际性专利组织的正式出版物，如专利申请说明书、专利说明书、专利公报、专利分类表以及专利文献检索工具等。专利文献是公开通报新发明创造、促进技术发明迅速传播的媒介，是对技术发明进行科学审查和实施法律保护的依据，是应用型科学研究工作者的重要信息源。

（7）标准文献

标准文献是公认的权威部门对工农业产品、原材料、工程建设所制定的技术规定，具有一定法律效力。标准文献是了解各国技术经济政策、技术发展和管理水平的重要参考资料，其中的很多标准可作为生产建设和科研工作的依据。

（8）科技报告

科技报告是科学研究工作中关于某项研究阶段性进展的总结报告或研究成果的正式报告。其内容大多涉及某学科前沿技术或高新科技领域的最新研究课题，详尽系统，专深具体，数据可靠，报道及时，具有比较高的科研价值，且大多数有一定的保密性。

（9）政府出版物

政府出版物是指各国政府部门及其所属机构所颁布出版的信息。它集中反映了政府各部门对有关工作的观点、法令、方针政策等，通常分为行政性文件和科技性文件两大类。政府出版物对于了解某国的科技、经济等方面的政策和事件有一定参考价值。

（10）产品资料

产品资料是企业为推销产品而印发的商业性技术宣传品。它包括产品说明书、产品目录、厂商企业介绍、贸易刊物、产品数据手册等。其特点是技术成熟可靠、出版迅速、图文并茂、直观性强。产品资料是工程技术人员的主要参考资料，对技术革新、试制新产品以及引进设备有一定参考价值。

（11）技术档案

技术档案是企事业单位在生产或科研活动中形成的有具体工程和研究对象的技术文件的总称，包括任务书、协议书、研究计划、实验设计、实验记录、总结报告等所有应入档的资料。技术档案由专业人员整理，可靠性强，是科研生产工作中积累经验、吸取教训和提高质量的重要依据，具有较高的参考价值，但有一定的保密性，一般内部使用。

3．按加工层次划分

人们在利用和传递信息的过程中，为了及时报道和揭示信息，对文献信息资源进行了不同深度的加工。从加工层次的角度，可将文献信息资源分为零次文献、一次文献、二次文献和三次文献。

（1）零次文献

零次文献是指未经过任何加工，未经公开发表或交流的文献，如私人笔记、书信、手稿、实验原始记录、调查结果原稿、设计草图、原始录音、谈话记录等。零次文献具有客观性、零散性、不成熟性等特点，一般通过参观展览、口头交谈、报告交流等途径获取，内容具有较高价值，并能弥补公开文献从信息的客观形成到公开传播之间周期较长的缺陷。

（2）一次文献

一次文献是以著者本人的生产与科研工作为依据而撰写的原始文献，经公开发表或交流后成为一次文献，如专著、期刊论文、研究报告、会议文献、学位论文、专利、标准、技术档案、科技报告等。一次文献具有创新性、实用性和学术性等明显特征，是使用最广、影响最大的文献。

（3）二次文献

二次文献是将零散、无序的一次文献进行搜集、精炼、整理，并按一定的科学体系和逻辑顺序组织编排而成的检索工具，包括目录（题录）、索引、文摘等，如《中国学术文摘》《全国报刊索引》等。二次文献具有系统性、汇集性和可检索性，主要为读者提供查找一次文献的线索。

（4）三次文献

三次文献是对一、二次文献进行整合、分析和评价而编写出来的文献。它通常围绕某个专题，并利用二次文献等工具搜集许多相关文献，对其内容进行深度加工，综合概括而成，实用价值较高，包括综述、述评、进展、动态及各种参考工具书等。

1.2　文献信息检索的原理及类型

信息检索（Information Retrieval）有广义和狭义之分，广义上是指将信息按一定的方式组织和存储起来，并根据用户的需要找出特定信息的过程，包括存储和检索两个环节。狭义上仅指这个过程的后半部分，即从信息集合中查找所需信息的过程。

1.2.1　文献信息检索的原理

信息检索的全过程包括存储和检索两个环节，如图 1-2-1 所示。存储是将大量无序的信息集中起来，按照检索语言（主题词表或分类表）及其使用原则对原始信息进行处理，形成信息特征标识，构建检索途径的过程。信息检索是用户按照同样的检索语言及组配原则分析课题，形成检索提问标识，根据存储所提供的检索途径，从信息集合中查获与检索和提问标识相符的信息特征标识的过程。

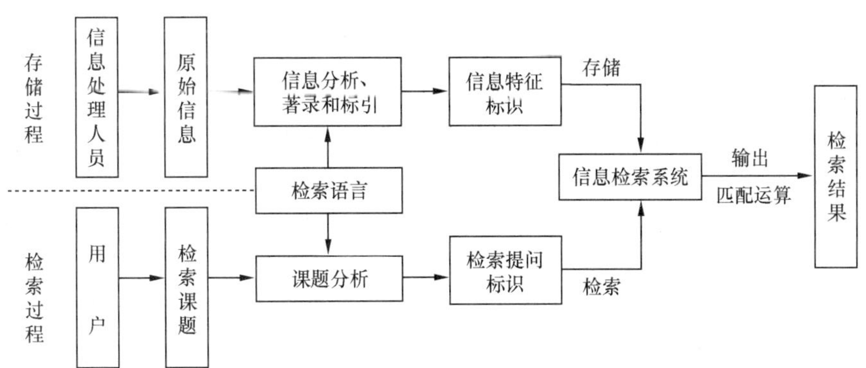

图 1-2-1　文献信息检索全过程

检索的本质是用户信息需求与文献信息集合的比较和选择，是两者匹配的过程。用户在检索时，信息检索系统一方面接受用户的检索提问，另一方面从数据库（检索工具）中接受信息特征标识，然后在两者之间进行匹配运算，如果比较结果一致或基本一致，那么具有该标识的信息可能就是用户所要的命中文献，如果比较结果不一致，则要重新检索。

1.2.2 文献信息检索的意义

1．提高生活质量

信息检索与日常生活密切相关，紧密相连。面对生活中的许多问题，例如考研深造、求职就业、金融投资、买房买车、交通出行、娱乐休闲等，仅仅依靠个人原有的知识可能无法及时做出解决问题的正确决策。只有掌握了信息检索技巧，才能快速获取各种渠道的信息，做出正确决策，从而更好地满足个人的衣食住行等生活需求，享受更为方便、快捷和丰富的生活：衣——利用各种比价工具和购物网站、购物引擎寻找物美价廉的衣服；食——利用各种美食网站查找各地好吃的、健康的、实惠的、具有特色的美食；住——利用各种房产门户网站或房产中介网，查找全国各地的房价楼盘情况、租房信息等；行——利用旅行网站或行程助手等行程规划软件，查询旅行目的地的天气状况、交通路线，订购机票、预定旅馆，高效制定旅游攻略和规划，来一场说走就走的旅行。

2．提升研究效率

“书山有路勤为径”，而面对浩如烟海而又分散繁杂的信息资源，要想快速、准确地查获自己所需的信息，光靠“勤”已远远不够，还要加上“巧”。文献信息检索就是最主要的技巧，它能解决海量文献与特定需要之间的矛盾，提供获取和利用新知识的捷径，从而提升研究效率。随着计算机网络技术在图书馆获得广泛应用，大学生如果具备良好的信息检索能力，熟悉各种数据库的使用方法和检索技巧，就能随时随地充分地利用图书馆的文献信息资源，在专业学习、课程设计、数学建模、各类竞赛和毕业设计等各个方面都将获益匪浅；科研人员查找信息的时间，一般要占整个科研时间的30%～40%，如果掌握科学的信息检索方法，就可以节省科研人员获取信息的时间，缩短整个科研周期。

3．获取求职信息

对处于信息时代的大学毕业生而言，借助互联网获取、查询和交流信息，已经成为毕业生求职择业的重要途径。目前，就业信息的获取渠道非常多，例如学校就业主管部门、人才市场交流会和洽谈会、各种新闻媒介和互联网等。但是，随着就业压力的增加，就业信息量非常庞大，有时还存在虚假和冗余的就业信息，大学生能否获取、甄别和利用有效信息成为求职成功的重要因素。如果具备一定的信息素养，大学生将会有目的、有针对性地去搜集有用的信息，并对所获取的信息进行科学分析和鉴别，做到有的放矢，集中精力关注适合自身情况的真实的就业信息，那么结果将事半功倍。否则将会形成“有业不就”的奇怪现象，“错失”就业“良机”。

4．实现终身学习

据美国工程教育协会推算，“学校教育只能赋予人们所需知识的 20%～25%”，而绝大部分的知识是在走出校门后靠自己不断地学习去获得的。大学生不再是只会吸纳大量事实信息的人，而应该是知道如何检索、评价和应用所需信息，使自己增长知识的人。“授人以鱼，不如授人以渔。”人们必须在具备基础阅读能力的前提下，努力培养自己的学习能力，提高自身信息素质，建立一个不断演进的知识体系，及时更新现有知识，实现终身学习。

只有这样，才能适应当今社会发展的需求。

5．促进科研创新

科学研究兼有继承和创造两重性。牛顿曾经说过："如果说我比别人看得略微远些，那是因为我站在巨人们的肩膀上。"所谓"站在巨人们的肩膀上"，就是指充分地占有和利用信息资源，从前人研究的"终点"中找出自己研究的"起点"，从而在学术研究工作中获得突破性的成就。对于任何一个科技工作者来说，只有在探求未知或从事研究工作之前，充分了解科技发展水平与最新动态，系统掌握国内外科技信息，才能避免重复劳动，合理利用已有的研究成果，从而将有限的时间和精力用于创造性的研究中。相反，忽视信息检索，则容易重复研究，浪费大量人力、财力和物力，造成研究工作进展缓慢甚至失败。

1.2.3 文献信息检索的类型

按照不同的分类标准，可以把信息检索划分为不同的类型，如表 1-2-1 所示。

表 1-2-1　　信息检索的类型

	分类标准	类型
信息检索	检索对象和检索内容	文献型检索
		数值型检索
		事实型检索
	检索技术的层次	文本信息检索
		多媒体检索
		超媒体及超文本检索
		网络信息检索
	用户使用信息的目的	撰写论文的信息检索
		学科建设的信息检索
		科学研究的信息检索
		生产开发的信息检索
		回答或解决单一问题的信息检索
		对已知文献的查找
	检索界面	简单检索
		高级检索
		专业检索
	检索方式	手工检索
		计算机检索

1．依据检索对象和检索内容的不同划分

（1）文献型检索

文献型检索（Document Retrieval）是以文献为检索对象，利用检索性工具书和文献型数据库，查找用户所需的特定文献，包括某一主题、时代、地区、著者、文种的有关文献，以及这些文献的出处和收藏处所等。例如，关于“汽车排放废气造成公害”都有哪些文献报道，其检索结果通常为文献的信息或全文，是一种相关性检索。文献检索是最核心、最基本的检索，它可以细分为题录检索、文摘检索和全文检索。

（2）事实型检索

事实型检索（Fact Retrieval）是以某一客观事实为检索对象，利用参考性工具书和指南数据库，查找用户所需的特定事实，包括某一事物发生的时间、地点及过程。例如，“世界上最长的隧道是哪条，该隧道何时建成”，其检索结果是客观事实或是为说明事实而提供的相关资料，是一种确定性检索。

（3）数据型检索

数据型检索（Data Retrieval）是以数值或数据为检索对象，利用参考工具书、数值数据库和统计数据库，查找用户所需的特定数据，包括文献中的某一数据、公式、图表、指数、常数以及化学分子式等。例如，“2009 年我国人均 GDP 指数”，其检索结果是经过测试、可供直接使用的科学数据，也是一种确定性的检索。数据型检索分为数值型检索与非数值型检索。

2．按检索技术的层次不同划分

（1）全文文本检索

全文文本检索是通过计算机将文件的全貌（包括文字和图形、图像等非文字信息）转换成计算机可读形式。检索结果的每一条记录不仅能揭示文献的题名、作者、出处、文摘的信息，而且能直接、深入地揭示整篇文章甚至整本书。全文文本检索是以文中任意信息单元（如章、段、句、节等）作为检索点，计算机自动进行高速比照，从而完成检索过程。

（2）超文本检索

超文本检索是一种新型的具有发散式思维功能的检索技术，包括基于浏览和基于提问两种检索方式。传统的文本都是线性的，用户必须按顺序阅览，而超媒体是一种多向的网状结构，检索时用户可以从任何一个节点开始，沿着交叉链从不同角度选择自己感兴趣的部分阅读。图 1-2-2 所示为 CNKI 的论文应用情况交叉链。

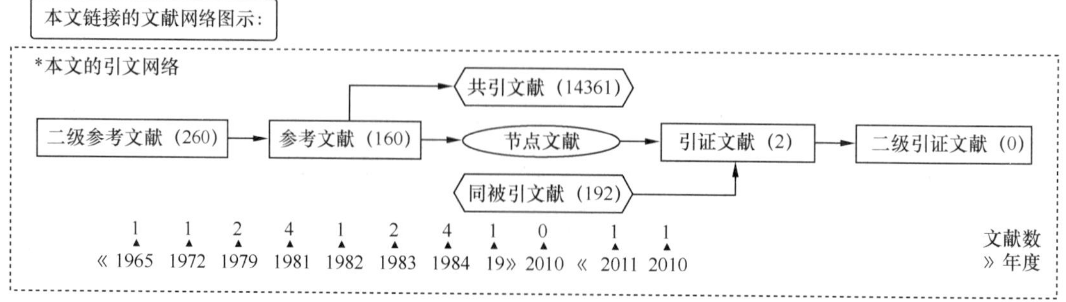

图 1-2-2 CNKI 的论文应用情况交叉链

（3）多媒体检索

多媒体检索就是以多媒体信息（文字、声音、图形、图像等）为检索对象的信息检索，包括视频检索、声音检索、图像检索和综合检索等。信息用户在检索集文字、图形、图像、动画、声音为一体的多媒体数据时，不仅能够查询浏览对象的文字描述，而且可以听其声、观其形。

（4）网络信息检索

网络信息检索是通过网络接口软件，用户在一终端查询各地上网信息资源的检索。其检索系统集各种新型检索技术于一体，能对各种媒体、各种类型的信息进行跨时间、跨地区的检索。

3．依据用户使用信息的目的不同划分

（1）撰写论文的信息检索

这类检索大部分是为了写论文而要求检索较新的期刊和学位论文等文献，它主要强调查准率，一般检索 5～10 年以内的文献。写一般的论文通常需要 10 篇左右的参考文献，而撰写博士论文则需要 100 篇以上的参考文献。

（2）学科建设的信息检索

为创建新学科或促进学科发展而进行的信息检索，主要强调信息的完整性和系统性。这类检索不仅要求得到本学科的相关信息，而且也希望得到相近学科和交叉学科的有关信息；同时它非常重视事实数据，还有时限要求。其重点不仅仅是信息的检索，更重要的是信息的整理。

（3）科学研究的信息检索

一般来说，社会科学、基础科学、高层次的科学研究都要求检索近 20 年的相关信息；自然科学一般要求检索近 10 年的相关信息；应用科学和一般层次的研究检索近 5 年的相关信息就能满足要求。此类检索包括立项查新和成果查新等。

（4）生产开发的信息检索

生产开发关心的是产品生产技术、产品的市场前景及经济效益，这类检索主要是针对专利商标、产品样本资料、统计数据、价格等信息。

（5）回答或解决单一问题的信息检索

这类用户的提问通常单一、具体，如制糖残留物的处理工艺、水稻烂秧问题、葡萄炭疽病的防治等，强调查准率但不求全。

（6）对已知文献的查找

强调检索的准确性，这类用户需要了解的是某信息来源出处或入藏情况，其目的是要得到有关信息的原件、复制品或不同文字的译本。例如，检索杨永林 2002 年在《现代外语》

发表的一篇论文等。

4．按照检索界面的模式划分

（1）简单检索

简单检索界面（Basic Search）通常只有一个文本框。大部分检索工具默认的界面就是简单检索，一般允许输入一个检索项，适合简单的检索，也被称为初级检索或快速检索。通常查询一本图书的书名或者一两个关键词，只需要使用简单检索界面即可。不过简单检索界面不易执行多条件的复杂检索，往往需要在结果中添加新的检索内容再检索，即通过二次检索分次完成。

（2）高级检索

高级检索界面（Advanced Search）是表格式的，用于一次完成比较复杂的检索。一般的检索工具都有高级检索，把不同检索字段累加，一次提取，因此也被称为组合检索。

（3）专业检索

连高级检索也难以执行的更复杂的检索课题，可以用专业检索。专业检索准确率高，效果更稳定。在外文数据库中，专业检索也被称为专家检索，主要是使用逻辑运算符和关键词构造检索式进行检索，有一定难度。

三种检索方式的界面如图 1-2-3 所示。

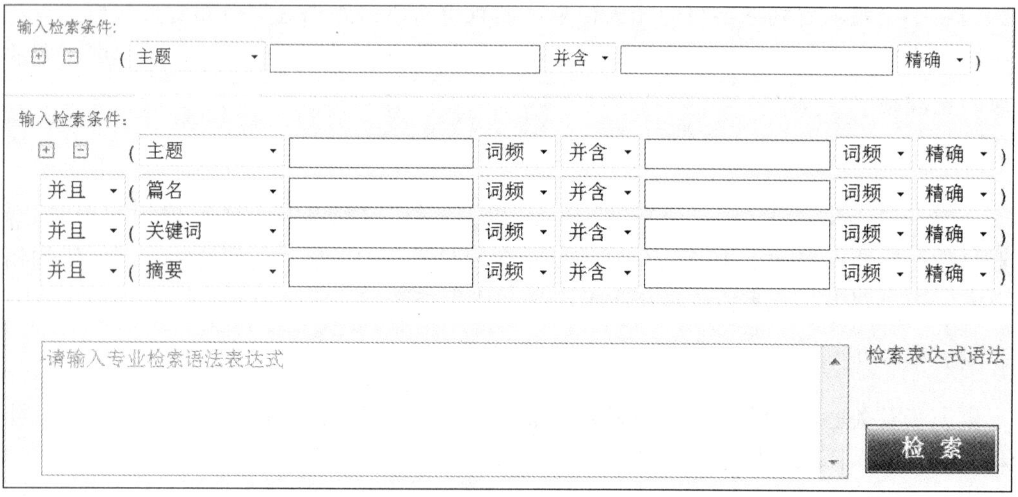

图 1-2-3　简单检索、高级检索、专业检索的界面

5．依据信息检索方式不同划分

（1）手工检索

简称“手检”，是指利用卡片式目录或印刷型工具书，以手工操作的方式进行的检索。其优点是方便、灵活、判别直观，便于控制检索的准确性；其不足是检索速度慢，工作量较大，不便进行复杂概念课题的检索。

（2）计算机检索

简称“机检”，是指人们利用计算机和一定的通信设备，通过各种数据库查找所需信息的检索。其优点是检索速度快、效率高、检索全面；不足之处是需要借助相应设备，成本高、费用大。目前广泛使用的计算机检索系统包括光盘检索系统、联机检索系统和因特网检索系统。

1.3　文献信息检索的语言、步骤与评价

1.3.1　文献信息检索的语言

检索语言是信息组织与信息检索所使用的语言，用来描述文献特征及表达检索提问，是用户与检索系统对话的基础。检索语言的结构如表 1-3-1 所示。其中，信息检索语言主要有分类检索语言和主题检索语言两大类。

表 1-3-1　　检索语言的结构

<table>
<tr><td rowspan="10">检索语言</td><td rowspan="3">描述文献信息
外表特征的语言</td><td colspan="2">题名检索语言</td></tr>
<tr><td colspan="2">著者检索语言</td></tr>
<tr><td colspan="2">号码检索语言</td></tr>
<tr><td rowspan="7">描述文献信息
内容特征的语言</td><td rowspan="3">分类检索语言</td><td>体系分类语言</td></tr>
<tr><td>组配分类语言</td></tr>
<tr><td>混合分类语言</td></tr>
<tr><td rowspan="4">主题检索语言</td><td>关键词语言</td></tr>
<tr><td>单元词语言</td></tr>
<tr><td>标题词语言</td></tr>
<tr><td>叙词语言</td></tr>
</table>

1．分类检索语言

分类检索语言（分类法）是将文献信息按学科、事物性质的等级体系加以排列，用分类号来表达文献主题概念的检索语言。分类检索语言的具体表现形式就是分类表（法），最常用的是体系分类语言。体系分类语言以文献内容的科学性质为对象，从学科分类观点出发，运用概念划分的方法，将知识分门别类地按逻辑次序，从总到分、从一般到具体、从低到高、从简到繁进行层层划分、层层隶属，逐级展开一个层类制的等级结构体系。较权威的分类法有《中国图书馆图书分类法》《中国科学院图书馆图书分类法》《国际十进制分类法》《国际专利分类法》等。

现在以《中国图书馆图书分类法》为例说明其构成。《中国图书馆图书分类法》简称《中图法》，是国内使用最广泛的图书分类法之一。《中图法》将全部的知识分为马列主义、毛泽东思想、邓小平理论，哲学，社会科学，自然科学和综合性图书五大部类，在此基础上

建成了由22个大类组成的体系系列，如表1-3-2所示。

表1-3-2 《中图法》大类表

基本部类	基本大类
马克思主义、列宁主义、毛泽东思想	A 马列主义、毛泽东思想、邓小平理论
哲学	B 哲学、宗教
社会科学	C 社会科学总论
	D 政治、法律
	E 军事
	F 经济
	G 文化、科学、教育、体育
	H 语言、文字
	I 文学
	J 艺术
	K 历史、地理
自然科学	N 自然科学总论
	O 数理科学与化学
	P 天文学、地球科学
	Q 生物科学
	R 医药、卫生
	S 农业科学
	T 工业技术
	U 交通运输
	V 航空、航天
	X 环境科学、安全科学
综合性图书	Z 综合性图书

《中图法》的分类标记符号采用汉语拼音字母、阿拉伯数字和圆点相结合的混合制号码，用字母表示基本大类（一级类目），在字母后用数字表示基本大类下类目的划分，唯独工业技术大类下用两位字母表示二级类目。《中图法》的分类号越长，代表的内容越具体，检索出的文献越精准。

以“声的反射与折射”为例，《中图法》的体系细分如图1-3-1所示。

O 数理科学与化学
- O1 数学
- O2 数学
- O3 力学
- O4 物理学
  - O4-1 物理学现状与概况
  - O42 声学
    - O421 声的原理
    - O422 声的传播
      - O422.1 声速
      - O422.2 声场
      - O422.3 声的反射与折射
      - O422.4 声的吸收与衰减

图1-3-1 《中图法》的体系细分示例

2．主题检索语言

主题检索语言（主题法）是直接用自然语词作主题概念标识，用字顺排列标识和参照系统等方法来间接表达各种概念之间的相互关系的一种检索语言，具体表现形式是主题词表。用来表达文献信息内容的词语被称为主题词。主题检索语言中应用较多的是主题词语言（主题词法）和关键词语言（关键词法）。

（1）主题词法

又称叙词法，是将自然语言的词语概念，经过规范化和优选处理，通过组配来标志文献主题的方法。主题词具有概念性、描述性、组配性的特点。它适用于计算机化的文献检索，是发展最快、使用最广的检索语言。英国电气工程师学会编辑出版的《INSPEC 叙词表》以及我国编辑和出版的《汉语主题词表》等都是使用叙词语言标引和检索文献的典型词表。

（2）关键词法

关键词是直接从文献的篇名、正文和文摘中抽选出来的，用以揭示文献内容特征的具有实际意义的自然词汇。使用关键词对文献信息进行描述，建立主题检索系统的方法被称为关键词法。关键词法选词方便、简单、迅速，其选择的关键词能深入、直观地揭示文献信息，符合人们的思维习惯，因此得到广泛应用。

3．分类法与主题法的比较

分类法与主题法是从不同角度揭示文献内容的方式。分类法按学科或专业集中文献，能较好地体现学科的系统性，揭示知识的平行、隶属和派生关系，便于检索者从学科专业途径查找文献，能够较好地满足族性检索要求，查全率较高。但是，分类体系庞大、复杂，不易掌握，专指度不高，对细小专深的主题难以揭示和检索，也不适应新兴学科和边缘学科的查找。

主题法直接用名词术语作为检索词，表达概念准确、灵活、专指度高，便于读者检索；主题法打破传统的学术分类的框框，把分散于各个学科里的有关某课题的文献集中于同一主题之下，有利于综合性研究。但是，主题法只揭示文献中所论述与研究的对象，单个主题词之间相对独立，因此系统检索某一知识领域的文献信息则相对困难。

1.3.2　文献信息检索的步骤

为了达到检索目的，必须按照一定的方法和策略分步来查找文献信息。检索策略是为实现检索目标而制订的全盘计划或方案，检索步骤实际是信息检索策略的具体化。一般而言，文献信息检索要经过以下步骤：分析检索课题→选择检索工具→确定检索方法→选择检索途径→确定检索词→拟定检索式→调整检索策略→获取原始文献。

1．正确分析检索课题

在进行检索之前，首先要对检索课题进行认真而细致的分析研究，确切了解所要查询的目的和要求，确定检索问题的关键词及其涉及的学科或主题范围、地域范围、语种范围、资源的时间范围、需要的信息类型、资源的性质（学术信息资源或大众化的资源）等。具体可从以下几个方面着手。

（1）了解课题学科属性、专业范围及其相关内容

首先明白是单一学科、还是涉及多学科或者是跨学科。当课题涉及多学科时，以主要学科为检索重点，次要学科为补充，以全面系统地查出所需文献。

（2）明确检索课题的检索类型、信息类型、时间范围、语种范围

① 弄清检索课题是文献类检索课题还是事实数据类检索课题，针对不同类型的信息检索制定不同策略，提高准确率。

② 明确课题需要的文献类型。例如，系统补充某学科知识，可首先考虑选用图书；若是撰写开题报告或进行某项技术攻关或研究项目，可考虑研究报告、科技论文、学位论文、会议文献等资料；若是从事某项发明、工艺改革、新产品设计，可从专利说明书、标准文献和产品资料中得到帮助；若是引进设备、签订合同，应考虑标准、专利及产品资料等文献类型。

③ 确定检索的时间范围。检索时应该从研究课题的背景出发，了解有关知识发展的形成期、高峰期与稳定期，最终确定检索的时间范围，以避免不必要的时间和精力浪费。对研究层次低、发展较快的学科，检索时段可以适当缩短，应优先查找最近几年的文献。

（3）考虑不同课题的特殊要求

① 文艺课题。要考虑作者国家、文种、写作时代、作品主题、主要经典名著和书评。由于概念的广泛性，主要考虑用分类号，以图书为主要的信息类型，书评等则以期刊论文居多。

② 化学课题。信息很专业，要考虑用途、反应、性质、制备过程、分子式、化学物质登记号、化学物质名称、别名。例如，如果仅输入药物的商品名来检索中国专利，往往没有结果，应该改用化学物质名称或者化学符号等进行检索。

③ 工业课题。多考虑产品资料、专利信息、标准信息，要分析产品性能、生产原理、产品结构、原材料、工艺过程。

④ 农业和生物课题。农业和生物信息的老化速度比工业信息缓慢，要考虑地域性、季节性、品种差异、同名异种情况，检索时间跨度可能较大；若发现新的生物种类要鉴定，需要回溯 100 年检索信息。有的农业生物检索课题有地域性，如我国和日本研究蚕学较多，美国和欧洲则研究较少。

⑤ 临床医学类课题。要从患病部位、疾病种类、病因、诊断方法、治疗方法、治疗用的药物等来分析课题。

⑥ 社会科学类课题。教育文献包括教育理论、教育制度、教育机构、教育人物、学校管理、教学法、各级各类教育。历史文献包括国家、地区、朝代（历史时代）、民族、人物、机构和团体、事件、制度、政策、改革、会议、法规、著作等。地方文献包括历史变迁、

经济（各业）状况、自然、气候、物产、民族、风俗、语言、文化、人物、行政管理、交通、名胜古迹等。

（4）分析课题对查新、查准、查全的指标要求

新、准、全是最重要的三个检索指标。若要了解某学科、理论、课题、工艺过程等最新的进展和动态，则要检索最近的文献信息，强调“新”字；若要解决研究中的某具体问题，找出技术方案，则要检索有针对性、能解决实际问题的文献信息，强调“准”字；若要撰写综述、述评或专著等，要了解课题、事件的前因后果、历史和发展，则要检索详尽、全面、系统的文献信息，强调“全”字。

（5）明确用户自身的信息需求

主体不同，需求不同，检索结果的意义就不同。同一篇文献，本科生可以学习新知识，觉得很有用而研究生可能觉得无用；同一篇关于用腌制方法加工食品的信息，有人偏重于腌制食品的制作细节，而有的人侧重于腌制方法。

2．选择合适的检索工具

检索工具是人们用来存储、报道和查找各类信息的工具。选择正确的检索工具对检索效率起着十分重要的作用。

根据高校图书馆信息资源和大学生的信息需求实际情况来看，常用的检索工具有印刷型工具书、本馆的馆藏书目检索系统、超星电子图书数据库、方正电子图书数据库、CNKI 系列数据库、维普科技期刊数据库、万方数据资源系统、读秀知识库、外文 SpringerLink 数据库、Elsevier 数据库、EbscoHost 数据库等。其中收费的检索工具需要从校园网或者本校图书馆界面进入，以便于免费获取原文。此外，网上免费的检索工具还有中国国家知识产权局数据库、欧洲专利局数据库、美国专利商标局数据库、综合性搜索引擎 Google、百度等。

信息检索应该以满足信息利用要求为前提，选择覆盖课题的、对应的、高质量的检索工具。一般来说，可以从以下几个方面入手。

（1）考虑检索工具的类型和学科范围

选择检索工具一定要根据检索项目的性质、内容来确定，保证检索工具所覆盖的学科范围和课题保持一致。例如，查找某一专业专指性很高的课题时，应以专业性检索工具为主，辅之以综合性检索工具。如果是检索多个专业的文献，则首先选用综合性检索工具。

综合性检索工具如维普《中文科技期刊数据库》和 CNKI 系列数据库等收录范围广，使用广泛，但其加工深度不及专业性检索工具，检索途径少。相对来说，专业性检索工具的覆盖面较窄，但在某一专业领域的收录信息针对性很强，信息挖掘深度大，检索效率较好。例如世界著名的《化学文摘》和医学类文摘检索工具。

（2）了解检索工具收录的文献类型

一般而言，检索大众化的主题比较适合用搜索引擎，而各种专门的数据库则适合查找

学术信息。各种专门的数据库分别收录了不同的文献类型，如维普科技期刊数据库、超星电子图书数据库、ISI Conference Proceedings Citation Index 和 Derwent Innovations Index 分别用于查找期刊论文、电子图书、会议论文与专利文献。

（3）衡量检索工具的质量

在网络环境下，数据库是用户检索使用最多的工具。对于如何选择某一个数据库，有的学者提出了数据库选择的 4C 原则，即 Content（数据库的内容）、Coverage（数据库收录资源的范围）、Currency（数据库内容的新颖性、更新的频率）和 Cost（数据库的费用）。

良好的检索工具应该提供多样化的检索途径，如著者途径、题名途径、主题途径、分类途径等；满足多元化的检索模式，如初级检索、高级检索和专家检索等；支持多种检索技术；具有使用帮助、检索示例、检索提示等特色，同时检索操作简单易学，而且检索效果好。

3．确定检索方法

检索方法即查找文献的方法。在信息检索过程中，具体选用哪种检索方法，根据客观情况和条件的限制不尽相同。但归纳起来，按照检索者提问命中结果的效率或过程，可以分为直接检索的常规法、间接检索的引文法和维基式提问法。

（1）常规法

通过翻阅目录、索引和词表直接检索所需信息，是传统手工检索的主要方法。从时间上考虑有顺查法、倒查法和时间抽样法 3 种。

① 顺查法：就是从过去某一时间起往现在逐年逐月地检索。这种方法一般在写综述、述评、专著时，或了解一项技术、方法等的产生、演变、发展的情况时采用。这种方法不易漏检，得到的文献系统性强，但费工费时。

② 倒查法：就是从现在往过去逐年回溯。它多在确定新课题或解决某些关键性技术问题时采用。用这种方法检索的用户比较注重新的信息，同时常有一些信息量上的要求。例如，写论文时想查找一定数量的参考文献，人们就采用这种方法，既保证了相关领域新信息的检出，又可根据自己对信息量上的要求随时终止检索。这种方法目的性强，得到的文献新颖性高，省时省力，但查全率不高。

③ 抽查法：就是抽查学科发展迅速、文献发表较多的某个时段逐年集中检索。在事物发展的关键时期、鼎盛时期，往往也是重大成果出现的时期，抽取这一时期的信息资料进行检索，往往能找到重要的信息。这种方法目的性强，工作量相对较小，但对使用者要求较高，只有熟悉学科发展特点的用户才能得到较好效果。

（2）引文法

通过检索参考文献的方法发现重要的文献，它包括两种情况。

① 利用原始文献所附的参考文献进行追溯，即查看参考文献的参考文献。一般利用与

课题相关的综述或专著，把其参考文献当成一个专题索引，以此为起点进行追溯，可以得到不少针对性较强的文献。这种方法可以弥补检索工具的不足，寻求新的检索点，但得到的文献不如现有文献新。

② 利用引文检索工具进行追溯，即查看引用文献的引用文献。这种方法主要依靠专门的引文索引来实现，如世界著名的学术信息出版机构美国科学情报研究所编制的三大引文数据库——科学引文索引（Science Citation Index，SCI）、社会科学引文索引（Social Sciences Citation Index，SSCI）、艺术与人文科学引文索引（Arts & Humanities Citation Index，A&HCI），以及我国的中国科学引文数据库（CSCD）、中文社会科学引文索引（CSSCI）。被引用的次数越多，表明该文献越重要。这种方法追查出的文献越来越新，可检索出交叉学科、边缘学科的文献，但是检索准确性欠缺。

（3）维基式提问法

检索者使用 WIKI（维基、威客），提出一个问题，通过网站进行悬赏，很多人帮助搜索然后给出答案，或者提出建议和希望，与此类似的是知识搜索，以检索者需求为基础的知识整合传播。知识搜索与机器搜索的不同在于它建立了完善的互动机制，如评价、交流、修改等。知识搜索引擎的代表网站主要有百度百科、百度知道、中国雅虎知识堂、新浪“爱问知识人”、腾讯 QQ 旗下网站“搜搜问问”、CNKI 知识搜索、太傅知识搜索以及 Google Answers 等。

这种基于用户分享的检索，不需要对检索字段进行准确定义，用户可以跟平常提问一样抛出问题，通过分享账户、邮箱、短信等多种方式获取答案。这种方式不但降低了检索的门槛，还通过一问一答增强了交流。但由于分享用户数量的不确定性，答案数量与质量不一，需要提问者根据自身的情况进行鉴别。

4．选择检索途径

检索途径又称检索项，是用户进行文献信息检索的出发点和依据。找出文献的信息特征，有针对性地进行检索是最便捷的途径。

（1）从文献的内容特征检索文献的途径

文献信息的内容特征是指文献所记载的知识信息中隐含的、潜在的特征，即与文献信息内容密切相关的信息，如主题词、关键词和分类号等。主题词或关键词就是指与文献主题相关度较大且出现频率较高的词。分类号是指文献所属的学科类别号码。文献的内容特征提供了主题、分类等检索途径，适用于检索未知线索的文献。

① 分类途径。分类途径（Classified Index）是按照文献内容所属的学科类别检索文献的途径。它主要利用检索工具的学科分类表、分类目录、分类索引等，查找有关某一学科或相关领域的文献信息。分类途径有利于从学科体系的角度获得较系统的相关文献，体现学科的系统性，反映事物隶属、平行、派生关系，能较好地满足族性检索的需要，可以提供比较系统、全面的资料。但由于受专业知识和分类法的影响，分类途径常易发生差错，

造成漏检和误检，影响检索结果，同时也不适合当今边缘学科、交叉学科发展的需要。

② 主题途径。主题途径（Subject Index）是按照主题内容检索的途径，即将文献主题用语词表达并按语词字顺检索相关文献。其最大优点是主题概念易于被用户理解、熟悉和掌握，而且它把分散在各个学科中的相关文献集中在同一主题下，突破了分类途径的严格框架限制，适应了复杂概念课题和交叉、边缘学科检索的需要，是科技文献检索中使用越来越广泛的方法，具有特性检索的功能，但是无法体现文献的学科系统性。

③ 分类主题途径。分类途径以学科体系为基础，分类编排，学科系统性好；主题途径直接用文字表达主题，概念准确、灵活，直接性较好，适合于特征检索。分类主题途径是分类途径和主题途径的结合，比分类体系更具体，无明显的学术层次划分，同时，保留了主题体系按字顺排序以便准确检索的特点，但比主题法更概括。

（2）从文献的外表特征检索文献的途径

文献信息的外表特征是指从文献检索载体的外表上标记可见的特征。它们与文献信息主题内容没有关系或关系不大，一般出现在文献的封面或扉页，即不打开书本，或不看文献的具体内容就可以确定一篇文献，例如题名、责任者、专利说明书的专利号、科技报告的报告号等。从文献的外表特征提供了题名、著者、号码等检索途径，适宜用来查找已知文献题名、著者姓名或号码的文献。

① 著者途径。著者途径（Author Index）是根据文献的作者姓名进行检索。“著者”广义上还应包括汇编者、编者、译者、专利发明人、主办者、团体作者、作者单位等。著者途径主要利用著者索引，包括个人著者索引和机关团体索引。著者途径检索直接可查寻到同一著者、同一机构发表的所有文献，也可通过合著者查寻出一批彼此联系在一起的著者及其著作，查准率高，但检索困难，不易查全。

② 题名途径。题名途径（Title Index）是直接利用文献的题名进行检索，是查找文献最常用的途径，多用于查找图书、期刊、单篇文献。检索时按题名字顺像查字典一样进行查找。题名包括图书名、论文篇名、刊名、标准名、文档名、数据库名等。

③ 号码途径。号码途径（Number Index）是根据文献代码、序号编排成的“号码索引”检索文献的途径，如国际标准书号（ISBN）、国际标准刊号（ISSN）、技术标准号、专利号、科技报告号或合同号、任务号以及文献收藏单位编的馆藏号、索取号、排架号等。在已知文献号码的前提下，号码检索明确、简短、唯一，具有特性检索的功能，效率较高。

除了上述检索途径外，还可以从文献信息所包含的名词术语、地名、人名、机构名、商品名、生物属名、分子式的特定顺序进行检索，如引文途径、生物类的生物分类途径、化学类的分子式或功能团等途径。

一般而言，检索时应遵循“主题途径为主，多种检索途径综合应用”的总原则。若是课题要求专指性强，所需文献比较专深，则适宜选择主题途径；若是课题要求泛指性较强或不易选择检索词的课题，可先用分类途径进行浏览，在检索出的记录中找出相关的词汇，再转入主题途径，利用这些专业词汇进行检索；若是已知文献的著者、分子式或某种号码，则利用著者索引、分子式索引或号码索引，先查出一批文献，经过分析再选用其他途径检索，往往效果更好。

5．确定恰当的检索词

检索词是指确切表达文献信息内容及外表特征使用的符号或语词，如分类号、主题词、关键词等。分类号依据分类表一目了然，这里主要讲主题词和关键词等检索词的选择和确定。

检索词是构成检索式的基本单元，也是计算机信息检索系统中有关数据库进行匹配的基本单元。因此，检索词选择恰当与否至关重要，会直接影响检索效果。在计算机信息检索系统中，检索词一般有规范词、规范化的代码和自由词 3 种形式。

检索词的选取是用户分析、识别、提炼和归纳信息需求主题的过程，一般遵循准确性、全面性、规范性等原则，主要采用切分、删除、替换、聚类、补充、限定等方法。

（1）切分

切分就是指将用户的课题语句分割为一个一个的词。例如“染料电化学性能的研究”，经过切分后应为“｜染料｜电化学｜性能｜的｜研究”。切分必须“到词为止”，否则就会失去原来的含义而产生错误。上例中的“｜电化学｜”若将其继续切分就会变为“｜电｜化学｜”，显然切分后得到的两个概念与其原义相距甚远，此系切分过度引起的错误。

（2）删除

通过主题分析和切分所得到的关键词，有些不具有检索意义，如虚词（包括介词、连词、助词、副词等），过分宽泛和过分具体的限定词，或存在蕴含关系的可合并词，都应该删除。

（3）替换

通过主题分析和切分所得到的关键词，也许偏于模糊、宽泛、狭窄或不可行，这时可以用概念替换法，引入更明确、更具体、更本质的概念作为替换词或补充词。

（4）聚类

把切分、删除、替换后所得出的关键词按语义概念进行同类合并，将那些可以相互等效、相互替换、相互补充的同义词、近义词、相关词归成一组。

（5）补充

有些词是缩略词，有些词又是同义词和相关词，对于前者应考虑找出缩略词的来源词组，将两者一并作为检索词，对于后者应补充同义词和相关词（包括上位词、下位词和同位词等）作为检索词。例如：“模拟计算机”→模拟计算机+模拟系统*计算机。

（6）限定

针对一词多义导致误检的问题，需采取限定措施，即增加限定词作为检索词。例如，

“工程制图 CAI 系列课件的研制”，除选取“工程制图”“计算机辅助教学”“教学课件”等作为检索词外，应考虑增加“机械制图”“画法几何”等作为检索词。

在选择检索词的实际过程中，并不是每个课题都需要“替换”“补充”或“限定”，一定要具体情况具体分析。

6. 拟定检索式

检索式也称检索提问表达式，是计算机信息检索中用来表达用户检索提问的逻辑表达式，也是要求检索工具执行检索指令的核心内容。最简单的检索式可以是一个词、一个字母、一个数字或符号，复杂的检索式是由多个检索词和字段名用各种检索算符联结构建而成的，如要利用搜索引擎查找网络信息检索方面的资料，检索式可表示为：（Web OR Internet OR WWW）AND（search* OR retrieval*）。

构造检索式时，首先要充分利用搜索工具支持的检索运算、被允许使用的检索标识及各种限定；其次要准确把握各种检索算符的用法，如布尔逻辑算符、位置算符、截词符等，将选定的检索词用合适的算符连接起来，充分反映课题的要求；此外，还要考虑各个检索项的限定要求及输入次序等。

拟定检索式的过程中，我们应该遵循“从少到多，循序渐进”的原则调整检索式，即对于检索问题中的每一个概念，尽可能全面地列举表达该概念的同义词、近义词、相关词甚至上位词、下位词，并在它们之间用布尔逻辑运算符“OR”连接起来，形成一个子检索式。再用适当的布尔逻辑运算符把所有子检索式连接起来，构成一个总检索式，即“积木型”检索式。

7. 调整检索策略

在检索过程中，要对检索策略进行反复调试，即用户每次都要对检索结果做出判断，并对检索策略（检索式）做出相应的修改和调整，在前次检索结果的基础上缩小或扩大检索范围，直到得到比较满意的结果。

（1）扩大检索范围

当检索结果为零或检索结果太少时，就需要扩大检索范围，方法如下。

① 扩大检索课题的目标。使用主要概念，排除次要概念。

② 跨库检索。使用跨库检索工具，如 CNKI 系列数据库、元搜索引擎或信息资源整合平台，实现对不同类型文献的一次性检索。

③ 逐步扩大检索范围。依次选择题名、关键词、文摘、主题、任意字段（全文），逐步提高查全率。通常用分类号进行族性检索也可检索到更多信息，如利用《中图法（第 5 版）》的分类号 G254.9 可检索所有与“信息检索”有关的文献。

④ 取消或者放宽限定条件。例如，取消或者放宽信息类型、语种、地理范围、年代范围等检索限制。

⑤ 降低检索词的专指度，补充一些表达某一概念的同义词、近义词、上位词或相关词。例如，用上位词“机械传动”概括皮带传动、齿轮传动等。

⑥ 使用截词检索。可以检索出某词的单复数形式、英美单词拼写差异、同根词或者含有某几个字母组合的所有单词。

⑦ 逐步扩大算符的检索范围，逐步提高查全率的算符依次是：位置算符（w→nw→near）→逻辑算符（and→or）。

⑧ 利用某些检索工具提供的“自动扩检”功能进行相关检索。

（2）缩小检索范围

如果得到的检索结果太多，或检索结果不相关，则需要缩小检索范围。其方法如下。

① 精确确定检索课题的目标，使用专业词汇。

② 选择专业性检索工具，如使用产品数据库、特种搜索引擎等。

③ 逐步缩小检索途径的检索范围。选择题名、关键词比文摘、主题、任意字段（全文）查准率高；限定期刊范围如按全部期刊→重要期刊→核心期刊顺序检索，也能逐步减少检索结果，提高查准率。

④ 限制查询范围。选择信息类型、语种、地理范围、年代范围、作者等作为限定条件。

⑤ 提高检索词的专指度，增加或换用下位词和专指度较强的自由词。

⑥ 逐步缩小算符的检索范围，逐步提高查准率的算符依次是：逻辑算符（or→and）→位置算符（near→nw→w）；使用算符“not”排除干扰信息。

⑦ 利用二次检索。例如，检索关于“大学生素质教育”的期刊论文，在中文科技期刊数据库输入“大学生*素质教育”，检索到同时探讨素质教育和道德教育的论文，如果要排除关于德育教育的论文，可以选择限定条件“在结果中去除”，输入“道德”作二次检索即可。

8．获取原始文献

（1）就近借阅

手工查找的印刷版文献可以就近借阅。先查询所在图书馆的馆藏目录；若是没有，可以利用联合目录，查看附近的图书馆或其他信息机构是否有收藏。

（2）直接下载

现在许多全文数据库，可以直接下载全文，如 CNKI 系列数据库、维普科技期刊数据库、万方数据资源系统、超星数字图书馆、方正数字图书馆等。这些系统在界面上提供有全文链接下载按钮，用户可直接阅读和下载原文文献，但一般需要下载并安装系统相应的阅读器。

（3）馆际互借

合作馆之间根据馆际互借制度、协议、办法和收费标准，共享资源，这是图书馆开放服务的一个重要方面。它主要通过自取、物流等方式来进行互借与归还。

（4）文献传递

文献传递系统及组织的发展为原文获取提供了更广阔的天地，如中国高校人文社会科学文献中心（CASHL）、中国高等教育文献保障系统（CALIS）、中国国家科技图书文献中心（NSTL）等都提供文献传递服务。图书馆工作人员在接到读者请求后，通过传真、复制、电子邮件或 QQ 等形式，直接将文献发送给读者，读者不需要返还所传文献。

（5）原文服务

网络环境下，许多数据库虽然不能直接得到原始文献，但提供了收录文献的全文链接，具备网上检索和发送原文传递请求的功能。例如，读秀知识库的原文传递，可通过机器自动完成。用户提交咨询传递表单后，登录电子邮箱获取文献链接地址，从而立即获得所需文献原文。

1.3.3 信息检索效果评价

检索效果（Retrieval Effectiveness）指利用检索系统或工具检索信息资源的有效程度，它直接反映了检索系统的检索性能及能力，是评价一个检索系统性能和用户检索策略的质量标准。

1．信息检索的基本要求

信息检索的基本要求就是要用最少的时间和精力，快速获取所需的全部文献信息，即全面、准确、快速。全面即根据课题需要，将有关的文献尽可能全面地检索出来，尽量做到系统、完整、无重大遗漏，提高查全率；准确即检出的文献要严格筛选，信息内容准确可靠，符合课题需求，力求避免查出与课题无关的文献，提高查准率；快速是指正确、合理地使用检索工具，从庞大的文献库中尽快地查出特定需要的文献。

2．信息检索效果的评价标准

在分析用户基本要求的基础上，还有多项评价系统性能的指标，包括收录范围、查全率、查准率、响应时间、用户负担及输出形式等。其中，查全率和查准率是两个最主要的衡量指标。

在实际的检索过程中，用户会将系统文献库中的所有文献分为 4 个部分，如图 1-3-2 所示。各字母所表示的含义如

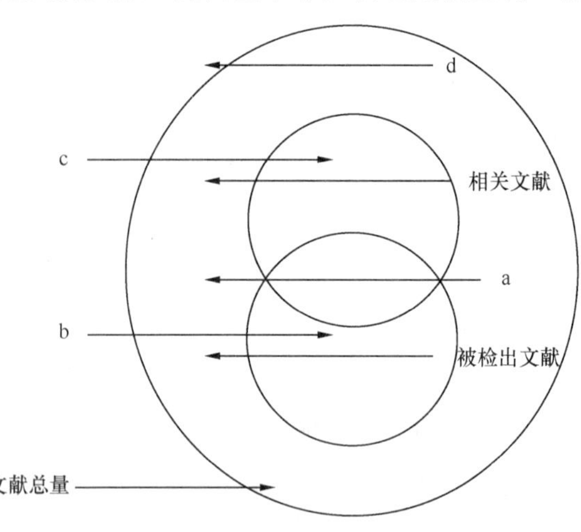

图 1-3-2　相关文献、被检出文献与所需文献的关系

表 1-3-3 所示。

表 1-3-3　　各字母表示的含义

相关性 / 检出情况	相关文献	非相关文献	总计
被检出文献	a（命中的，即检出的相关文献）	b（误检的，检出的非相关文献）	a+b
未被检出文献	c（漏检的，即未检出的相关文献）	d（应拒的，未检出的非相关文献）	c+d
总计	a+c	b+d	a+b+c+d

（1）查全率（Recall Ratio，R）

指检出的相关文献数量与系统文献库中实际存储的相关文献总量的百分比。查全率反映检索的全面性，指该系统文献库中实有的相关文献量在多大程度上被检索出来。它是衡量信息检索系统检出相关文献能力的尺度，其公式为：

查全率 R =（检出的相关文献量/文献库内相关文献总量）×100%=[a/（a+c）]×100%

例如，要利用某个检索系统查某课题。假设在该系统数据库中共有相关文献 45 篇，而只检索出 32 篇，那么查全率为 71%。

（2）查准率（Precision Ratio，P）

指检出的相关文献数量与检索出的文献总量的百分比。查全率反映检索的准确性，指每次从该系统文献库中实际检出的全部文献中有多少文献是相关的。它是衡量信息检索系统精确度的尺度，其公式为：

查准率 P =（检出的相关文献数量/检出的文献总量）×100%=[a/（a+b）]×100%

例如，如果检出的文献总篇数为 35 篇，经分析确定其中与课题相关的文献只有 30 篇，另外 5 篇与该课题无关。那么，这次检索的查准率为 86%。显然，查准率是用来描述系统拒绝不相关文献的能力，有人也称查准率为“相关率”。

实践证明，查全率和查准率是评价检索质量的两个主要指标，二者结合起来，描述了系统的检索成功率。在查全率和查准率的基础上又衍生了两个指标，即漏检率和误检率。

（3）漏检率（M）

指没有被检出的相关文献数量与系统文献库中相关文献总量的百分比，其公式为：

漏检率 =（未检出的相关文献数量/文献库内相关文献总量）×100%=[c/（a+c）]×100%

漏检率与查全率是一对互逆的检索指标，查全率高，漏检率必然低。

（4）误检率（N）

是指检出的不相关文献数量与检出的文献总量的百分比，其公式为：

误检率 =（检出的不相关文献数量/检出的文献总量）×100%=[b/（a+b）] ×100%

误检率与查准率是一对互逆的检索指标，查准率高，误检率必然低。

除这 4 个主要指标外，还有如下一些指标衡量检索效果。

① 收录范围，即一个系统收录的文献是否齐全，包括专业范围、语种、年份与文献类型等，这是提高查全率的物质基础；

② 新颖率，即系统检出的最近单位时间内发表的文献信息量，与最近单位时间内发表的文献信息总量的比率；

③ 可用性，即按可靠性、年代与全面性的因素评价检出文献的价值；

④ 工作量，即从系统获得相关文献信息必需消耗的精力和工作时间；

⑤ 检索响应的时间，即从提问到接收再到出现检索结果平均消耗的时间；

⑥ 检索费用，即用户为本次检索花费的费用。另外还有重复链接和死链接数量等也可作为评价指标。

3．提高检索效果的措施

信息检索效果是评价检索系统性能优劣和检索策略高低的标准，它贯穿于信息检索的全过程。用户在进行信息检索时，总希望获得满意的检索效果，既要求有满意的查全率，又要有理想的查准率。然而，具体到每一个用户，他们对检索效果的关注点不一样，对查全率和查准率也有不同的标准，这取决于他们的检索目的，如表 1-3-4 所示。

表 1-3-4　　不同检索者要求的检索效果

检索者	检索目的	关注的检索效果	首选文献类型
专科生、本科生	了解常识	查全率	图书或者期刊
研究生	查资料写论文	查准率	期刊或者学位论文
工程师	检索同类专利，申请专利	查准率	专利
投资者	比较并选择合适的投资项目	查全率	专利

因此，不同的检索者和检索课题对文献信息的需求都不尽相同，用户应根据自身需要和课题特点，选择质量高的检索工具，适当调整查全率和查准率，并努力提高检索水平，优化检索策略，以达到最佳检索效果。

（1）选择质量较高的检索工具

评价检索工具的优劣主要看它的存储功能和检索功能，即“全”“便”“新”。“全”是指收录范围全面、内容丰富，文献量大，摘储率高，著录详细，这是实现检索的物质基础。“便”是便于利用，它是检索系统的必备条件，一般指编排机构是否简便易用，检索语言是否准确实用，检索途径是否完备可行等。“新”是指收录的文献内容新、时差短，以保证提供的文献新颖及时。

（2）合理提高查全率和查准率

查全率和查准率之间存在互逆关系。如果对检索系统要求较高的查全率，则查准率必然下降，反之亦然。所以，在实际检索中，欲达到较好的检索效果，必须根据课题的具体要求，合理调整查全率和查准率，使其达到一个最佳比例。

① 跨库检索。首选综合检索工具，结合专业检索工具，如 CNKI 的跨库检索界面、专业的数据库。例如《化学文摘》数据库、《生物学文摘》数据库对于专业性文献的收录全面而准确，兼顾了查全率和查准率。

② 分类途径和主题途径等多途径结合使用。分类途径结合主题途径可兼顾查全率和查准率。例如，检索汉语类的词典，用在题名途径输入“汉语”，在索书号途径输入中国图书馆分类号复分号“-H”，或者输入中国图书馆分类号的汉语类下属的字典、词典类号码“H16”。

③ 尝试多次检索。在失败中调节检索策略，阅读已知的信息，增加背景知识。例如，先检索搜索引擎 Google、百科全书、词典、手册及文献综述等，寻找更多词汇；或阅读国际专利分类表，寻找专利分类号；或在维普资讯网的“分类检索”中单击中国图书馆图书分类表，寻找图书和期刊论文的分类号。

（3）提高检索者的检索水平

检索者的检索水平是提高检索效率的核心因素。检索者应具备一定的检索语言知识，能正确理解检索课题的实质要求，选取正确的检索词，并能合理使用逻辑组配符完整地表达信息需求的主题；还要能灵活运用各种检索方法和检索途径，制定最优的检索策略，同时在检索过程中采用严谨的科学态度，耐心细致地检查检索步骤的各环节，例如检查输入内容是否与字段符合、检索式是否多了空格等，以减少人为的错检和漏检。

第 2 章

搜索引擎及网络信息检索

2.1 网络信息资源概述

2.1.1 网络信息资源的定义

网络信息资源是指以电子资源数据的形式，将文字、图像、声音、动画等多种形式的信息存储在光、磁等非印刷质的介质中，利用计算机通过网络进行发布、传递和存储的各类型信息资源的总和。

网络信息资源极其丰富，包括各种专题网络出版物、网络新闻、网络小说、网络音乐、网络游戏等信息资源。其内容涉及农业、生物、化学、数学、天文学、航天、气象、地理、计算机、医疗和保险、历史、法律、政治、环境保护、文学、商贸、旅游、音乐和电影等几乎所有领域。

目前，网络信息资源以因特网上的信息资源为主，同时也包括其他没有接入因特网的各类局域网上的信息资源。网络信息资源与传统信息资源相比，它不仅涵盖传统信息资源的所有内容，而且还延伸出许多传统文献信息资源所不具备的信息资源。它是知识、信息的巨大集合，现已成为人们获取信息的主要方式之一。

2.1.2 网络信息资源的类型

网络信息资源形式多样、类型复杂，可从多种角度进行划分。

按信息的内容，网络信息资源可分为学术研究类信息资源、教育类信息资源、政府类信息资源、商业经济类信息资源、生活娱乐类信息资源、广告类信息资源等。

按所对应的非网络信息资源，网络信息资源可分为联机公共目录、电子书刊、参考工具书、数据库和其他类型信息。

按网络传输协议，网络信息资源可分为 Web 信息资源、FTP 信息资源、Telnet 信息资源、用户服务组信息资源、Gopher 信息资源等。

按信息的表现形式，网络信息资源可分为文本信息、超文本信息以及多媒体信息等。

但是，最通用的划分标准是按人类信息交流的方式划分。这一依据完整地揭示了网络信息资源的特点，同时兼顾了不同信息交流方式汇集到网络的重要性，被认为是较为全面和合理的一种划分方法。网络信息资源按照这种标准可以分为以下3种类型。

（1）非正式出版信息：一般指流动性强、信息量大、质量参差不齐的动态性网络信息；如通过电子邮件、网络论坛、电子留言板等渠道发布的信息，许多新颖、前沿的信息都包含其中。

（2）半正式出版信息：一般指受到一定知识产权保护但未纳入正式出版信息系统中的描述性网络信息，如研究机构、学术团体与行业协会等机构主页发布的信息、企业与商业部门的产品介绍、会议文集和各类报告、国际组织和政府机构网站报道的信息等。

（3）正式出版信息：一般指受到一定的产权保护，利用率较高、信息质量稳定的知识性网络信息，如各种数据库、网络导航、电子版工具书、联机杂志和电子杂志、专利信息等。

按信息加工的深度网络信息资源又可以进一步细分为：

① 一次出版信息，包括网上电子图书、网上电子期刊和电子报纸等；

② 二次出版信息，包括网络数据库、搜索引擎、联机公共检索目录（OPAC）以及网络导航等；

③ 三次出版信息，主要指网站推荐、网络述评等。

2.1.3　网络信息资源的特点

1．数量巨大，增长迅速

因特网是一个基于TCP/IP，连接各国、各机构数十万计算机网络，集各种信息资源为一体的网络。政府、机构、企业、个人都可以在网上发布信息，因此因特网成为了无所不包的庞杂信息库。据统计，2010年全球产生、获取和复制的数字信息总量为9.88×10^{18}B，这大约是有史以来出版的图书信息总量的1 500万倍。

2．内容丰富，形式多样

作为网络时代信息存储与传播的主要媒介，因特网覆盖了不同学科、不同地域、不同语言、不同领域的信息资源。其内容包罗万象，涵盖学术信息、商业信息、生活娱乐信息、政府信息、个人信息等。其形式繁杂多样，包括图像、文本、声音、软件、数据库等，是信息时代多媒体、多类型信息的集合体。

3．变化频繁，质量不一

因特网上的信息资源日新月异，变动性极强。同时，源于信息发布的自主性和随意性，网络信息缺乏必要的过滤、质量控制和管理机制，这导致正式出版物与非正式出版物掺杂，学术信息、商业信息以及生活娱乐信息混为一体，信息质量良莠不齐，不便于网络信息资源的选择和利用。

4．信息分散，缺乏管理

互联网是一个多网络、无中心、无主管的分散型结构，网络信息资源的组织管理缺乏统一的标准和规范。网络信息呈全球化分布结构，处于一种分散各处、混乱无序的状态。另外，网站软、硬件变动和更新频繁，更新周期不一，缺乏集中、统一的管理机制。这也凸显了网络信息组织与整合的重要性。

5．成本低廉、检索方便

网络信息资源可以使用自然语言检索，使用门槛低。超文本链接等技术将整个网络上的相关知识链接起来，可供跳跃性地阅读信息，便于快速系统地查找相关信息。同时，网络信息绝大部分可免费使用，低费用的网络信息资源更有效地刺激了用户的信息需求。

2.1.4 网络信息资源的获取途径

总的来说，要获取网络信息资源，用户首先要知道提供信息源服务器的 URL，然后通过该地址访问服务器提供的信息。具体来说，网络信息的获取途径主要有以下几种。

1．网页浏览检索

这种网络信息检索方法是以超文本检索技术为依据，通过文档连接实现浏览网页之间的跳转，适于在没有明确检索目的的情况下使用，通过“滚雪球”式的链接浏览扩大检索范围，获取相关信息。对于网络漫游中发现的优秀网站，可以添加到收藏夹备用。

2．网络信息资源检索工具

为了方便、高效地检索网络信息资源，人们开发出了很多网络信息的检索工具，例如查询新闻组资源 Usenet Wais，搜寻 FTP 资源的 Archie 等。其中，使用最广的检索工具还是 WWW 搜索引擎。搜索引擎的检索又分为具有多级主题分类体系的目录型和将用户检索提问与数据库内容匹配检索的关键词型两类。此外，还有很多专业性的目录型网络信息资源检索工具，供用户获取特定学科领域的信息，从而实现用户族性检索的需求。

3．搜索软件

针对搜索引擎的不足，人们还研发了很多专业的搜索软件。这些搜索软件的最大特点就是可以同时启动互联网上的多个搜索引擎进行搜索，从而得到更多、更详细的信息。例如，中搜的“网络 PIG（Personnel Information Gateway）”就是一款桌面搜索软件，它采用了基于 Web2.0 开发的具有个性化的人工智能技术，同时具备了基于 RSS 技术的定制功能。当用户输入关键词后，搜索结果就会经过简单分类整理，如网站频道一样显示出来，并且用户可以通过关键词分类定制自己所需要的信息，所有信息就会以最新、最快的方式呈现到用户面前。

4．网上图书馆资源指南

网上图书馆是检索网络信息资源的重要途径之一，而资源指南是信息专业人员利用自身对网络信息资源的了解，通过对网络资源的采集、组织、评价、过滤、控制和检索等手段，开发出可供浏览和检索的“书目之书目”（Web of Webs），形成综合性或专业性资源指南。具体可利用途径主要包括：

① 建立联机公共检索目录（OPAC），供读者在网上查询相关书目信息；

② 利用图书馆工作人员对网络资源进行收集、整理、加工后形成的学科信息资源导航。这类信息具有较强的学术针对性，以服务教学与科研为主。

5．RSS 订阅

RSS 是实现站点间信息共享的简易方式，只要用户安装相应的客户端工具。RSS 阅读器就可以依据网站内容的变动而自动更新新闻内容，这样用户就可以在不打开页面的情况下读取自己感兴趣的网站内容。用户还可以定制多个 RSS 提要，将信息整合成单个数据流，在方便阅读的同时还免受广告的骚扰。

6．利用 E-mail 获取信息

用户可以充分利用 E-mail 订阅电子期刊，定期收到专题信息，也可以通过 E-mail 搜集电子论坛专题讨论组的言论等，从而实现信息的双向交流，达到信息开发与利用的目的。

2.2　MOOC 资源

2.2.1　MOOC 及其特点

慕课（MOOC）这一术语是 2008 年由加拿大学者布赖恩 • 亚历山大（Bryan Alexander）和戴夫 • 科米尔（Dave Cormier）提出，是大规模开放在线课程（Massive Open Online Courses）的缩写。它由很多愿意分享和协作以便增强知识的学习者组成，有与传统课程类似的作业评估体系和考核方式。

MOOC 课程通常有众多来自全球各地的学习者，课程结构较为完整，有基础性的课本知识讲解、实验操作、在线问题解答，同时还有社区互动平台，学习者可以在线与不同地区的人进行经验交流。MOOC 注册学习者在课程开始前，教师都会采用邮件等方式通知学生课程的基本信息，包括起始时间、课前准备等；在学习过程中提出的问题有及时的反馈，并且会有单元测试和机器测评对学生的学习动态做出评估；可建立学习者小区，组织线下讨论；教学平台大都是自行开发或整合。由此可见，MOOC 的显著特点即为开放性和可扩张性。

2.2.2　MOOC 的分类

虽然 MOOC 都具有大规模、网络式和开放性等特征，但 MOOC 的教学模式并不唯一。目前，MOOC 主要有两种模式：基于关联主义学习理论的 cMOOC 模式和基于行为主义学习理论的 xMOOC 模式。

cMOOC 是人们在网络非正式学习探究性实践过程中，涌现出来的、赋予参与者自治权利的、一种体现后现代主义课程范式的课程范例。其强调知识建构与创造，强调创造、自治和社会网络学习。在 cMOOC 模式中，学习者的基本学习活动包括：浏览课程内容与安排，注册课程；获取教师在学习网站上提供的各种类型学习资料；参加讨论组、在线讲座等活动，参与讨论学习内容，分享个人观点；制作个人学习资源，如音频、视频等，并进行分享；充分利用社会化网络工具，如微博、博客、社交网络等开展学习活动，建立学习网络。

xMOOC 提供了基于开放式教育资源的“反馈—学习—反馈”循环学习模式。它强调知识传播和复制，强调视频、作业和测试等学习方式。在 xMOOC 中，以微内容和反馈性练习构成的内容讲授，加上作业和讨论构成了教与学的主要形式。xMOOC 模板化的课程结构易于复制，可规范化在线课程建设；简短视频可增加学生的注意力；依据视频制作的测验可用于精熟学习；同伴学习，同伴互评，可通过评判别人增进学习效果。

2.2.3 国内外 MOOC 平台

1．国外 MOOC 平台介绍

（1）Coursera

Coursera（https://www.coursera.org/）由斯坦福大学计算机科学教授吴恩达和达芙妮·科勒联合创办的大规模在线开放教育平台，是一家营利性公司。截至 2014 年 5 月，Coursera 的合作伙伴数量突破 100 所，合作国家多达 21 个，提供课程多达 649 门，学科涉及 23 个门类，语言多达 13 种，注册学习者超过 700 万。目前，在开放的 15 门课程中，共提交了 600 多万个小测验，在线视频播放了 1 400 多万次。

Coursera 完全将自己的课程模式限定在大学教育之内——除了拥有来自斯坦福大学、哥伦比亚大学、普林斯顿大学等著名高校的 200 多门高质量课程和讲师资源外，Coursera 还设定了固定的课程开放时间、课程周期、学业截止日期。在每节课上，Coursera 会模拟真实的课堂场景，老师会随机发问，能否回答老师的问题也会左右你最后获得的成绩。学生只有在学期内参加完全部课程并完成作业，取得好成绩，才能获得从 Coursera 毕业的机会，拿到学位证书。

（2）edx

edx（https://www.edx.org/）是由代表传统教育的哈佛大学和麻省理工学院各出资 3 000 万美元合作创建的大规模在线开放课程平台，是一个独立运作的非营利性在线教育开源项目，于 2012 年秋正式上线。课程的形式主要由在线视频、网页插入式测试以及协作论坛组成，学生上完课程后获得一个不同于全日制大学的技能证书和成绩。截至 2014 年 5 月，共有 179 门课程，主要覆盖化学、计算机科学、电子、公共医疗等 29 门学科，注册人数超过 150 万。

（3）Udacity

Udacity（https://www.udacity.com/）是由斯坦福大学教授赛巴斯蒂安·史朗、戴维·斯塔文和麦克·索科尔斯基共同创办的营利性教育组织，它的目标是实现民主教育。2012年2月，Udacity 诞生。Udacity 以计算机课程为主，大部分课程为自适应学习，没有固定的开课时间。该平台没有跟大学结成联盟，其使命是创建低价、民主、高效的高等教育，力求提高其学生的教育和职业生涯。截至2014年5月，Udacity 平台上共有约39门课程，仅覆盖了计算机、数学、物理、商务学科，注册人数超过160万。

（4）Udemy

Udemy（https://www.udemy.com/courses/）成立于2010年，允许所有注册用户开发创建自己的课程，推出了一个面向教师的课程发布平台，以帮助教师更好地创建并推广自己的课程。这个发布平台包括一个帮助组织、结构化课程内容的课程编辑器和一套帮助教师管理、推广课程的工具。截至2014年5月，平台上已发布了1 600多门课程，注册学习人数超过300万，课程涵盖了科技、商务、人文、设计、音乐、艺术和摄影、健康和健身、生活习俗等各个领域。

（5）Futurelearn

Futurelearn（https://www.futurelearn.com/）是2012年12月由英国12所大学联合发起的大规模网络开放课程平台，这个公司的主体是大学，附属于英国开放大学，发起人包括利兹大学、伦敦国王大学、伯明翰大学和英国远程教育组织等。建立以用户为中心的内容搜索和浏览，让学习者学到更加个性化的课程，课程设计将以社交化的学习理念，通过视频和其他媒体的相互融合，展现一个更加正规的学习体验。截至2014年5月，Futurelearn 共与奥克兰大学、巴斯大学等29所大学建立了合作关系，制作了30多个MOOC课程。

（6）Open2Study

Open2Study（https://www.open2study.com/）是澳大利亚大型开放式教学平台，是澳大利亚网络教育的领导者。它于2013年4月开始运行，提供的在线课程是由澳大利亚有影响力的教育机构和企业提供的，授课老师主要是学者和热爱教学的领先行业的专业人士。其特色是自适应课程、勋章奖励、好友推荐和即时聊天室。视频需要翻墙，可单独查看英文字幕。截至2014年5月，大约有220个国家和地区的18万学习者利用该平台学习，注册会员超过37万，共有123万人观看该平台上的教学视频，课程包括教育培训、科学技术、营销与广告、商业、艺术人文等领域。

2．国内 MOOC 平台介绍

（1）网易公开课

2010年11月1日，中国领先的门户网站网易推出全球名校视频公开课项目，首批1 200集课程上线，其中有200多集配有中文字幕。用户可以在线免费观看来自于哈佛大学等世界级名校的公开课课程（http://open.163.com/），内容涵盖人文、社会、艺术、金融等领域。2013年9月，网易公开课与北京大学合作，邀请北大教师入驻网易 MOOC 学习专区，与同学就课程内容进行讨论，让中国用户可以更好地使用 MOOC 平台。截至2014年5月，网易公开课平台上涵盖了 1 036 门 Ted 课程、510 门 Coursera 课程、360 门国际名校公开课、591 门中国大学视频、49 门可汗学院课程。

（2）网易云课堂

网易云课堂（http://study.163.com/）是网易公司打造的在线实用技能学习平台，于 2012 年 12 月底正式上线，主要为学习者提供海量、优质的课程。用户可以根据自身的学习程度，自主安排学习进度。立足于实用性的要求，网易云课堂与多家教育、培训机构建立合作，课程数量已达 1 100 多门，课时总数超 16 000，涵盖使用软件、IT 与互联网、外语学习、生活家居、兴趣爱好、职场技能、金融管理、考试认证、中小学、亲子教育等十余大门类。

（3）中国大学 MOOC

中国大学 MOOC（http://www.icourse163.org/）由“爱课程网”携手“网易云课堂”倾力打造。其宗旨是：每一个有提升愿望的人，都可以在这里学习中国最好的大学课程，与名师零距离，学完还能获得认证证书。平台集中展示了“中国大学视频公开课”和“中国大学资源共享课”的内容，并对课程资源进行运行、更新、维护和管理。平台利用现代信息技术和网络技术，面向高校师生和社会大众，提供优质教育资源共享和个性化教学资源服务，具有资源浏览、搜索、重组、评价以及课程包的导入导出、发布、互动参与和“教”“学”兼备等功能。

（4）学堂在线

2013 年 10 月 10 日，清华大学“学堂在线”（http://www.xuetangx.com/）大规模开放在线课程平台正式成立，首批推出 5 门课程，分别是清华大学的电路原理、中国建筑史、数据结构、文物精品与文化中国、财务分析与决策。学堂在线不仅会打造成清华大学对外的教学平台，也会成为对内的教学工具，清华大学的“C++程序设计”和“云计算与软件工程”两门课程就已经开始利用该平台进行教学实验。通过翻转课堂、在线教学，把学堂在线变成了几十人的小型私人网络课堂。

（5）过来人公开课

过来人公开课（http://www.topu.com/）是由过来人国际教育集团开发的中国第一个正式商业运营的大规模开放在线教育 MOOC 平台，其目标是促进教育公平、探索教育创新以及帮助青年人就业，已与清华、北大、香港中文等多所大学展开合作，将世界一流大学的在线课程带到全中国。过来人公开课是过来人名师通过网络采用直播的形式为中国大学生提供求职指导，包括求职行业分析解读、职位解读、名企校园招聘解析、求职指导、职业规划与发展等求职信息，目的在于帮助大学生清晰地认识应聘的行业、公司与职位，找到自己理想的工作。

2.3 搜索引擎概述

网络科技的迅猛发展带来了社会信息量的与日俱增。一方面，人类信息资源前所未有的丰富；另一方面，海量信息给获取有效信息造成了障碍。人们迫切需要一种技术方便快捷地寻找所需的特定信息，搜索引擎应运而生，通过它可以从各种网络资源中浏览和检索所需要的信息。随着网络科技和搜索技术的日新月异，搜索引擎已经成为影响人们生活的重要网络应用工具，并呈快速发展趋势。

2.3.1　搜索引擎的概念

搜索引擎（Search Engine）是利用网络自动搜索技术，对互联网上的各种信息资源进行采集、标引，并为用户提供检索服务的工具和系统。换句话说，搜索引擎是通过 Internet 接受用户的查询指令，向用户提供符合其查询要求的所有信息资源网址，并提供通向该网址的链接，是互联网上专门提供查询服务的网站。

从使用者的角度看，这种系统提供一个网页界面，用户通过浏览器提交一个词语或者短语进行查询，然后很快返回一个可能和用户输入内容相关的信息列表。这个列表中的每一条目代表一个网页。每一个网页包含的元素有标题、网址（URL）、关键词、摘要。有的搜索引擎提供的信息更为丰富，如时间、文件类型、文件大小、网页快照等。

2.3.2　搜索引擎的原理

搜索引擎有 3 个功能模块，或称为 3 个子系统，即网页搜集、预处理和检索服务。实践中这 3 个部分是相对独立的，形成了搜索引擎工作的 3 个阶段。它们通常由人工分别启动。

1．网页搜集

网站拥有者主动向搜索引擎提交网址。系统在一定时间内定向向那些网站派出“蜘蛛”（Spider）程序，扫描网站的所有网页，并沿着网页中的所有 URL 爬到其他网页，重复这个动作，并把爬过的所有网页及相关信息存入数据库。

2．预处理

预过程主要包括如下 4 个方面。

① 分析网页词汇，提取关键词。

② 消除重复网页（或称镜像网页，即内容相同未加任何修改的网页）或转载网页（Near-replicas，又称为近似复本网页，即主题内容基本相同但有一些额外的编辑信息的网页）。

③ 分析超链接。

④ 计算网页的重要程度以确定网页的排名。最后，通过预处理建立索引数据库，用来储存搜集到的信息，并按一定的规则进行编排。

3．检索服务

搜索引擎接受用户提交的检索请求后，按照查询要求检索索引数据库，找到与用户需求匹配的查询结果返回客户端，列表显示摘要结果。目前，搜索引擎主要以网页链接的形式返回检索结果，通过这些链接指向用户所需网页。

2.3.3 搜索引擎的类型

1．按工作方式划分

搜索引擎按其工作方式主要可分为全文搜索引擎、目录搜索引擎和元搜索引擎 3 种。

（1）全文搜索引擎

全文搜索引擎（Full Text Search Engine）是目前搜索引擎中最为普遍的形式，是名副其实的搜索引擎。所谓全文，就是用户可以去搜索一篇文章的任何部分，不论是标题还是正文，用户得到了更大的自由度。全文搜索引擎一般定期从互联网各网站上抓取以网页文字为主的信息，利用这些信息素材建立索引数据，并检索与用户检索条件匹配的相关记录，然后按一定排列顺序将结果返回给用户。

从搜索结果来源的角度，全文搜索引擎又可分为两种，一种拥有自己的检索程序（俗称“蜘蛛”程序或“机器人”程序），能自动搜寻信息，并自建索引数据库，检索结果直接从自身数据库调用，如 Google、百度、Alta Vista 等。其优点是信息量大、更新速度快；缺点是返回信息过多、冗余信息较多，用户必须从结果中进行筛选。另一种是租用其他搜索引擎的数据库，并按自定格式排列检索结果，如 Lycos 引擎等。

（2）目录搜索引擎

目录搜索引擎（Directory Search Engine）是以人工方式或半自动方式搜集信息，由搜索引擎的编辑员查看信息之后，依据一定的标准对网络资源进行选择、评价、人工形成信息摘要，并将信息置于事先确定的分类框架中而形成的主题目录。目录搜索引擎提供目录浏览和直接检索两种服务。因此，用户仅靠分类目录也可查找到所需信息。Yahoo!（雅虎）、Galaxy、网易、新浪和搜狐都属于此类。

目录搜索引擎收录的网络资源经过人工（多为专家）的挑选和评论，信息准确率高、信息质量较高，但是需要人工方式搜索信息，维护量大、信息更新不及时。目录搜索引擎有助于全面了解某一大类信息，适合那些希望了解某一范围内信息，且并不严格限于查询关键词的用户。但是，对于检索专指性高的课题，可能查询效果不甚理想。

随着搜索引擎的发展，全文搜索引擎与目录搜索引擎相互融合渗透。目前互联网上的大部分搜索引擎都可以同时提供这两种方式的检索，如 Google 就借用 Open Directory 目录提供分类检索，而 Yahoo！也有自己的全文搜索引擎。国内几家著名的搜索引擎网站也开始借鉴国外的做法，例如搜狐、新浪就有网站搜索和网页搜索之分，用户可以自行选择。

（3）元搜索引擎

元搜索引擎（Meta Search Engine），又称多元搜索引擎或集成式搜索引擎（Multiple Search Engine），是多个独立搜索引擎的集合。通过一个统一的用户界面，可同时对多个搜索引擎进行检索操作，并将结果返回给用户，即用户只需一次输入检索式，便可检索一个或多个独立搜索引擎。例如，Excite 可实现对 Google、Yahoo!、Ask.com、About.com 等多个搜索引擎的检索，检索结果可按相关度和不同的搜索引擎分别进行查看。MEDBOT 汇集 Yahoo!、Google 等多个综合性搜索引擎以及 Medical Matrix、MedWeb、MedGuide 等医学专业搜索引擎，用户最多可同时选择其中 4 个，只需在统一的检索框中输入检索式，系统将同时检索选中的多个数据库并在同一页面显示各搜索引擎的检索结果。具有代表性的元搜索引擎有英文的 InfoSpace、Dogpile 以及中文的搜星等。

2．按检索内容划分

搜索引擎按其检索内容可划分为综合性搜索引擎和专业性搜索引擎。

（1）综合性搜索引擎

综合性搜索引擎又称通用型搜索引擎。它采集标引信息时不限制资源的主题范围和数据类型，其内容涵盖各个学科和生产生活的各个领域，包括新闻、财经、体育、房产、汽车等各种各样的信息；可以检索图片、音频、视频等多种类型；适用对象广泛，满足多方面的需求。这类搜索引擎具有代表性的有 Google、Yahoo!、百度以及搜狐等。

（2）专业性搜索引擎

专业性搜索引擎又称为垂直搜索引擎，是专门用来检索某一类、某一学科或某一行业的信息或数据的搜索引擎，包括：针对某一学科的搜索引擎，如法律专业搜索引擎（Law crawler）、临床医学英文资源的搜索引擎（Medical matrix）、化学搜索引擎（Chem Guide）等；专门搜索特殊类型信息的搜索引擎，如检索专利信息的中国的 SooPAT 搜索、检索地图的 Map Blast、搜索音乐信息的 MP3 搜索通、视频搜索引擎 Blinkx 等；面向特定用户的搜索引擎，如面向少年儿童的专门搜索引擎 Yahoo!Kids 等。

2.4　常用搜索引擎及利用

搜索引擎发展迅速，数量众多，以下就重点介绍一些常用的搜索引擎及使用技巧。

2.4.1　百度

1．简介

百度（www.baidu.com）是目前全球最大的中文搜索引擎和重要的中文信息检索与传递技术供应商，由李彦宏和徐勇于 2000 年 1 月在北京中关村正式创立，致力于向人们提供“简单、可依赖”的信息获取方式。百度目前提供网页搜索、新闻搜索、图片搜索、MP3 搜索、百度贴吧、百度知道、搜索风云榜、硬盘搜索、百度百科等主要产品和服务，同时也提供多项满足用户更加细分需求的搜索服务，如地图搜索、地区搜索、国学搜索、黄页搜索、文档搜索、邮编搜索、政府网站搜索、教育网站搜索、邮件新闻订阅、WAP 贴吧、手机搜索等服务。百度还在个人服务领域提供了包括百度影视、百度传情、手机娱乐等服务。百度现为我国网民最常用的搜索引擎。百度的主页如图 2-4-1 所示。

图 2-4-1　百度主页界面

2．基本搜索

百度支持布尔逻辑检索、字段限制检索、短语检索、在结果中精炼检索、相关搜索、检索提示、拼音提示、繁简中文查询等。其检索结果依据相关度进行排序，并显示标题、摘要、网址、百度快照等。摘要中显示检索词出现的上下文，并以红色字体着重显示检索词。

（1）简单检索

简单检索是百度提供的最基本、最快捷的检索方式。百度的默认主页就是简单检索界面。在百度主页的搜索框中输入关键词，单击“百度一下”按钮，或按键盘上的回车键“Enter”，就可以获得相应的查询结果，如图 2-4-2 所示。

图 2-4-2　百度简单检索界面

百度提供的简单检索方式包括新闻、网页、贴吧、MP3、图片、视频等多种检索页面，每种检索页面各有特点。单击页面上的“更多＞＞”就可进入列出所有百度产品或者说百度提供给用户所有服务的页面。

（2）高级检索

百度的高级检索界面提供了关键词的布尔逻辑、时间、显示结果、语言、文档格式、关键词位置和网站域名等限定项，如图 2-4-3 所示。

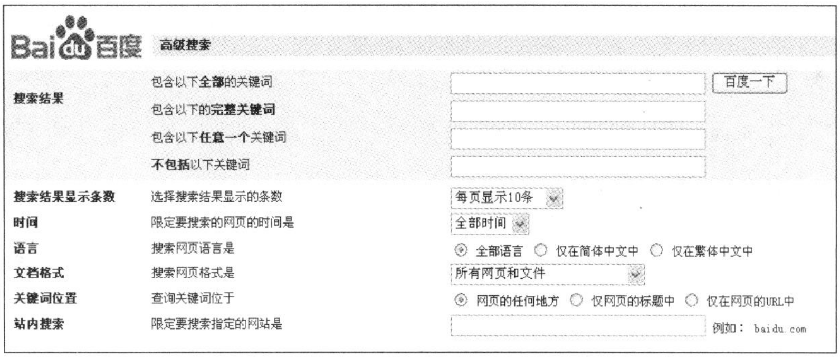

图 2-4-3　百度高级检索界面

如果用户要检索有关绿色植物的 pdf 文献，则可以在高级检索界面输入检索词，如图 2-4-4 所示，并进行相关限定。单击“百度一下”按钮，便可得到检索结果。

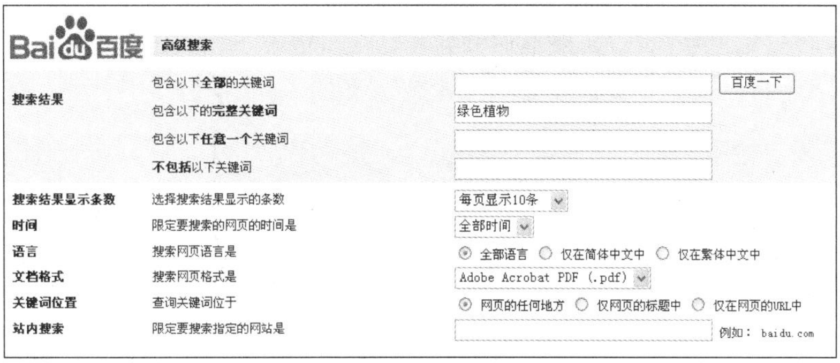

图 2-4-4　高级检索示例

（3）布尔逻辑检索

①“与”运算。百度用“空格”或“+”表示逻辑“与”，用以缩小搜索范围。在使用时可以将两个检索词（或检索式）用一个空格隔开，或使用“+”将两个检索式连接起来进行运算。但需要注意的是，用“+”时，“+”的前后必须留出一个半角空格，否则检索程序在运行检索式时会将“+”作为检索词来处理。例如，要搜索关于神舟八号飞船与天宫一号对接的信息，可输入“神八飞船天宫一号”查询，如图 2-4-5 所示。

图 2-4-5　检索示例

②“或”运算。百度用“|”表示逻辑“或”操作，用以并列搜索。其检索结果为或者包含关键词A，或者包含关键词B，或者包含A、B的网页。

③“非”运算。百度用减号“-”表示逻辑“非”运算，用来去除特定的不需要的资料。

（4）精确匹配——双引号和书名号

如果输入关键词过长，百度返回搜索结果中的关键词可能会被拆分。若要确保输入的关键词不被拆分，可以给关键词加上双引号。例如，搜索上海科技大学，如果不加双引号，搜索结果可能会被拆分，效果不是很好；但加上双引号后，“上海科技大学”获得的结果就全是符合要求的了。

书名号是百度独有的特殊查询语法。与其他搜索引擎不同，百度中的书名号不会被忽略，是可被查询的。书名号有两层特殊功能，一是确保书名号出现在搜索结果中；二是保证书名号括起来的内容不会被拆分。书名号在查询检索词通俗常用的电影或者小说时效果极好。例如，查电影“手机”，如果不加书名号，很多情况下出来的是通信工具手机，而加上书名号后，《手机》检索结果就都是关于电影方面的了。

（5）字段限定检索

① 搜索范围限定在网页标题（intitle）中。Title是网页的标题，intitle指所有搜索结果的网页标题中都要包含关键词。例如，搜索标题中包含“北京大学图书馆”的网页结果，可以输入“intitle：北京大学图书馆”。注意：冒号后面不要有空格。

② 搜索特定格式的文档（filetype）。网络上存在多种格式的资料，除了最常见的网页外，还有Word、PowerPoint、PDF等格式。百度支持对Office文档（包括Word、Excel、PowerPoint）、Adobe PDF文档、RTF文档等多种格式的全文搜索。只需在查询词后面加上“filetype：”文档类型限定。“Filetype:”后可跟DOC、XLS、PPT、PDF、RTF、ALL等多种文件格式。其中，ALL表示搜索所有这些文件类型。例如，输入“个人年终总结filetype:doc”，就可搜索关于个人年终总结的Word文件。单击检索结果标题，可直接下载该文档。另外，也可以通过百度文档搜索界面（http://file.baidu.com/），直接使用专业文档搜索功能来进行搜索。

③ 搜索范围限定在特定站点（site）中。若是确定某个站点中有自己所需信息，可把搜索范围限定在这个站点中，以便于提高查询效率。例如，输入“金庸古龙site:sina.com.cn”，可搜索在新浪网站上包含“金庸”和“古龙”的页面。注意：冒号后面不要有空格。

④ 把搜索范围限定在url链接（inurl）中。若是限定搜索结果的url，经常可以获得某种有价值的信息。“inurl”后面紧跟的关键词会出现在网页URL中，而其他关键字可以出现在网页的任何位置。这种搜索通常能提供非常精确的专题资料，实现的方式是用“inurl:”后跟需要在url中出现的关键词。例如，查找关于Photoshop的使用技巧，可以输入：photoshop inurl:jiqiao。“photoshop”可以出现在网页的任何位置，而“jiqiao”则必须出现在网页url中。

另外，还有一些其他限定检索，如限定网页链接（link）、限定相似网页（related）以及限定相关网页（info）等。

3．特色功能

（1）百度快照

每个被合法收录的网页，在百度上都会自动生成临时缓存页面，它们就被称为“百度快照”。如果无法打开某个搜索结果，或者打开速度特别慢，可使用“百度快照”功能，快速打开该网页的文本内容。百度快照不仅下载速度极快，而且已将用户查询的字串用不同颜色在网页中进行了标记。

（2）相关搜索

百度的“相关搜索”可以为关键词的选择提供参考。输入一个检索词时，百度会提供与搜索很相似的一系列查询词。百度相关搜索排布在搜索结果页的下方，按搜索热门度排序。下面是对关键词“信息”的相关搜索。单击这些词，可以直接获得对它们的搜索结果。

（3）百度百科

百度百科是一部内容开放、自由的网络百科全书，旨在创造一个涵盖所有领域知识、服务所有互联网用户的中文知识性百科全书。它是由网友共同编写的，知识量较大，完全免费，并且是完全开放式（任何人都可以添加或修改）。

（4）百度知道

它是全球最大的中文互动问答平台，其最大特点就在于和搜索引擎的结合，让用户所拥有的隐性知识转化成显性知识，通过对回答的沉淀和组织形成新的信息库，其中信息可被用户进一步检索和利用。这就意味着，用户既是百度知道的使用者，同时又是百度知道的创造者。使用时在检索框输入问题，如“我想学习王阳明先生的哲学思想，请问该读什么书”，然后单击“搜索答案”或“我要提问”即可。

（5）百度贴吧

百度贴吧是一种基于关键词的主题交流社区，通过用户输入的关键词，自动生成讨论区，使用户能立即参与交流，发布自己所拥有的信息和对感兴趣话题的想法。例如，输入关键词“余秋雨”后即可生成一个讨论区，称为“余秋雨吧”，如果该吧已创建即可参与讨论；如果该吧尚未建立，则可直接发表主题建立该吧。

（6）百度地图搜索

百度地图搜索是百度提供的一项网络地图搜索服务，覆盖了国内近 400 个城市、数千个区县。在百度地图里，可以查询街道、商场、楼盘的地理位置，也可以找到最近的所有餐馆、学校、银行、公园等。

百度地图还提供了丰富的公交换乘、驾车导航的查询功能，不仅标明要找的目标位置，而且告之如何前往，为出行提供最适合的路线规划。

同时，百度地图还提供了完备的地图功能（如搜索提示、视野内检索、全屏、测距等），让用户能得心应手地使用地图，便捷地找到所求信息。

另外，百度还提供了搜索框提示、错别字提示、拼音提示以及英汉互译词典等特色功能。

2.4.2 图书馆文献资源搜索

图书馆作为重要的文献信息服务机构，以提供丰富、可靠的文献信息见长。随着馆藏资源尤其是电子文献资源的不断增长，对馆藏资源进行整合、向读者提供更为便捷的馆藏资源搜索方式成为许多图书馆努力的方向。国家图书馆凭借其强大的研发实力自主开发了“文津搜索”。近年来，越来越多的图书馆通过引进成熟搜索产品直接嵌入图书馆主页中，搭建起了本馆电子文献资源与纸质文献资源的一站式检索平台，极大地方便了读者搜索图书馆文献资源，提高了搜索效率。

超星公司开发的读秀学术搜索、百链、超星发现系统被越来越多的高校图书馆作为文献资源搜索平台引进，其以海量中外文文献为基础、基于文献元数据的搜索方式，不仅可以展示所查询的图书馆的馆藏资源，同时可以提供其他图书馆的馆藏信息，将图书馆的文献传递功能进行了集成，并通过发现系统将搜索到的内容以可视化的方式呈现出来，提高了读者的文献信息获取体验。

下面以读秀学术搜索为例介绍图书馆文献资源搜索平台。

1．简介

读秀学术搜索系统是由海量全文数据及元数据组成的超大型数据库。它收录了 228 万种图书书目信息，160 万种全文，上亿篇中外文学术文献题录，6 亿页全文资料，将图书馆纸质图书、电子图书、期刊、报纸、学位论文、会议论文等各种学术资源整合于同一数据库中，为用户提供深入内容的章节和全文检索，部分文献的原文试读以及文献传递服务，并且将图书、期刊、论文等元数据与区域数字图书馆中各成员馆自有数据库中的内容对应挂接，使读者能在读秀平台上获取所有学术信息，在区域数字图书馆一站式实现查找学术资料的需求。

读秀学术搜索提供远程包库、本地镜像和读书卡 3 种专业服务平台。采用远程包库或本地镜像的高校用户，通过 IP 地址控制使用权限，凡隶属 IP 范围内的用户，既可通过“校园网图书馆”中的相应链接进入，也可直接输入其 IP 地址进入。

2．检索方式

读秀学术搜索使用方便，容易操作，提供了基本搜索、高级搜索、专业搜索及分类导航 4 种检索方式。

（1）基本搜索

基本搜索就是读秀学术搜索主页上的默认检索界面，如图 2-4-6 所示。只要在检索框内输入要查找的关键词，轻松单击，就可实现知识、图书、期刊、报纸、学位论文和会议论文等文献资源的检索。为便于查阅，检索结果中的关键词会以醒目的红色标注。

图 2-4-6　读秀基本搜索界面（主页）

（2）高级搜索

读秀平台只有图书、期刊、报纸、学位论文、会议论文支持高级搜索功能。选定搜索文献种类，单击主页上的“高级搜索”按钮，即可进入高级搜索界面，如图 2-4-7 所示。高级搜索可进行多个检索条件组合检索，如中文图书高级检索提供书名、作者、主题词、出版社、ISBN、图书分类和出版年代的组合检索功能。

图 2-4-7　读秀高级搜索界面

（3）专业搜索

读秀平台只有图书、期刊、报纸、学位论文、会议论文支持专业搜索功能。选定搜索文献种类，单击主页上的“专业搜索”按钮，即可进入专业搜索界面。例如，期刊专业检索里可提供的检索字段有：T=题名，A=作者（责任者），K=关键词（主题词），Y=年（出版发行年），S=作者单位，J=刊名，R=文摘（摘要），如图 2-4-8 所示。专业搜索使用布尔逻辑运算符和关键词组成的检索式进行检索。

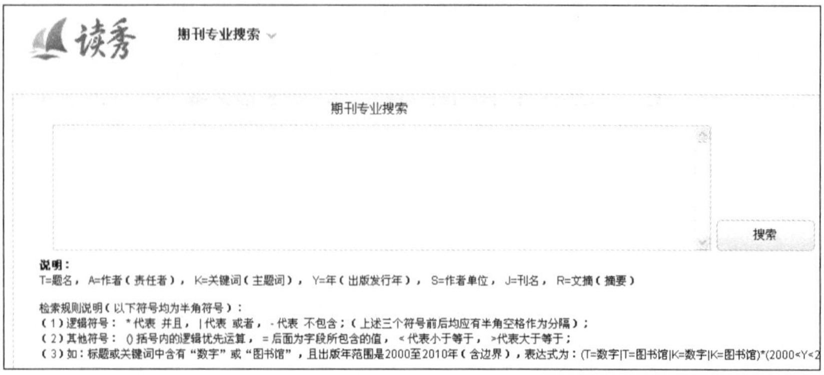

图 2-4-8　读秀专业搜索界面

（4）分类导航

读秀平台只有图书和文档支持分类导航功能。以图书频道为例，读秀将图书按《中国图书馆分类法》分成 22 个大类，大类下面再进行细分。末级分类显示的是图书信息，单击“书名”链接，即可阅读图书。读秀的主分类界面如图 2-4-9 所示，其分类浏览界面如图 2-4-10 所示。

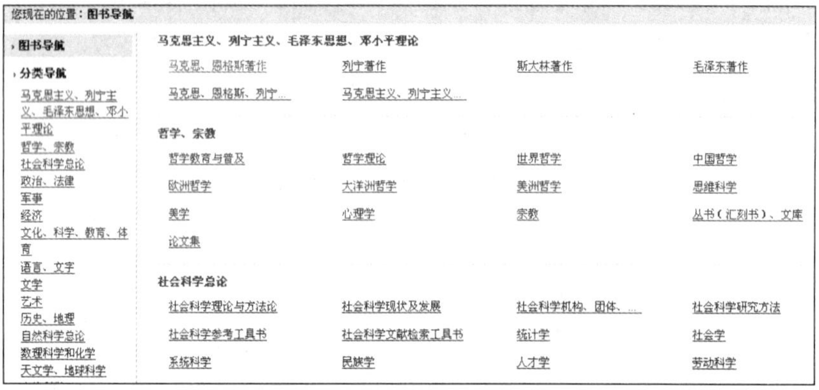

图 2-4-9　读秀图书频道主分类界面

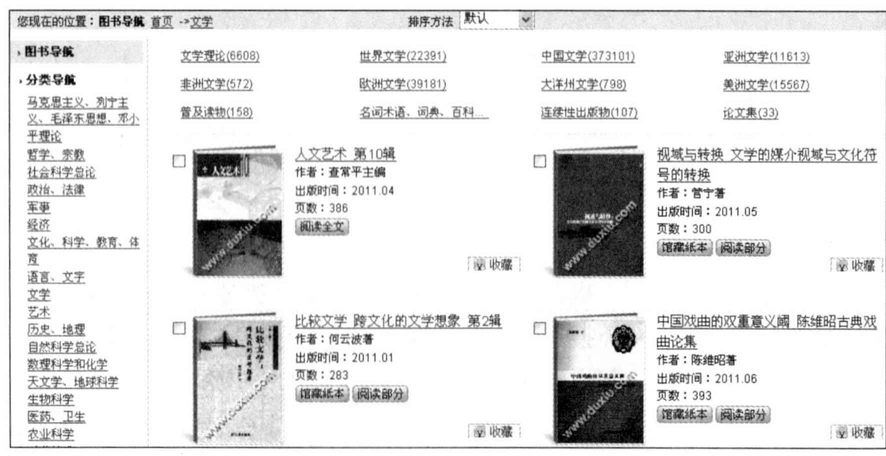

图 2-4-10　读秀图书频道分类浏览界面

3．检索平台及示例

读秀学术搜索提供知识、图书、期刊、报纸、学位论文、会议论文、专利、标准、视频、信息资讯、电子书、讲座等多种文献类型的检索。下面主要介绍图书搜索、知识搜索以及其他类型文献搜索。

（1）图书搜索及文献传递

图书搜索提供全部字段、书名、作者检索途径，可检索全部 300 多万种中文图书书目（其中 290 万种带有全文）、100 多万种外文图书的信息，检索结果除图书本身的信息外，还显示本馆和其他成员馆收藏情况以及成员馆馆藏书目链接等信息。

例如，检索与张爱玲有关的图书，其检索步骤如下。

① 根据检索要求，选择文献类型“图书”，在检索项内输入关键词“张爱玲”，如图 2-4-11 所示。按回车键或鼠标单击“中文搜索”或“外文搜索”按钮。

图 2-4-11 读秀检索示例

② 检索结果以列表的形式显示，最多有 3 栏列表，如图 2-4-12 所示。其中中栏为锁定在图书频道中的题录信息，把与检索词相关的图书全部列出；左栏资源列表可进一步“缩小检索范围”，实现对相关图书的类型、年代、学科及作者的聚类和限定；右栏资源列表则可“扩大检索范围”，实现知识点多角度检索，把与检索词相关的词条、人物、期刊、报纸、学位论文、会议文献、专利、标准、网页等多维信息全面地展现出来。

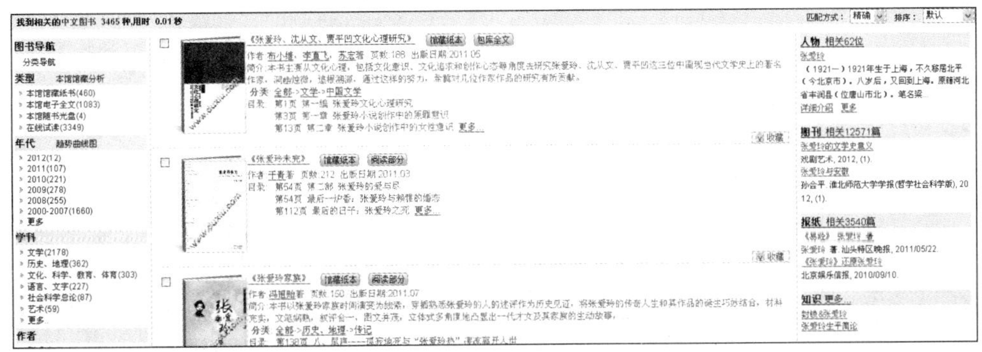

图 2-4-12 读秀检索结果显示界面

③ 单击检索结果显示界面中栏的某本图书封面或书名可进入图书详细信息页面，如图 2-4-13 所示。在页面中，图书的封面、作者、内容提要、主题词等信息将被全面展示，并可以实现以下功能。

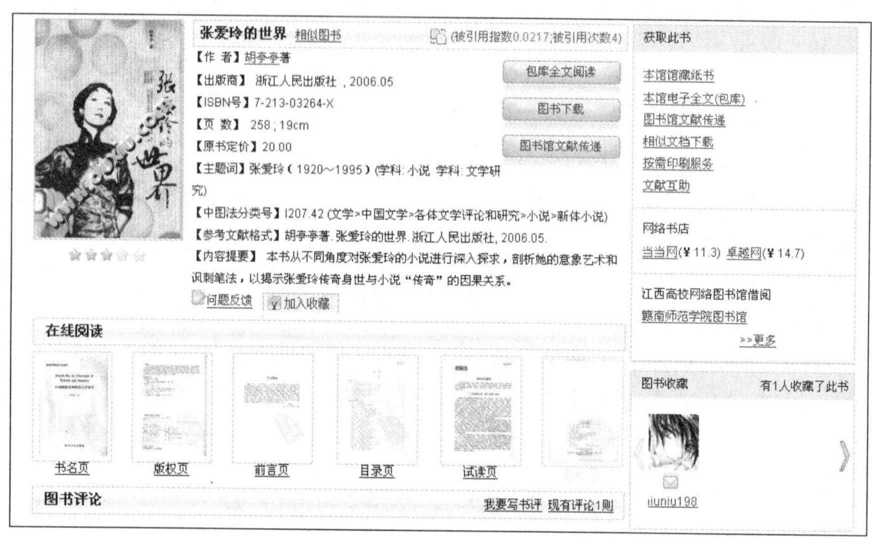

图 2-4-13 图书详细信息页面

单击“在线阅读”下方的不同选项，可了解图书的书名页、版权页、前言页和目录页，并对部分正文页进行试读。

单击“本馆馆藏纸书”，可以链接到馆藏书目检索系统，如图 2-4-14 所示。单击“本馆电子全文”，可直接阅读本书的电子全文。由此可实现电子图书与纸质图书的整合。

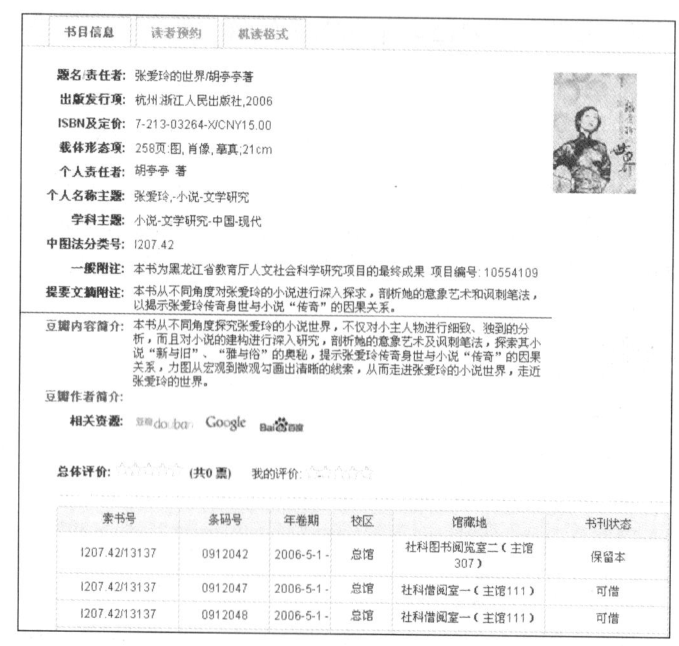

书目信息 读者预约 机读格式

题名/责任者：张爱玲的世界/胡亭亭著
出版发行项：杭州:浙江人民出版社,2006
ISBN及定价：7-213-03264-X/CNY15.00
载体形态项：258页:图，肖像，摹真;21cm
个人责任者：胡亭亭 著
个人名称主题：张爱玲,-小说-文学研究
学科主题：小说-文学研究-中国-现代
中图法分类号：I207.42
一般附注：本书为黑龙江省教育厅人文社会科学研究项目的最终成果 项目编号：10554109
提要文摘附注：本书从不同角度对张爱玲的小说进行深入探求，剖析她的意象艺术和讽刺笔法，以揭示张爱玲传奇身世与小说“传奇”的因果关系。
豆瓣内容简介：本书从不同角度探究张爱玲的小说世界，不仅对小主人物进行细致、独到的分析，而且对小说的建构进行深入研究，剖析她的意象艺术及讽刺笔法，探索其小说“新与旧”、“雅与俗”的奥秘，提示张爱玲传奇身世与小说“传奇”的因果关系，力图从宏观到微观勾画出清晰的线索，从而走进张爱玲的小说世界，走近张爱玲的世界。
豆瓣作者简介：
相关资源：douban Google Baidu百度

总体评价：(共0票) 我的评价：

索书号	条码号	年卷期	校区	馆藏地	书刊状态
I207.42/13137	0912042	2006-5-1 -	总馆	社科图书阅览室二（主馆307）	保留本
I207.42/13137	0912047	2006-5-1 -	总馆	社科借阅室一（主馆111）	可借
I207.42/13137	0912048	2006-5-1 -	总馆	社科借阅室一（主馆111）	可借

图 2-4-14 纸质图书链接页面示例

单击“更多”，可查看全国图书馆馆藏链接。

④ 如果是本馆未收藏的图书，可以单击“图书馆文献传递”，进入文献传递界面，填写咨询申请表后，单击“确定”，提交文献传递申请，如图 2-4-15 所示。图书的文献传递由系统自动执行，无需人工干预，文献传递结果通常在 2 小时内发送到申请者的邮箱。图书文献传递的规定是：每个邮箱一周只能传递 50 页或不超过全书的 20%的篇幅，所有咨询内容有效期为 20 天。在此期间读者可以随时浏览，也可以把传递的内容进行文字识别。

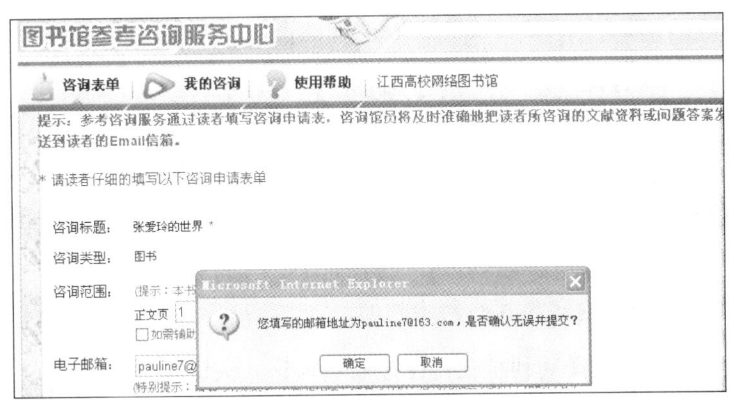

图 2-4-15　图书文献传递界面

（2）知识搜索

知识搜索为全库检索，为用户提供深入内容章节和全文检索的功能，如图 2-4-16 所示。

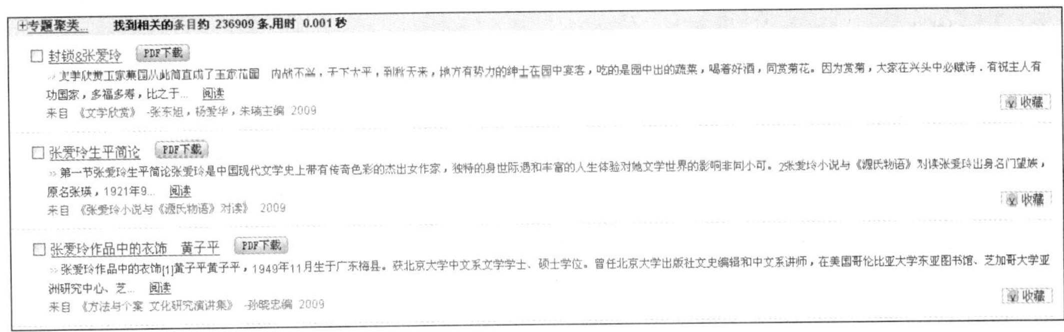

图 2-4-16　读秀知识搜索示例

单击“专题聚类”，可以实现相关文献不同主题的集中，如图 2-4-17 所示。

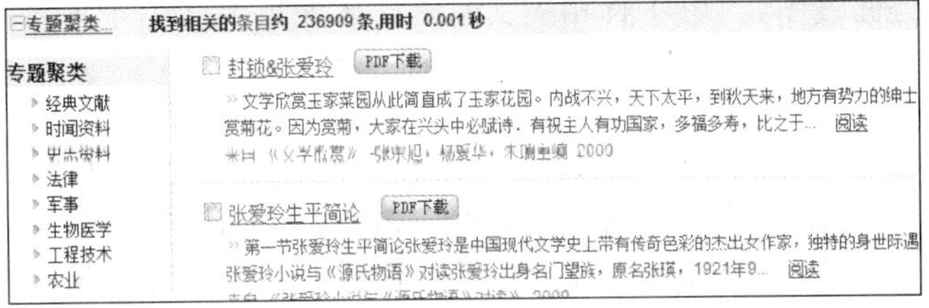

图 2-4-17　检索结果显示界面示例

单击“阅读”可打开文献的相关部分内容进行试读或者下载，如图 2-4-18 所示。

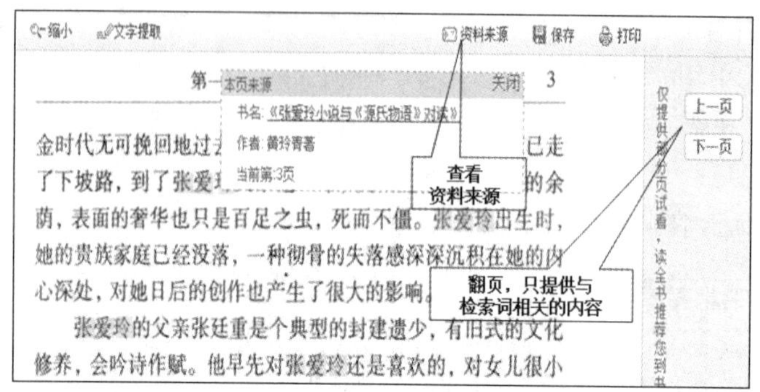

图 2-4-18　试读界面示例

（3）其他类型文献搜索（以期刊为例）

期刊检索提供全部字段、标题、作者、刊名、关键词、作者单位六种检索途径。例如：检索与鄱阳湖有关的期刊论文，其检索步骤如下。

① 根据检索要求，选择期刊种类，在检索项内输入关键词“鄱阳湖”。选择检索途径，单击“中文搜索”或“外文搜索”，如图 2-4-19 所示。

图 2-4-19　读秀期刊检索界面

② 检索结果以列表的形式显示，最多有 3 栏列表，如图 2-4-20 所示。其中中栏为锁定在期刊频道中的题录信息，把与检索词相关的期刊论文全部列出；使用左栏资源列表可进一步“缩小检索范围”，实现对相关期刊论文的类型、年代、学科及重要期刊的聚类和限定；利用右栏资源列表则可“扩大检索范围”，实现知识点多角度检索，把与检索词相关的词条、图书、报纸、文档、学位论文、会议文献、专利、标准、网页等多维信息全面地展现出来。

③ 单击“趋势曲线图”，可了解相关文献的学术发展趋势，把握本领域的学科发展特点与方向，如图 2-4-21 所示。

④ 获取途径。一是本馆已经购买的电子期刊论文，直接与本馆的期刊数据库进行链接，自动阅读全文；二是通过文献传递获取，单击“图书馆文献传递中心”，填写咨询申请表，咨询馆员将及时、准确地把读者所咨询的文献资料或问题答案发送到读者的 E-mail 信箱；三是通过文献互助，请求其他用户发送全文。

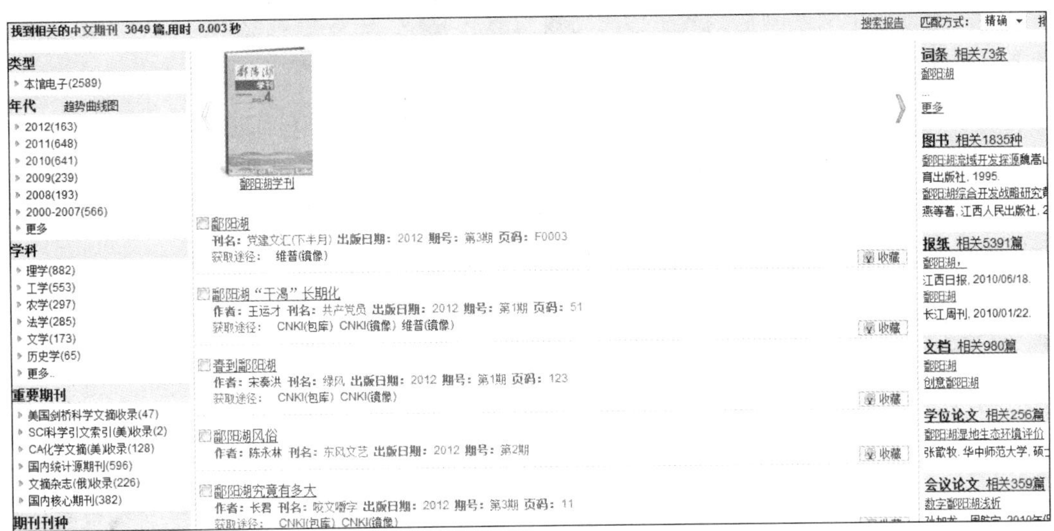

图 2-4-20　期刊检索显示界面

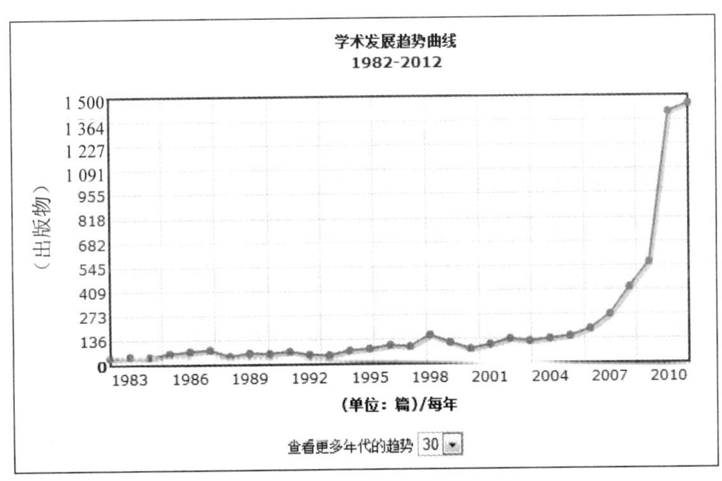

图 2-4-21　学术发展趋势曲线界面示例

除了图书搜索和期刊搜索外，读秀学术搜索库以超星数字图书馆为基础，不仅扩展了超星数字图书馆的许多功能，还把视角延伸到图书以外的多维信息资源中，提供报纸、学位论文、会议论文、文档、视频、讲座等多种类型的信息资源搜索。它整合各种文献资源于同一平台，实现了统一检索管理；为读者整合各种获取资源的途径，并提供多种阅读方式；推行个性化服务，提供定制流量统计系统、图书推荐系统和图书共享系统等特色功能。

2.5　RSS 文献订阅

2.5.1　RSS 是什么

RSS 是一种基于可扩展标记语言（XML）标准的信息集合方式，能够将相关信息集中到一起，无须逐个网站浏览，从而形成高效的信息聚合。RSS 在网络信息内容和信息需求者之间搭建一条快捷通道，方便快速、高效地获取所需信息。

RSS 技术稳定、高效、实时、安全、低噪的特点很快应用到新闻出版、电子商务、知识管理和科学研究领域。使用 RSS 订阅能更快地获取信息，网站提供 RSS 输出，有利于用户获取网站的最新更新内容。网络用户可以在客户端借助于支持 RSS 的聚合工具软件，在不打开网站内容页面的情况下阅读支持 RSS 输出的网站内容。

2.5.2 RSS 信息订阅种类

由于 RSS 是通过 XML 标准定义内容的包装和发布格式，能够先把预定信息通过搜索工具“拉”出来，然后按照用户的要求“推”到用户桌面，从而使内容提供者和接收者都能从中获益。RSS 技术集合了人脑的智慧与机器的便捷，至此媒体的技术手段已不是来料加工的生产方向，而是与生产内容同步进行的人机互动。而这种“推拉”结合的信息传播模式，被看作是一种全新的网络资讯传播方式。网站、论坛、博客、新闻、科学文献均可进行 RSS 订阅。

2.5.3 RSS 信息订阅步骤

订阅 RSS 内容要先进入在线 RSS 阅读器或本地安装一个离线 RSS 阅读器，然后将提供 RSS 服务的网站加入到 RSS 阅读器的频道即可。具体如下。

① 注册 RSS 阅读器（本教材以 INOREADER 订阅阅读器为例）。

② 选择有价值的 RSS 信息源。

③ 启动 RSS 阅读器，将 RSS 源添加到自己的 RSS 阅读器或者在线 RSS 中。

④ 接收并获取定制的 RSS 信息。

⑤ 阅读定制的 RSS 信息。

2.5.4 文献订阅实例

1．外文数据库订阅

（1）Web of Science 数据库订阅

① Web of Science 数据库要求成为注册用户方可进行 RSS 订阅。进入 Web of Science 主页面，按其要求进行注册。图 2-5-1 所示为注册名为 XP 的界面。

② 输入需要订阅的主题（以 information technology 为例），进行主题检索，如图 2-5-2 所示。

③ 单击左上侧的🔔创建跟踪服务，进入相应的保存检索历史对话框，如图 2-5-3 所示。按该框要求进行填写，保存后方可激活 RSS Feed。

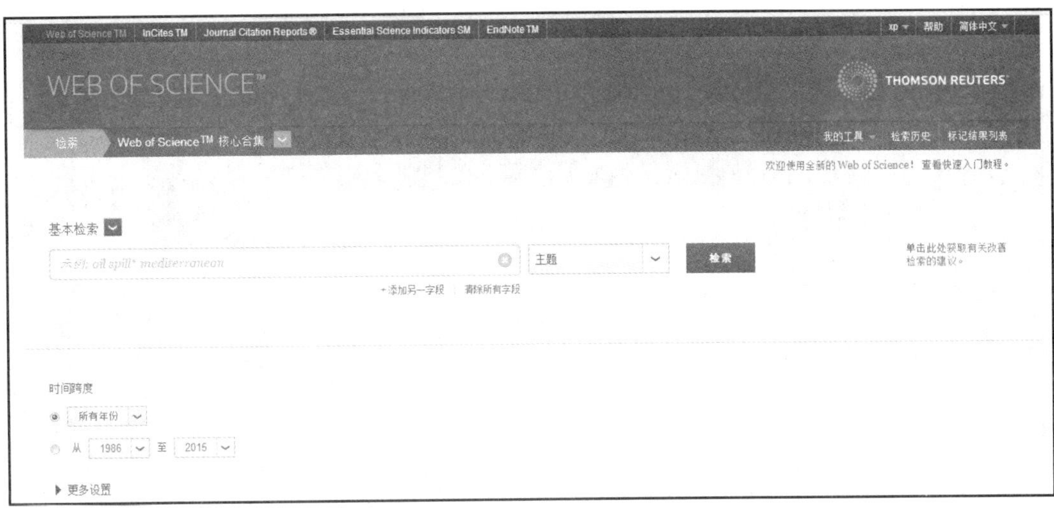

图 2-5-1　Web of Science 主页界面

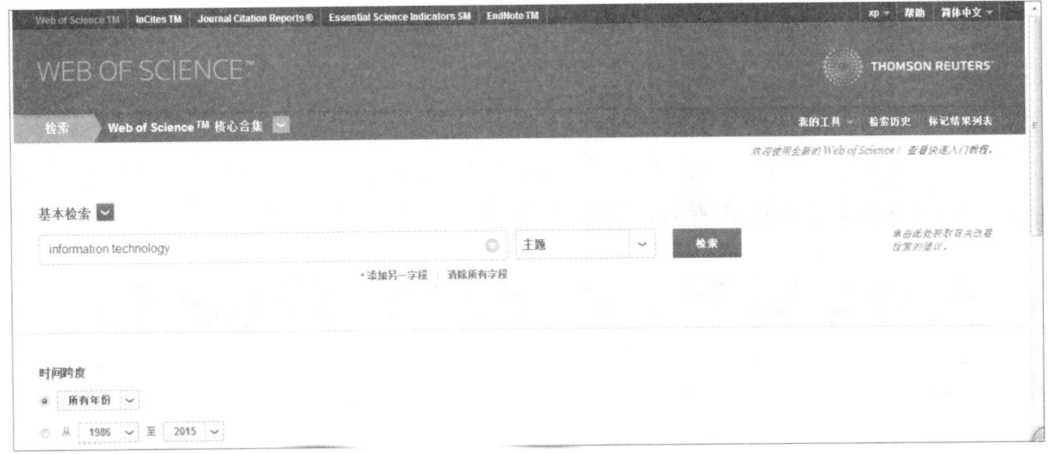

图 2-5-2　Web of Science 主题检索页面

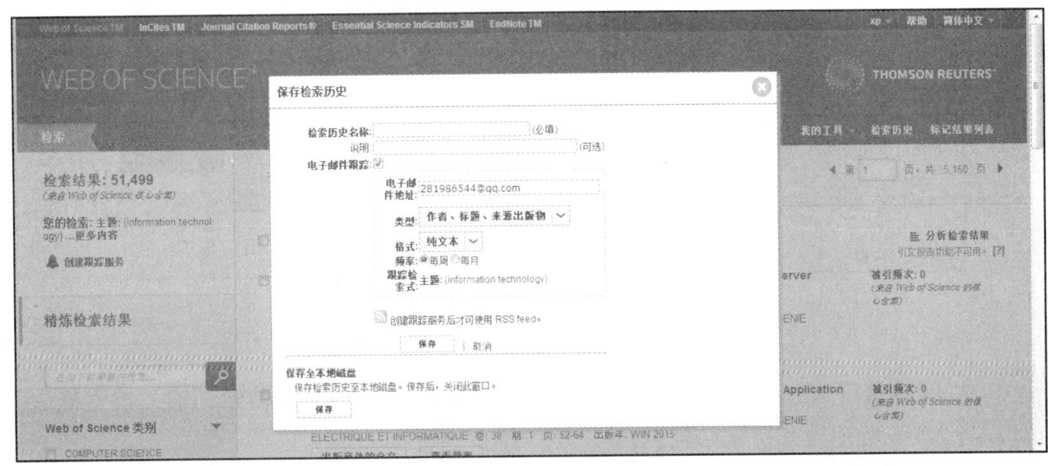

图 2-5-3　检索历史对话框

④ 单击确认激活后的 RSS 源，确定跟踪源，如图 2-5-4 所示。

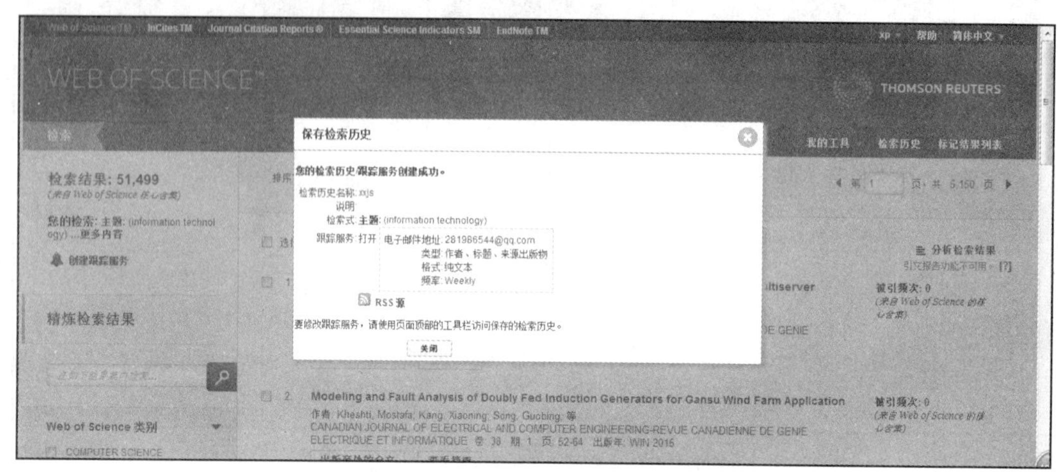

图 2-5-4 RSS 订阅源

⑤ 将创建的 RSS 源加载到阅读器中完成订阅。

（2）ScienceDirect 数据库订阅

① 进入爱思唯尔（Elsevier）ScienceDirect（简称 SD）数据库主页面并按其要求进行注册，图 2-5-5 所示为注册后的 SD 数据库检索界面。

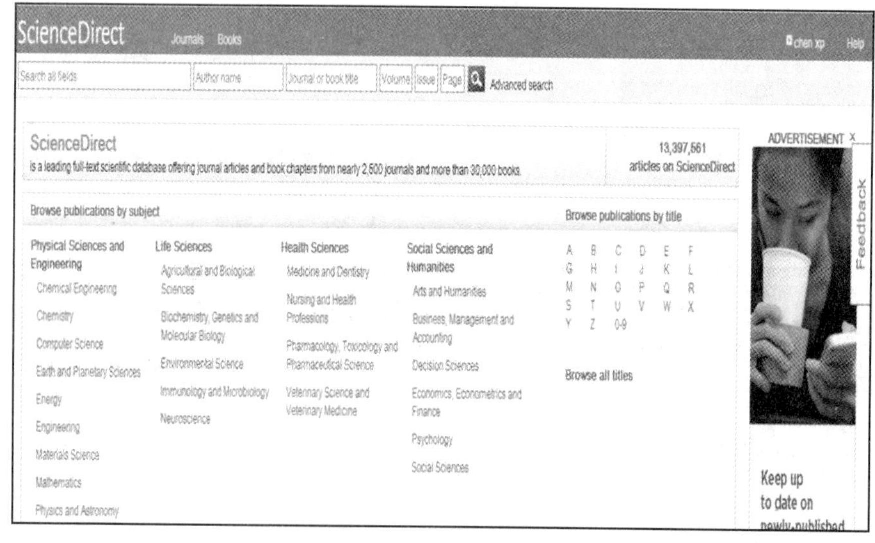

图 2-5-5 SD 检索主页面

② 以阅读推广为订阅内容，将阅读推广（reading promotion）检索词输入检索框进行检索，图 2-5-6 所示为其检索结果。

③ 单击检索结果的右上角的 RSS 订阅源标识即进入 RSS 订阅源，如图 2-5-7 所示。

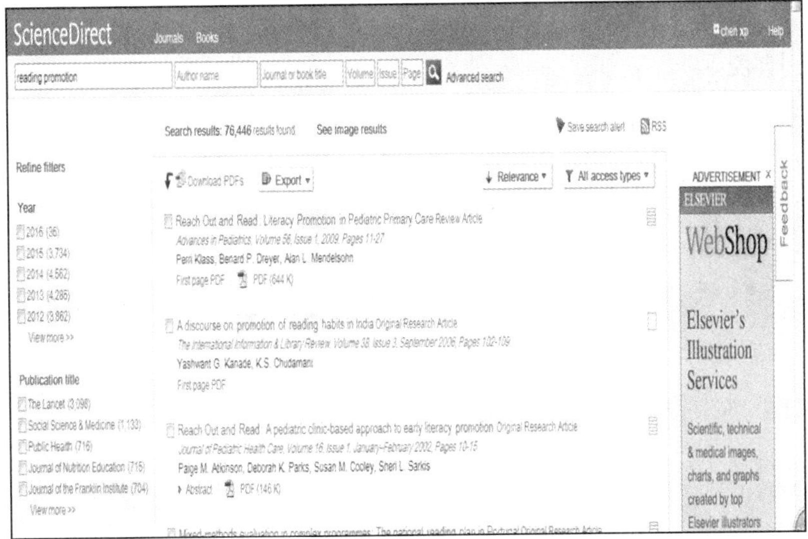

图 2-5-6　SD 检索结果界面

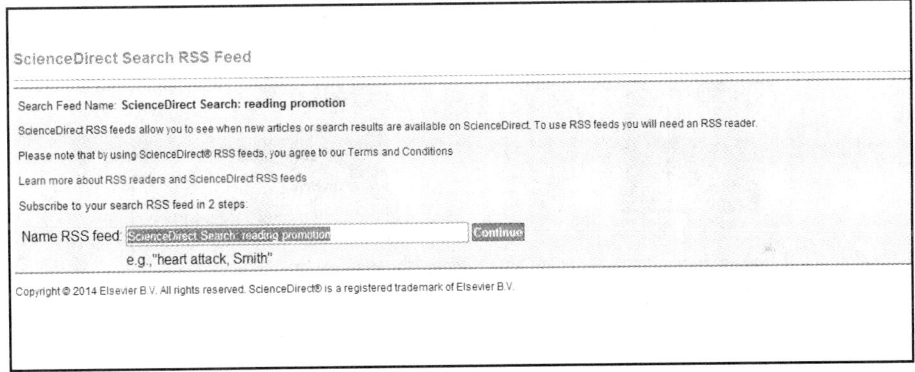

图 2-5-7　SD RSS 订阅源

④ 按照 SD RSS 订阅源的提示要求，即可确定跟踪源，如图 2-5-8 所示。

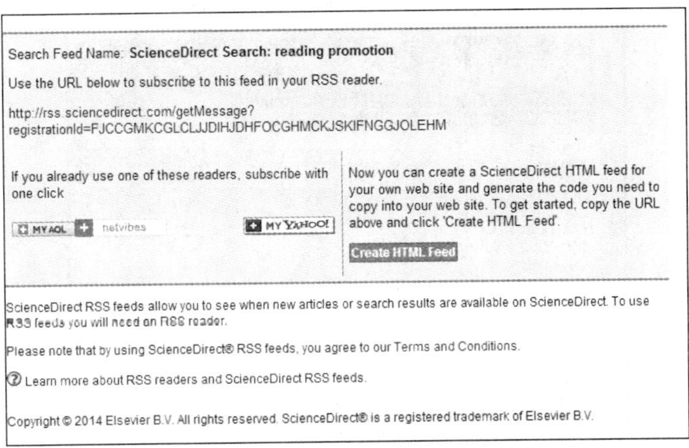

图 2-5-8　SD RSS 源地址

⑤ 将创建的 RSS 源加载到阅读器中完成订阅。

（3）期刊订阅

1）中文期刊订阅（以“万方数据库”为例）

① 进入万方期刊数据库（http://www.wanfangdata.com.cn/）主页面。

② 单击“期刊”进入期刊界面。

③ 根据学科分类确定所需期刊类别（如“经济学”）。

④ 选定所需期刊（如选“经济数学”只需单击其前的▧即可）。

⑤ 将创建的 RSS 源加载到阅读器中完成订阅。

2）外文期刊订阅（以 nature 为例）

① 进入 nature 主页（http://www.nature.com/），如图 2-5-9 所示。

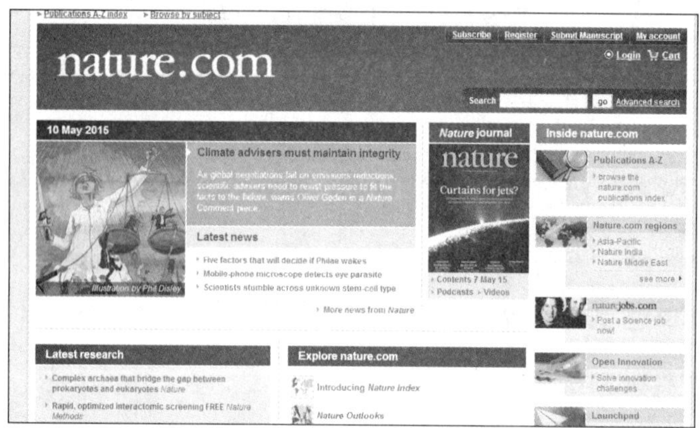

图 2-5-9　nature 主页面

② 在主页面右下角单击▧标识进入 nature 期刊源，如图 2-5-10 所示。

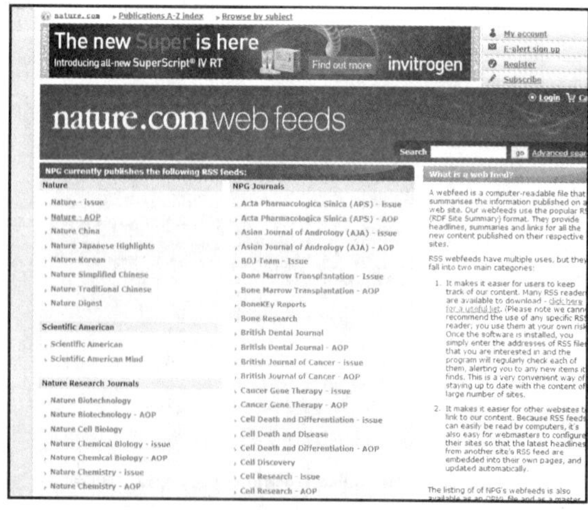

图 2-5-10　nature RSS 期刊订阅源

③ 选择所需订阅的期刊（Nature Biotechnology）。

④ 将创建的 RSS 源加载到阅读器中完成订阅。

2.6 检索实例

检索有关“计算机网络安全”相关的所有类型的文献。

1．背景

由于近年来计算机系统漏洞的发现速度加快，计算机系统受到攻击的危险性加剧，计算机网络安全状况不容乐观。

目前的计算机网络攻击具有攻击源相对集中、攻击手段更加灵活、攻击对象范围扩大等新特点。虽然现在的网络安全技术较过去有了很大进步，但计算机网络安全技术是攻击和防御的技术和力量此消彼长中的一个动态过程，整体状况不容乐观，网络安全企业和专家应该从这些特点出发，寻找更好的解决之道。

2．确定检索词

中文：计算机电脑网络安全

英文：computer network security

3．确定检索词之间的逻辑关系

中文：（计算机+电脑+网络）*安全

英文：（computer+network）* security

4．选择检索工具

考虑到检索文献类型的全面性，选择百度搜索引擎（可搜索新闻、网页、文档、图片、视频、文库、百科、知道、贴吧等）和读秀学术搜索（可搜索图书、期刊、讲座、会议、报纸、专利、标准、学位论文、文档、新闻等）。

5．输入检索式，获得检索结果

1）通过百度搜索引擎搜索相关文献

① 相关新闻搜索，进入百度网络搜索引擎主页（https://www.baidu.com/），选择新闻频道，如图 2-6-1 所示。

单击“高级搜索”，进入高级搜索页面，根据百度的搜索特点，输入关键词。如图 2-6-2 所示。为了提高相关度，选择“仅在新闻的标题中”进行检索，获得检索结果 334 000 条，查看每条检索结果可以了解“计算机网络安全”攻击与预防的最新进展情况，如图 2-6-3 所示。

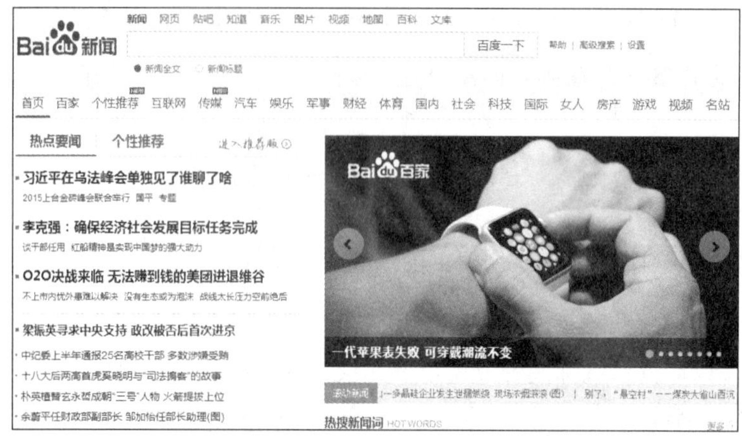

图 2-6-1　百度搜索引擎新闻频道首页面

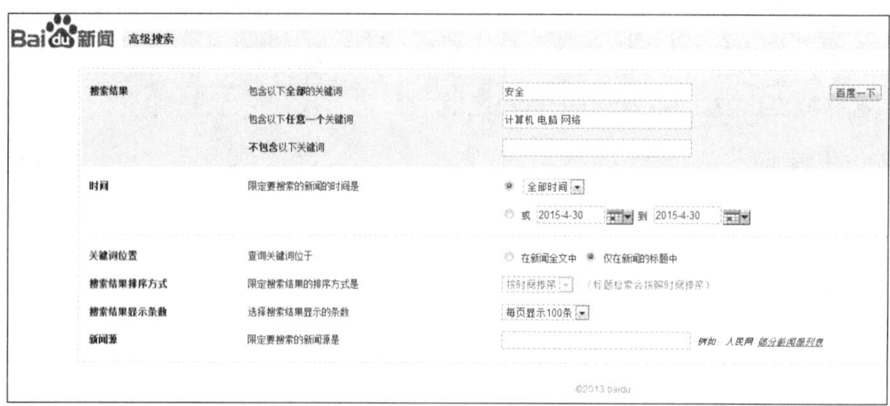

图 2-6-2　高级搜索页面

图 2-6-3　搜索结果

② 搜索相关网页，进入百度首页面，默认频道就是网页，为了提高搜索结果的相关度，限定在网页标题中，输入检索式：intitle:（安全（计算机 | 电脑 | 网络 | ）），进行检索，获得结果 3 400 000 条，如图 2-6-4 所示。

图 2-6-4　相关网页检索结果

③ 搜索相关文档，进入百度首页面，输入检索式：intitle:（安全（计算机 | 电脑 | 网络 | ））filetype:doc，进行检索，获得检索结果 25 600 条，如图 2-6-5 所示。

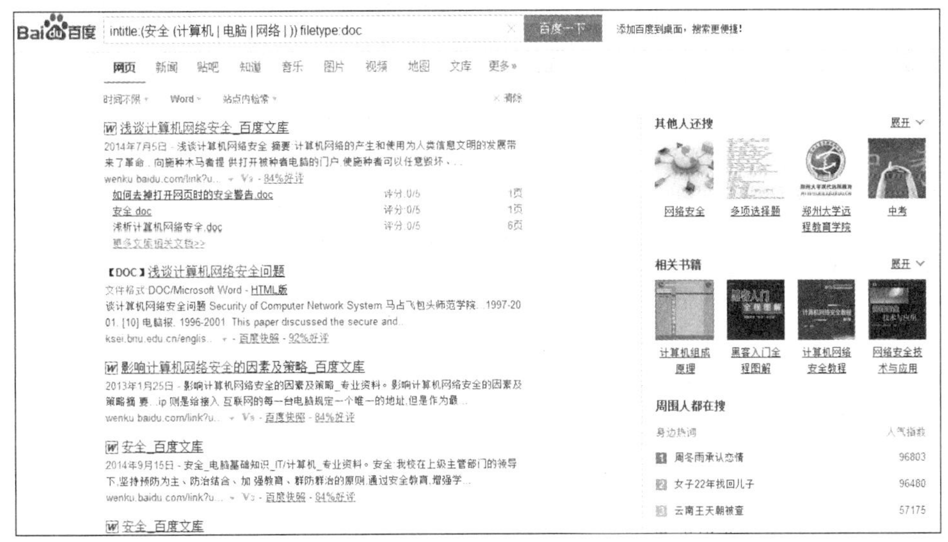

图 2-6-5　相关文档搜索结果

百度其他频道搜索与这三个搜索频道的搜索方式相似，大同小异，在这里不再赘述。

2）通过读秀学术搜索相关文献

百度搜索引擎数据庞大，包罗万象，过滤性相对较差，有些文档未经公开发表，权威性不够，并且有很多学术文献只提供途径，获取全文需要付费，而读秀学术搜索专门搜索经过公开发表的学术型文献，如图书馆购买了，作为读者个人是不用付费即可获得全文的，两个搜索引擎在使用时可以互补。

① 相关知识检索，搜索读秀拥有的所有图书章节全文中含有检索词的内容片段。进入读秀首页面（www.duxiu.com），默认频道就是知识，输入关键词：计算机 电脑 网络 安全（如图 2-6-6 所示）进行检索，获得结果 262 313 条，如图 2-6-7 所示。单击其中的“PDF下载”即可阅读该片段的全文。

图 2-6-6　知识频道首页面

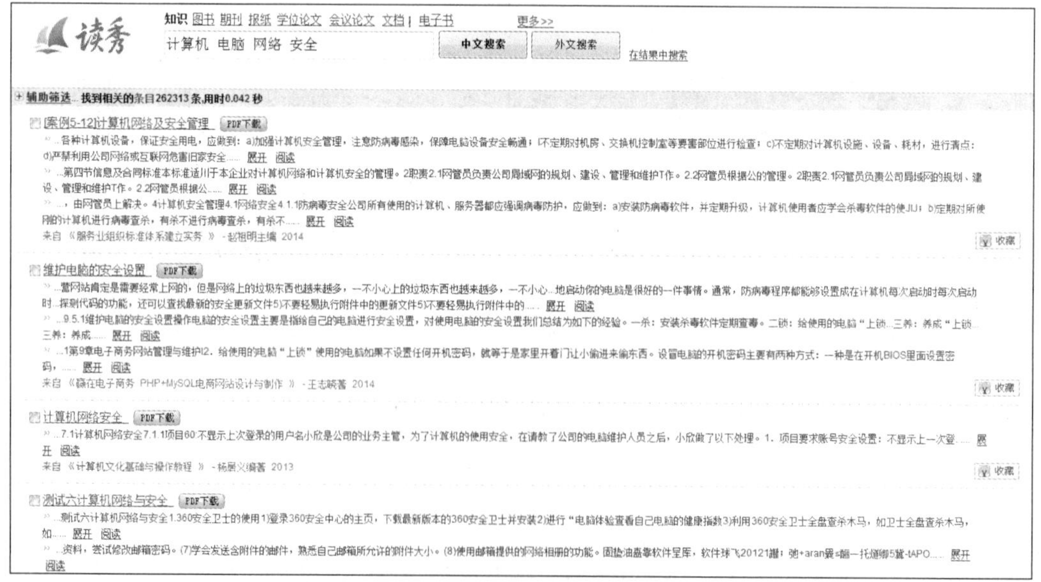

图 2-6-7　检索结果

② 相关图书搜索。进入读秀首页面，选择“图书”频道，单击“高级检索”按钮，单

击“切换至专业搜索”，进入专业搜索界面。确定检索途径为标题或关键词，在检索框中输入检索式：((T=计算机|电脑|网络）*T=安全）|((K=计算机|电脑|网络）*K=安全）（如图 2-6-8 所示）进行检索，获得结果 1 312 条，如图 2-6-9 所示，可以直接阅读图书馆购买的电子全文、借阅馆藏纸质本或通过文献传递获取电子全文，如图 2-6-10 所示。

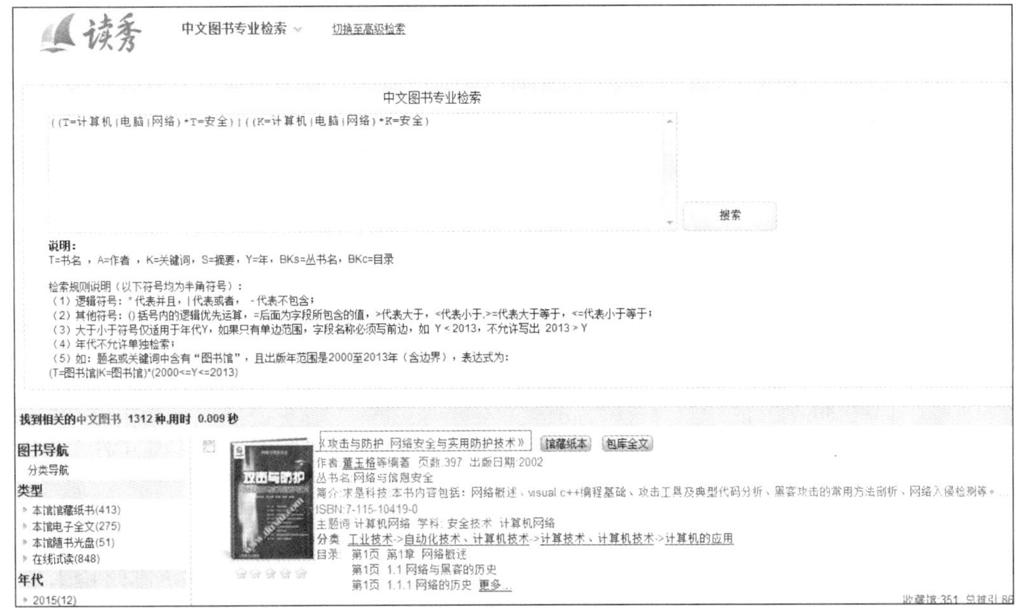

图 2-6-8　检索结果

图 2-6-9　图书简要信息及获取方式

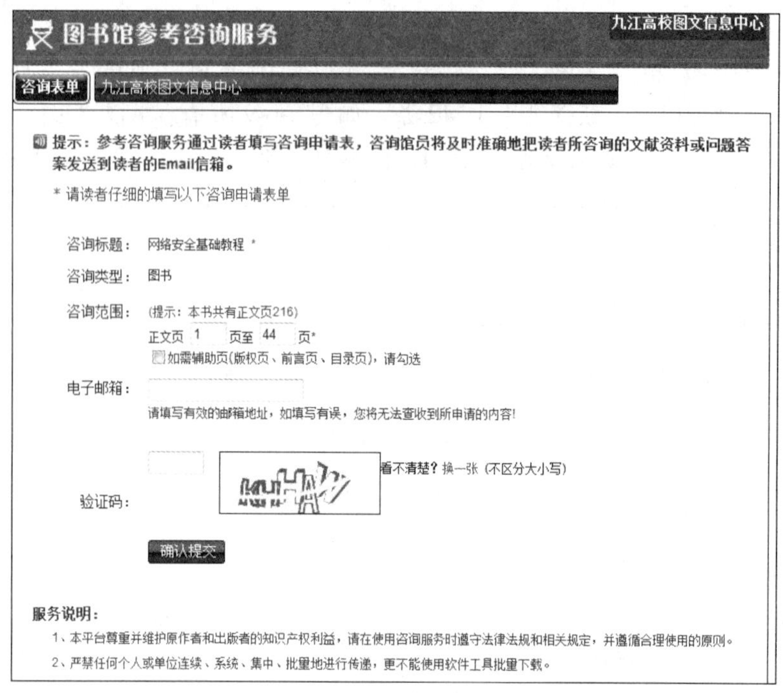

图 2-6-10　文献传递页面

③ 相关期刊论文搜索。进入读秀首页面，选择“期刊”频道，单击“高级检索”，单击“切换至专业搜索”进入专业搜索界面，确定检索途径为标题或关键词，在检索框中输入检索式：((T=计算机|电脑|网络）*T=安全）|((K=计算机|电脑|网络）*K=安全）(如图 2-6-11 所示）进行检索，获得结果 47 205 条，可以直接阅读图书馆购买的电子全文或通过文献传递获取电子全文，如图 2-6-12 所示。

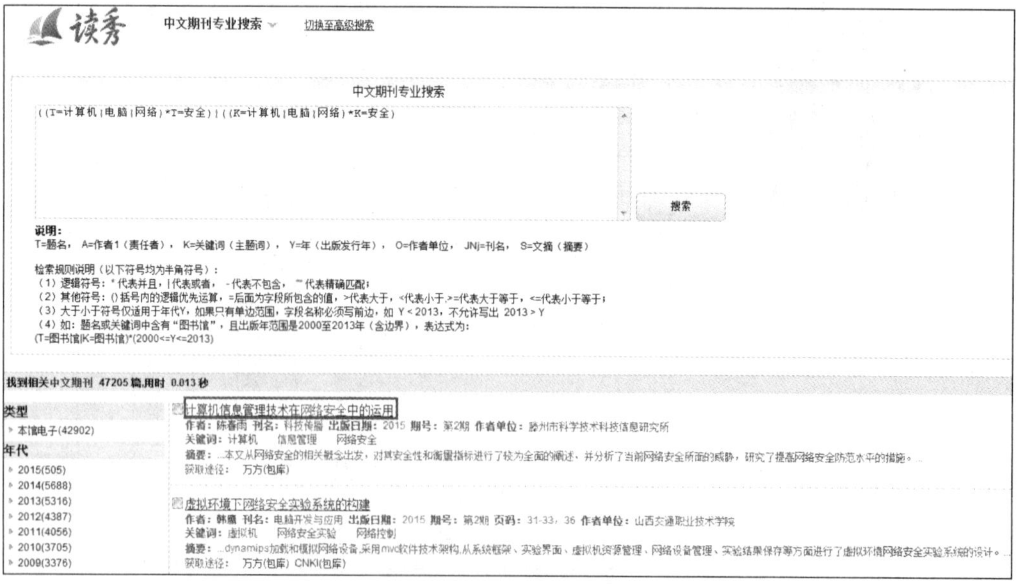

图 2-6-11　检索结果

图 2-6-12　论文简要信息及获取全文

④ 相关报纸文章搜索。进入读秀首页面，选择“报纸”频道，单击“高级检索”按钮，单击“切换至专业搜索”按钮进入专业搜索界面，确定检索途径为标题或关键词，在检索框中输入检索式：((T=计算机|电脑|网络）*T=安全）|((K=计算机|电脑|网络）*K=安全）（如图 2-6-13 所示）进行检索，获得结果 15 313 条，可以直接阅读电子全文或通过文献传递获取电子全文，如图 2-6-14 所示。

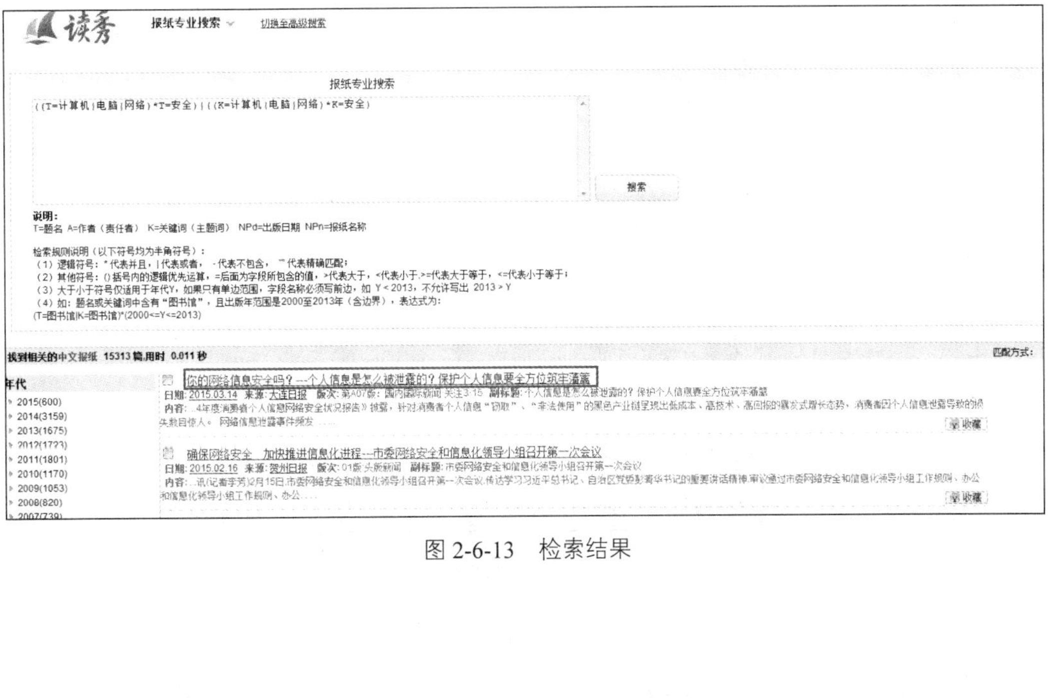

图 2-6-13　检索结果

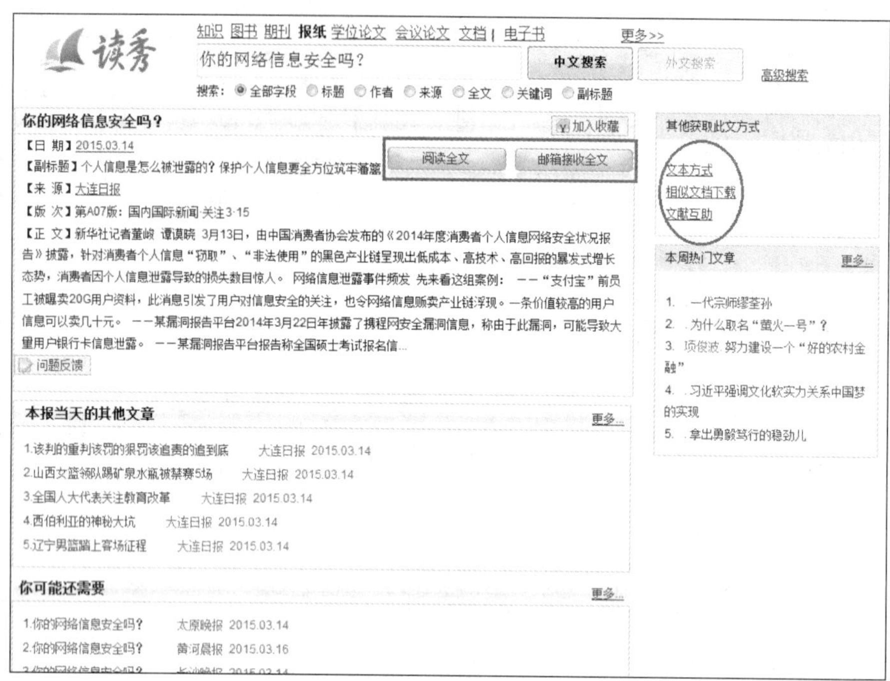

图 2-6-14 文章简要信息及全文获取方式

⑤ 相关视频搜索。进入读秀首页面，选择"视频"频道，为了搜索全面又相对准确，可确定检索途径为全部字段，检索词之间的逻辑关系为逻辑与，在检索框中输入检索式：计算机网络安全（如图 2-6-15 所示）进行检索，获得结果 963 条，可以直接观看视频，如图 2-6-16 所示。

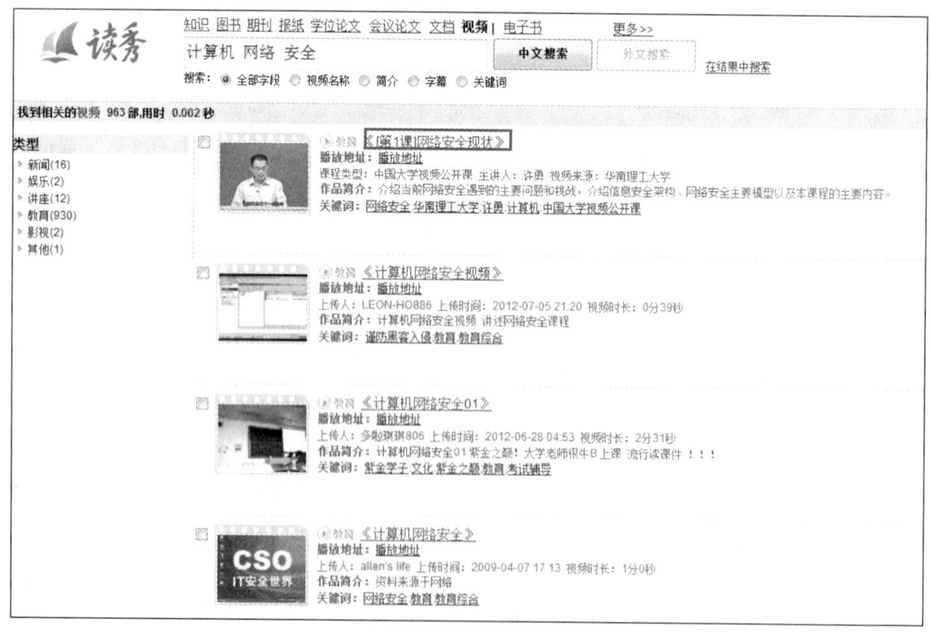

图 2-6-15 检索结果

图 2-6-16　视频简要信及获取方式

读秀学术搜索还有学位论文、会议论文、博客、论坛等文献类型频道，检索方式与前边介绍的四种文献类型频道检索使用方法相似，大同小异，不再举例说明。

第 3 章

图书信息检索

图书可以帮助人们全面、系统地了解某一特定领域的知识，指引人们进入自己所不熟悉的领域。图书作为一种重要的文献情报源的特点首先体现在保存和传播知识方面。通过它可以了解他人关于某个专门问题的研究或对实践经验的系统论述。传统纸质图书相对于电子图书来说出版周期较长，传递信息速度慢。

近年来电子图书种类和数量正在迅速增长，有光盘版、数码版和网络在线版等多种形式。由于电子图书在一定程度上提高了图书的新颖性和实效性，而且便于检索，其发展前景看好。

3.1 图书的分类与排架

图书分类是根据图书的学科内容属性、形式体裁、读者用途等，按学科的分类体系，分门别类地组织起来，使同一学科门类的图书在目录中、在书架上都集中在一起。

为了更好地利用图书馆的纸质藏书，首先要了解图书馆所采用的图书分类的方法。

3.1.1 图书分类法

分类是指依据事物的属性或特征加以区分和类聚，并将区分的结果按照一定的次序进行组织的活动。图书分类，即指根据图书内容的学科属性和其他特征，将图书分门别类地、系统地组织和揭示的方法。

图书分类是科学组织图书的重要环节。通过图书分类，可以把不同类的图书加以区分，同类的图书集中起来，相关类的图书联系起来。按照亲疏远近的关系把图书分门别类、逻辑系统地组织起来，形成有一定内在联系的体系，方便用户按类索书。

图书馆用来图书分类、组织文献的工具是图书分类法，它也是读者浏览和检索图书的工具。图书分类法是在一定的哲学思想指导下，运用知识分类的原理，结合图书、资料本身特点，采用逻辑方法编制出来的。它是一种从总到分、从一般到具体、从低级到高级、从简单到复杂、层层划分、逐级展开的分门别类反映人类全部知识的代码体系。一部完整的图书分类法通常由分类体系（分类表）、标记符号（分类号）、辅助表、说明和索引等组成。

图书分类法有体系分类法和组配分类法之分，体系分类法是目前使用最普遍的分类法形式。体系分类法的主要特点是按学科、专业集中文献，并从知识分类角度表明各类文献在内容上的区别和联系，是一种以直线性序列组织和揭示文献的方法。

在分类法中，类目的数量很多。因此，必须用一种符号系统来标记和识别这些类目，凭这些符号来识别这些类目的先后次序、反映某个类目在分类体系中的位置。这些代表各级类目名称的标记符号就是分类号。

分类法能较好地体现概念的族性关系，许多书目数据库、文献数据库常常按分类组织和揭示信息资源，为用户提供从分类角度检索信息的途径，方便用户按类索书。

3.1.2 《中国图书馆分类法》

《中国图书馆分类法》（原称《中国图书馆图书分类法》）是新中国成立后编制出版的一部具有代表性的大型综合性分类法，简称《中图法》。《中图法》初版于 1975 年，1999 年出版了第四版。《中图法》第五版已于 2010 年 8 月由国家图书馆出版社正式出版。此次修订幅度较大，新增 1 631 个类目，停用或直接删除约 2 500 个类目，修改类 5 200 多个。

目前，《中图法》是当今国内图书馆界使用最为广泛的一种图书分类法体系。为适应不同图书信息机构及不同类型文献分类的需要，它还有《中国图书资料分类法》《中国图书馆图书分类法（简本）》和《〈中国图书馆图书分类法〉期刊分类表》等几个配套版本。

了解分类法的编制，有助于从科学的角度查询信息，在确定信息所属的主要和次要学科或专业的范围时，在分类表中，被确定的学科或专业范围从大类到小类，从上位类到下位类，层层缩小查找范围，直到找出课题相关类目及分类号。

按学科分类的图书，有时会有不同的文献类型，如教材、词典、图谱等。为了进一步细分每类图书的不同文献类型，而又不增加分类表的篇幅，在《中图法》中采用了复分处理。复分的方法是将带有连字符的复分号加于基本分类号之后，形成新的更为专指的分类号。例如，一本自然科学词典的分类号应该是“N-61”，其中“N”表示“自然科学”，“-61”是复分号，表示“名词术语、词典、百科全书”。

大学图书馆中常用的总论复分号有：-4 教育与普及，-41 教育计划、教学大纲，-42 教学方法、教学参考书，-43 教材，-44 习题、试题及解题，-45 教学实验、实习，-61 名词术语、词典、百科全书（类书），-62 手册、名录、指南，-64 表解、图谱等。如：R5-43 表示内科学教材；H310.42-44 表示英语水平等级考试试题。

3.1.3 索书号

索书号是图书馆赋予每一种馆藏图书的号码，这种号码具有一定结构并带有特定的意义。在馆藏系统中，每种索书号是唯一的，可以准确地确定馆藏图书在书架上的排列位置，是读者查找图书非常必要的代码信息。

在图书的分类排架体系中，图书的索书号由分类号和书次号组成。分类号解决了不同类别图书之间的区分，保证图书归类到位；书次号进一步区别分类号相同但版本不同的图书，使同类图书个别化。

书次号的选取在我国图书馆界尚无统一和公认的标准，有些图书馆采用图书的出版年月，有些图书馆采用作者姓名字顺、拼音或四角号码，有些图书馆按照图书编目先后的“种次号”来确定。

3.1.4 图书的排架

现在高校图书馆的馆藏图书数量较大，读者找书时，首先要了解图书馆的馆藏布局情况。每个馆藏地的图书排架都以分类号为依据，按图书分类的字母顺序排列，分类号相同的图书按书次号的数字大小排列。每个书架，一般遵循“从上至下，由左至右”的排列走向。了解了图书的分类和排架，根据索书号就能很快找到自己所需的图书。

3.2 图书馆馆藏查询系统

了解了图书的分类和排架，根据索书号就能很快找到自己所需的图书。那么，索书号又如何获取呢？这就必然要用到一个重要的文献信息检索工具，即目录。目录是指对文献信息加以著录，并按照一定的方法组织而成的一种揭示与报道文献信息的工具。它的实质是揭示与报道文献信息的内容特征和形式特征，以便人们准确地识别和检索文献。图书馆有书刊目录，出版社有发行目录，网站有网页目录等。

20 世纪 90 年代之前，图书馆主要使用的是传统的卡片式目录。随着网络技术的发展，卡片式目录已经淘汰，联机目录成为查询图书馆信息资源的主要工具。读者可以通过校园网终端查询图书馆 OPAC（OnlinePublic Access Catalogue，即馆藏书目查询系统），了解图书馆的馆藏资源及自己的借书情况等内容。

目前许多图书馆使用的 OPAC 已从早期的 C/S（Client/Server）模式发展为现在的 B/S（Browser/Server）模式，是网络环境下用户查询图书馆馆藏书目信息的一个非常重要的应用系统。下面以汇文 libsys 系统为例，对 OPAC 模块各种功能进行介绍，以便读者能了解并掌握 OPAC 的功能和使用方法，提高其利用图书馆资源的效率。

3.2.1 书目信息查询子系统

为了满足不同用户的需求，汇文书目数据库设置了简单检索、多字段检索、全文检索、分类浏览等多种查询书目信息的方式。读者通过单击“书目检索”功能模块可以查询本馆馆藏所有书刊的信息，包括书刊订购、签到、加工和流通信息等。

1. 简单检索

简单检索执行单一途径索引检索，可利用的检索项为题名、责任者、主题词、出版社、索书号、ISBN/ISSN、订购号、分类号、丛书名，其中责任者拼音和题名拼音包括全拼式汉语拼音和汉语拼音首字母检索项，如图3-2-1所示。

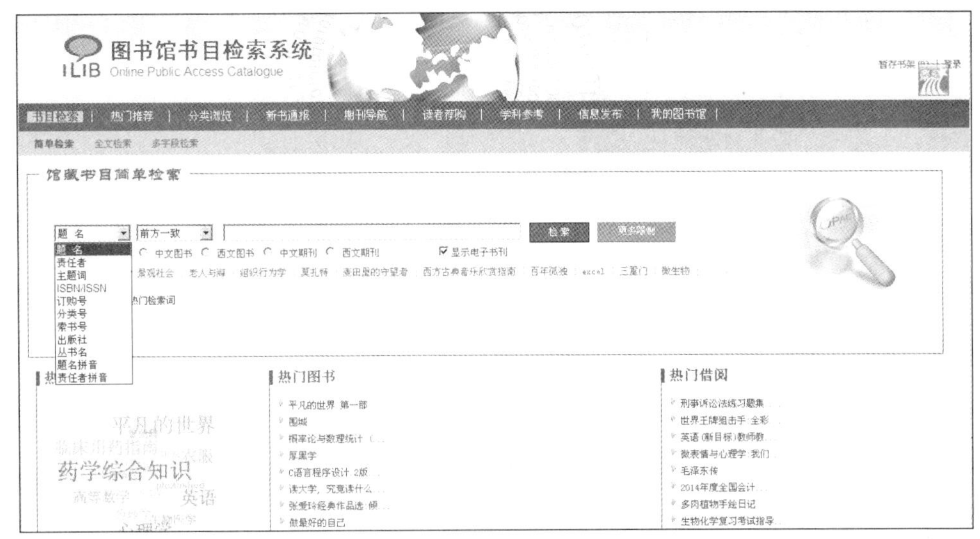

图3-2-1 图书馆汇文书目检索系统

2. 多字段检索

多字段检索，主要是相对“简单检索”而言，增加了更多的检索项，可以更精确地定位图书。可使用的检索项有题名、责任者、丛书名、主题词、出版社、ISBN/ISSN、索书号、起始年代等，还可以限定文献类型、馆藏地等条件。输入的检索项越多，得到的结果越精确，可以节省检索时间。

3. 全文检索

全文检索可实现图书内容的检索，是对MARC数据进行内容提取后的任意匹配检索，检索速度快，检索条件可自定义。可使用的检索项有任意词、题名、责任者、主题词、索书号、出版社、丛书名等，可利用各检索项进行组合检索、布尔逻辑检索和限制检索，提高查准率，检索结果可以按相关度等升序或降序进行排序。

4. 分类浏览

该功能模块通过系统提供的《中图法》树形学科分类导航菜单，逐级进行学科细分，浏览您所关心的相关学科、相关主题的馆藏书刊书目信息。读者还可以通过分类浏览检索图书馆的馆藏书目信息。

如想查找有关中国当代的童谣方面的书籍，首先单击检索系统的“分类浏览”，在左侧的《中图法》目录里，单击“I 文学”前面的“+”，即可展开文学类图书，再依次单击“I2

中国文学”“I28 儿童文学”“I287 当代作品”“I287.2 诗歌、童谣”前面的“+”，所有本馆有关中国当代的童谣方面的书籍就都被陈列出来，结果如图 3-2-2 所示。

图 3-2-2 分类浏览界面

5．新书通报

全面、及时地反映图书馆各个馆藏地最近 1 个月来全部新书的入藏情况。读者通过选择具体时间段（设置时间范围，选“最近一个月”为佳）和指定馆藏地可详细地分类浏览，查看该馆藏地在该时间段新书入藏情况一览表，包括题名、索书号、出版信息、著者等。单击任何一条记录，系统将进一步显示该项记录完整的书目信息和详细馆藏信息，读者可根据系统中提示的馆藏地和书刊借阅状态到相应的馆藏地及时借阅新书，如图 3-2-3 所示。

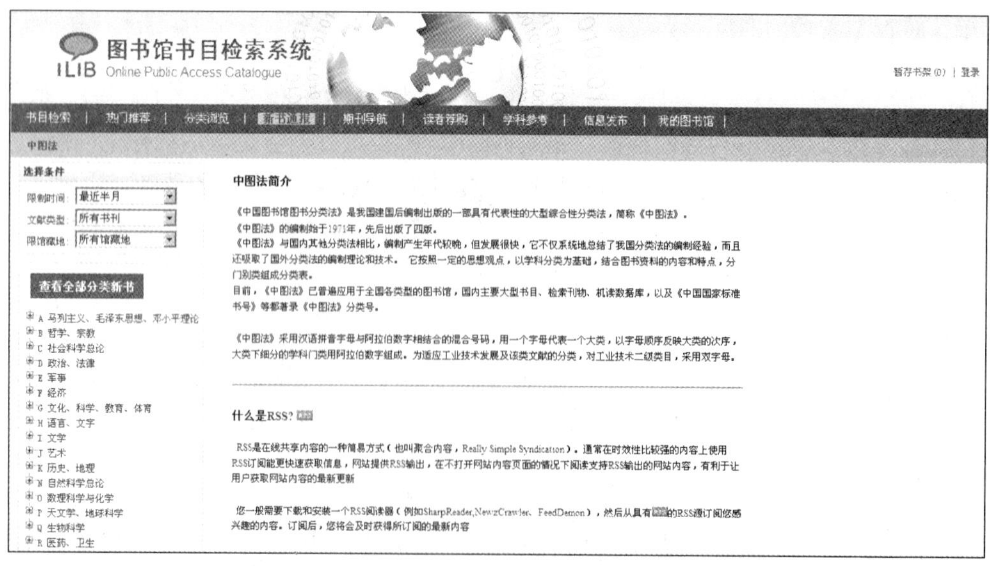

图 3-2-3 新书通报界面

3.2.2　读者借阅信息查询子系统

该系统为读者提供书刊借阅信息查询、读者定制信息服务、读者自助续借、预约/取消预约和挂失等功能。读者在汇文系统的主界面上单击“我的图书馆”，输入借书证号和密码即可进入读者借阅信息查询系统，自助执行续借、预约/取消预约等流通功能，浏览自己的流通记录，查看借阅的图书资料和了解超期、违章缴款、停借、预约、委托和书刊遗失等信息，如图 3-2-4 所示。

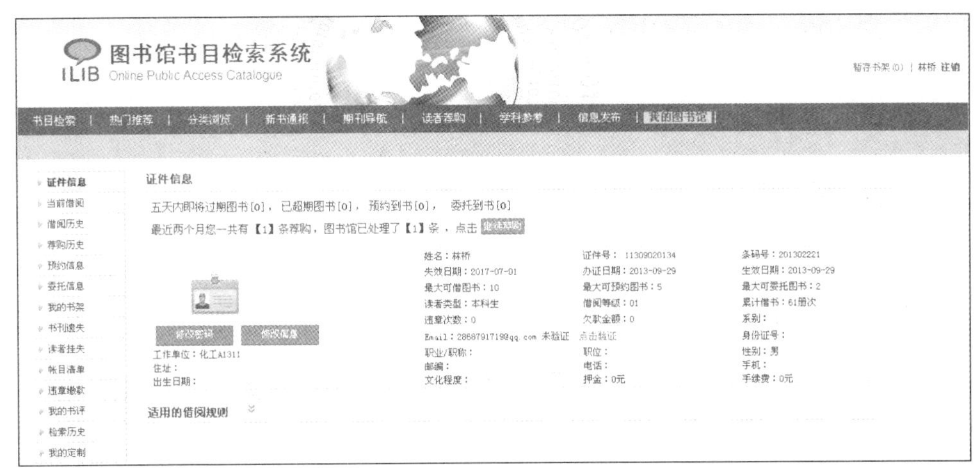

图 3-2-4　我的图书馆界面

“读者信息”显示读者基本情况，可修改个人密码和联系信息，并查看读者权限。在联系信息里设定个人 E-mail 地址，并完成 E-mail 有效性验证，读者可以获得个人借阅信息查询密码找回、借阅逾期催还、即将到期催还、预约到书提醒等服务。

“书刊借阅”可查询当前借阅图书情况和借阅历史，并可对图书实行续借，但所借图书若存在超期，则图书不能续借。

“违章缴款”列出读者有过的违章记录和缴款记录。

“预约委托”显示预约和委托记录，可对预约的图书取消预约。

“读者挂失”输入密码，挂失自己的借书证，挂失后自己不能解挂，需要工作人员处理。

“读者定制”可根据需要定制超期图书提醒、预约到书提醒、关注的新书等 RSS（Really Simple Syndication，在线共享内容的一种简易方式）订阅以及信息推送服务，在“我的首页”显示这些定制的提醒信息和新书信息。

3.2.3　网上书刊订购征询子系统

该功能模块实现读者荐购服务，使图书馆采访人员与读者之间的联系更直接，能及时了解读者对馆藏文献及其所需文献的信息，对图书馆的藏书建设起到非常重要的作用。

单击“读者荐购”，即可进入书刊订购征询界面。读者荐购有两种方式：其一，直接填写读者荐购表单，完成荐购，如图 3-2-5 所示。其二，单击“详细征订书目”，进入“书刊征订列表”，注意征订的截止日期，查询或浏览征订目录，如图 3-2-6 所示。

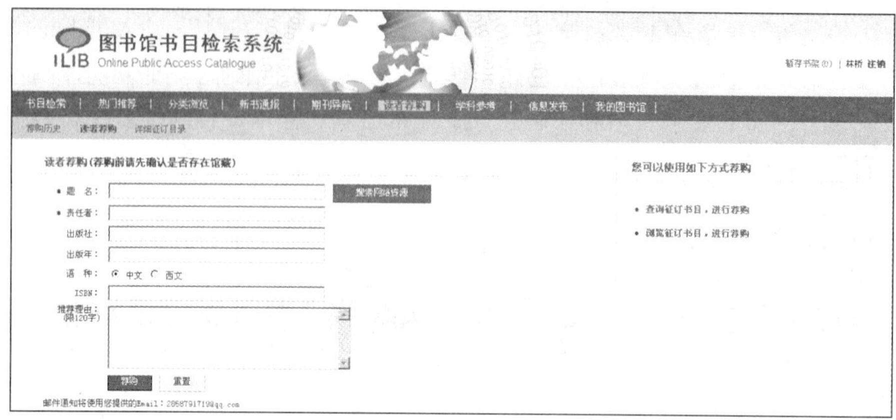

图 3-2-5 读者荐购界面

书目检索 | 热门推荐 | 分类浏览 | 新书通报 | 期刊导航 | 学科参考 | 信息发布 | 我的图书馆

荐购历史 读者荐购 详细征订目录

征订目录浏览 征订分类浏览

检索类型：题名 检索内容： 检索

	征订目录	书商	征订截止日期	说明
1	KJ1059	湖北三新书业有限公司	2015-04-15	
2	KJ1060	湖北三新书业有限公司	2015-04-15	
3	KJ1061	湖北三新书业有限公司	2015-04-15	
4	KJ1062	湖北三新书业有限公司	2015-04-15	
5	KJ1063	湖北三新书业有限公司	2015-04-15	
6	KJ1515-1518	浙江新华	2015-04-15	
7	KJ1519-KJ1521	浙江新华	2015-04-15	
8	ZJ清华1409-1505	湖北三新书业有限公司	2015-04-15	
9	RT6735K	人天	2015-04-18	
10	RT6745K	人天	2015-04-18	
11	SK1062	湖北三新书业有限公司	2015-04-18	
12	SK1063	湖北三新书业有限公司	2015-04-18	

图 3-2-6 征订目录浏览界面

再单击“征订目录号”即可查看图书馆各期征订书刊的详细信息，如图 3-2-7 所示。

书目检索 | 热门推荐 | 分类浏览 | 新书通报 | 期刊导航 | 学科参考 | 信息发布 | 我的图书馆

荐购历史 读者荐购 详细征订目录

征订目录 KJ1059，记录数 266

列表方式 详细方式

	题名	责任者	出版信息	分类号	荐购人数	荐购
1	天机	陶浒著	北京时代华文书局 2015 3003	N49	0	荐购
2	钌配合物在生物无机化学中的应用	刘学文著	南京大学出版社 2014 12003	O614.82	0	荐购
3	云南省基层气象台站简史	云南省气象局编	气象出版社 2013 12003	P411-092	0	荐购
4	基于集合论的煤矿床三维建模与算法研究	朱庆伟著	西北工业大学出版社 2015 01003	P618.11	0	荐购
5	植物学实验实习实训教程	主编[illegible]	北京理工大学出版社 2014 7003	Q94-33	0	荐购
6	动物解剖学	雷治海主编	科学出版社 2015 02003	Q954.5	0	荐购
7	组织学与胚胎学	齐亚灵 张玖琦	华中科技大学出版社 2015 02003	R	0	荐购
8	铁路职工营养手册	《铁路职工营养手册》编委会编	中国铁道出版社 2015 1003	R151-62	0	荐购
9	[illegible]	马安生编著	甘肃文化出版社 2014 6003	R161	0	荐购
10	[illegible]	田宇编著	北京联合出版公司 2014 12003	R161.7	0	荐购
11	[illegible]	王晓丽主编	中国妇女出版社 2014 10003	R247.1	0	荐购

图 3-2-7 征订图书目录界面

读者可在其中选择自己想要的书刊，用鼠标单击书名或“荐购”，进入荐购表单的界面，在“荐购信息”中填写推荐信息，单击“荐购”按钮，即可推荐你所选中的图书，如图 3-2-8 所示。

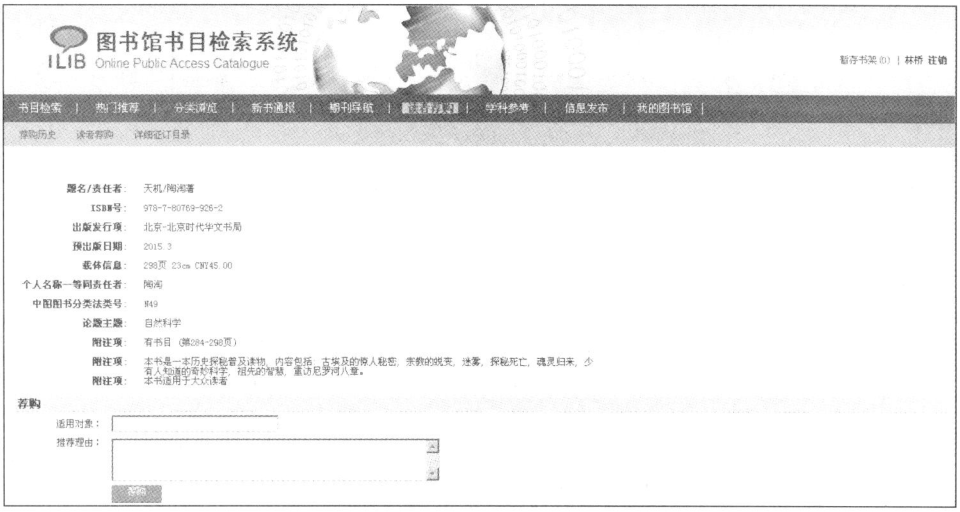

图 3-2-8　荐购推荐表单界面

3.2.4　网上信息发布子系统

能详细显示预约到书、委托到书、超期催还、超期欠款四项内容。

预约到书列表是通知读者的预约到书情况一览表，包括预约读者的条码号、单位以及预约书刊保留截止日期，读者必须在截止日期前到相应馆藏地办理借阅手续，否则该预约将自动失效，如图 3-2-9 所示。

图 3-2-9　预约到书界面

超期催还列表显示所借书刊已经存在超期的读者，这些读者应及时查询自己的借阅信息，并立即归还超期书刊，否则在书刊存在超期的情况下读者将不能再借阅书刊，同时书刊滞纳金按日期递增，造成不必要的损失，如图 3-2-10 所示。

条码号	单位	条码号	单位
201212015	2012级汉语班	201111754	A1101
60025	MBBS0911	60300	MBBS1001
2009111052	MBBS1001	60273	MBBS611
60172	MBBS811	140104691	本部
S000000122	本校毕业生	S000000328	本校毕业生
S000000349	本校毕业生	S000000516	本校毕业生
S000000745	本校毕业生	S000000992	本校毕业生
1190512849006	材料工程学院	1190411636002	材料科学与工程学院
1190511148003	材料科学与工程学院	1190512517002	材料科学与工程学院
1190512548002	材料科学与工程学院	1190512830012	材料科学与工程学院

图 3-2-10　超期催还界面

3.2.5　热门借阅、热门收藏、热门图书

OPAC 系统对拥有的大量资源信息及用户行为信息进行充分的数据挖掘，将数据分析成果中有助于读者利用图书馆资源的部分开放给读者进行参考，帮助读者更多地了解图书资源，更多地了解阅读信息，如图 3-2-11 所示。主要有以下几个方面。

	题名	责任者	出版信息	索书号	馆藏	借阅册次	借阅比
1	九天倾凰	青青的悠然著	江苏文艺出版社 2014	I247.57/33382:1, I247.57/33382:2	10	22	2.2
2	女王乔安	张晓晗著	天津人民出版社 2014	I247.57/31379	10	16	1.6
3	偷影子的人	(法) 马克・李维著	湖南文艺出版社 2012	I565.45/30070	10	16	1.6
4	你是最好的自己	杨杨，张皓宸[著]	湖南文艺出版社 2014	I247.7/32058	10	15	1.5
5	匆匆那年	九夜茴著	江苏文艺出版社 2013	I247.57/32733:1, I247.57/32733:2	10	14	1.4
6	致这辈子有过你	张小娴著	湖南文艺出版社 2014	I247.57/31400	10	14	1.4

图 3-2-11　热门推荐界面

热门借阅：系统提供依照中图法分类的各类图书的用户当前的借阅情况，并依据借阅次数进行排行统计。

热门评分：读者登录后，可以对图书进行推荐，并查看图书的读者评价情况。

热门收藏：系统提供被读者收藏最多的图书的排行。

热门图书：系统提供被读者浏览最多的图书的排行。

借阅关系图：OPAC 中引入数据分析功能，增加书刊借阅关系图，通过动态的可视化方式来形象地反映书刊被借阅的关联信息。按读者类型、读者系别，以年度热门借阅数据为起点，查看人与书、书与书之间的可视化分析结果，深入观察书与书之间的借阅关系，帮助读者更好地了解图书，方便读者使用图书。

详细书目页面中直接单击链接图片即可查看书与书之间的可视化分析结果，读者可以了解借某一种书的读者还借了其他哪些书；图书的被借率通过彩色球的大小来反映，球越大，表明被借阅的次数越多；单击任一书名，可展现以此书为中心的新关联图，如图 3-2-12 所示。

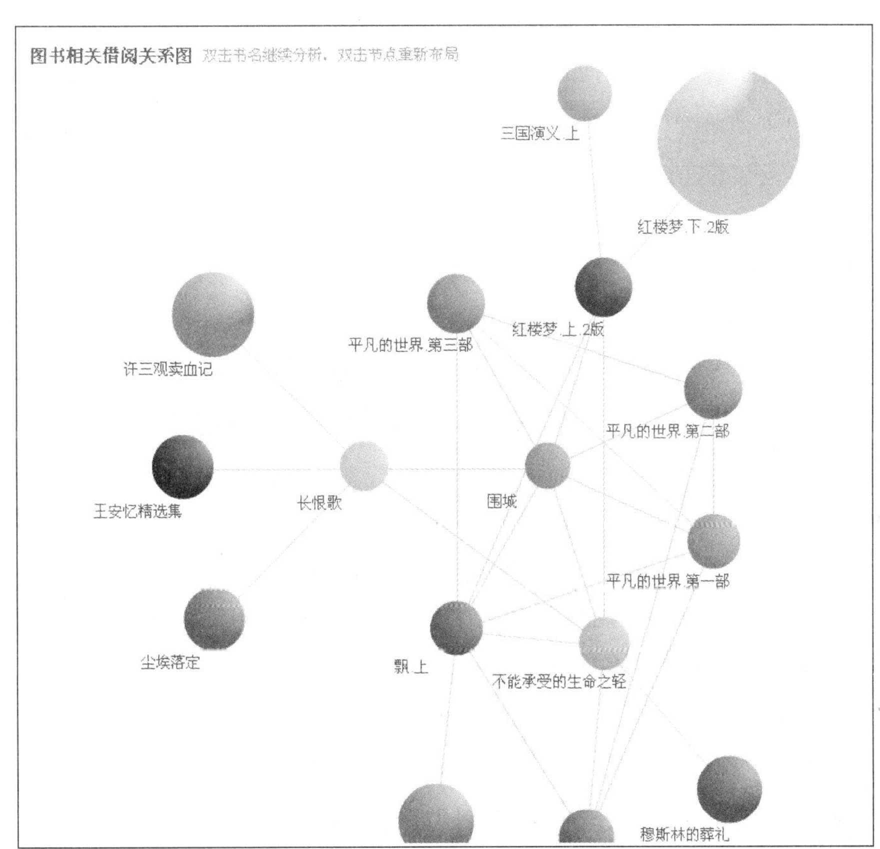

图 3-2-12 《围城》的借阅关系图

这一功能采用一种很直观的方式对资源加以推荐，读者通过查看相关主题、相关借阅情况，可以获取自己所需要的同种主题、同种类型的图书并加以利用，提高馆藏利用率。

3.2.6　OPAC 新功能概览

除了以上介绍的常用功能，OPAC 还有很多实用的小功能，例如手机二维码、链接随书光盘信息、链接图书网站等，如图 3-2-13 所示。简单介绍如下。

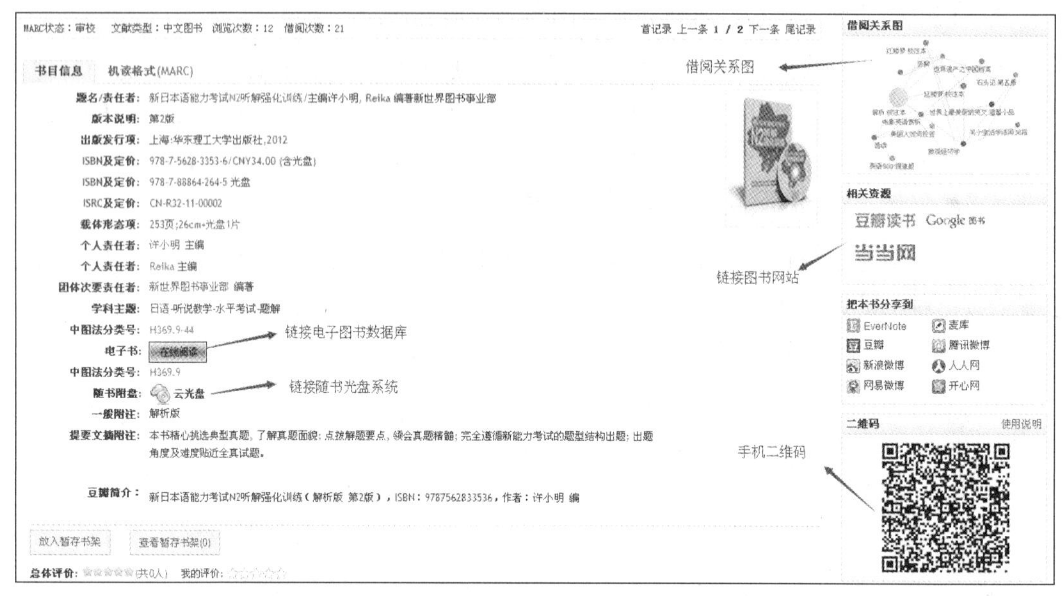

图 3-2-13　OPAC 实用小功能

1．手机二维码

可将所要显示的信息自动生成二维码，配合手机拍照和解码功能，将所显示的信息存储在随身携带的手机中。详细书目信息页面中自动生成书目信息二维码，使读者在书库中查找资料更加方便。“我的图书馆”当前借阅信息中自动生成借阅信息二维码，使读者更加快捷地储存和查看自己的借阅信息。

2．链接随书光盘信息

通常，读者想要利用光盘资源，需要先进入 OPAC 系统进行检索，然后再进入随书光盘系统进行下载利用。新型的 OPAC 系统在书目信息中直接链接随书光盘系统，读者可以在 OPAC 的书刊信息页面单击链接随书光盘系统中已上传的光盘数据信息，获得更便捷的服务。

3．链接图书网站

读者的阅读体验需要与人交流和分享，阅读与交流的过程就是读者身心提高的过程。通过与豆瓣与谷歌图书的链接，为读者提供书目的深层揭示，为他们提供交流的空间，弥补了 OPAC 本身条目内容扁平的不足，为读者的不同阅读喜好提供多样化选择。

4．链接本馆电子图书

新型的 OPAC 系统将电子图书基本信息导入汇文系统，实现纸质图书和电子图书的统一查询，检索效率高、速度快，还提供电子书的链接。只要本馆购买的电子图书数据库中有这种书，读者只要在 OPAC 的书刊信息页面单击“在线阅读”，就可以自动跳转到该数据库，实现在线阅读。

3.2.7　OPAC 检索技巧

1．“题名”检索推荐使用“任意匹配”检索模式，提高查全率。当使用题名检索不成功时，可考虑使用“主题词”选项。

2．检索结果过少时，要降低检索词的专指度，选取一些上位概念的主题词或相关词进行检索。检索结果过多时，要提高检索词的专指度，增加或换用下位概念的主题词和专指性较强的自由词进行检索。

3．汇文书目数据库不支持逻辑运算，需执行多个条件检索时，可选用二次检索（在结果中检索）或多字段检索。

4．采用分类号进行检索，既可避免检索词不当产生的误检，提高查准率；又可检索到不同语种的同类图书，提高查全率。

5．利用数据库提供的检索字段，依据文献类型、出版年代、语种、出版社、作者等文献的外部特征进行检索，提高查准率。

6．汇文书目数据库在输入多个检索词进行检索时，检索词之间有无空格检索结果一样，空格会被忽略。

3.2.8　使用实例

实例 1：查找天津人民出版社出版的韩寒写的小说。

可以通过简单检索或多字段检索实现例题需求。先介绍简单检索，其具体步骤如下。

① 检索项选择“责任者”，匹配方式选择“完全匹配”，在检索框中输入“韩寒”，如图 3-2-14 所示。

图 3-2-14　简单检索界面

② 单击“检索”，会显示出命中数量、题名，以及该记录的索书号、责任者、出版社、可借复本等信息，如图 3-2-15 所示。

③ 再通过系统提供的二次检索功能。检索项选择“出版社”，在检索框中输入“天津

人民出版社”，单击“在结果中检索”，如图 3-2-16 所示。

图 3-2-15 简单检索结果

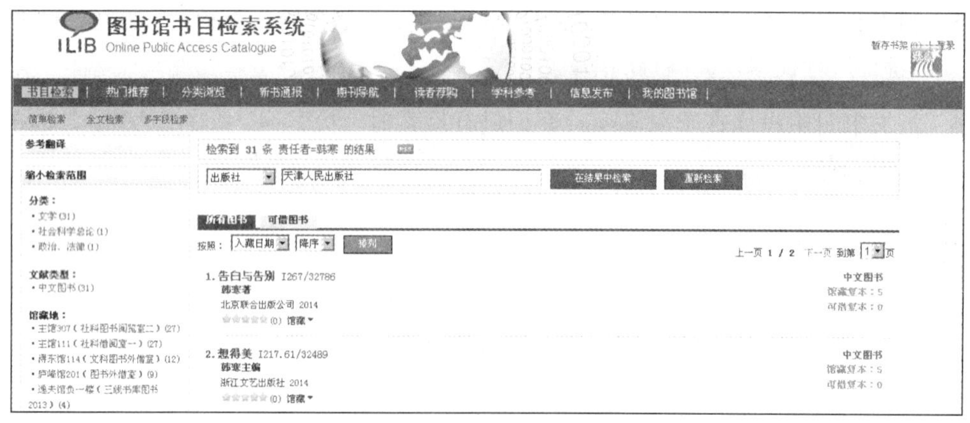

图 3-2-16 二次检索界面

④ 结果如图 3-2-17 所示。单击每条记录的题名，系统将进一步显示该记录的封面、文摘等详细的书目信息，以及馆藏地点、流通类型和借出状态等馆藏信息，并提供预约申请、委托申请、图书评论等功能入口，如图 3-2-18 所示。

图 3-2-17 二次检索结果

图 3-2-18　书目详细信息

多字段检索具体步骤如下。

① 打开多字段检索界面，在“责任者”检索框中输入“韩寒”，在“出版社”检索框中输入“天津人民出版社”，还可以限定馆藏地，如选择“社科图书借阅室一”，如图 3-2-19 所示。

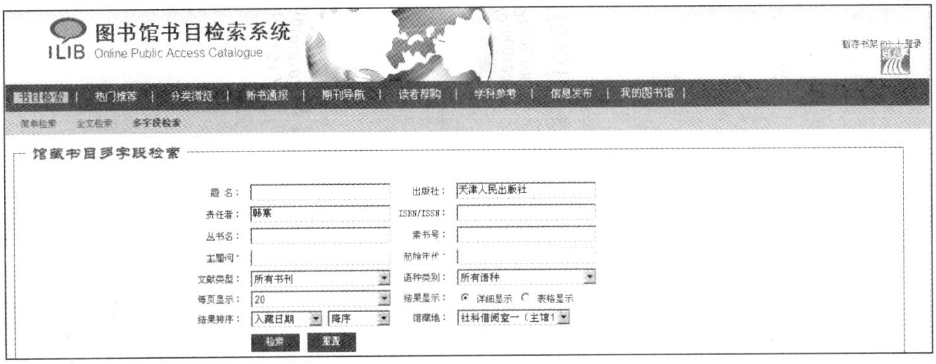

图 3-2-19　多字段检索界面

② 单击“检索”，会显示出命中数量、题名一览表，以及该记录的索书号、责任者、出版社、可借复本等信息，如图 3-2-20 所示。

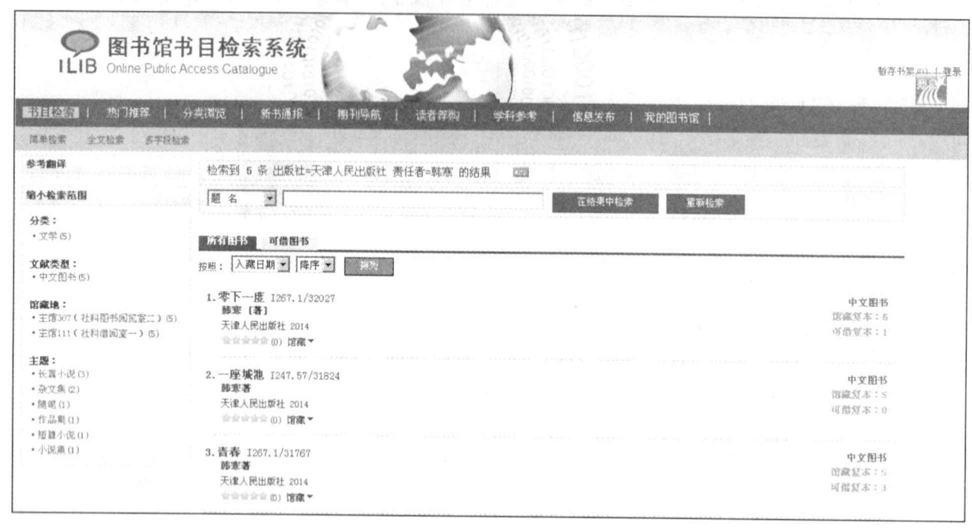

图 3-2-20 多字段检索结果

实例 2：预约图书。

检索图书时，结果显示有些书的可借复本为“0”，表示借阅室中该种图书已经全部被借出了。如果你也想看这本书，可以预约该书。一旦有读者归还了该书，系统会根据预约的先后顺序，优先将这本书借给你。具体操作步骤如下。

① 查找图书《一座城池》，会显示该记录的封面、文摘等详细的书目信息，以及馆藏地点、流通类型和借出状态等馆藏信息，如图 3-2-21 所示。

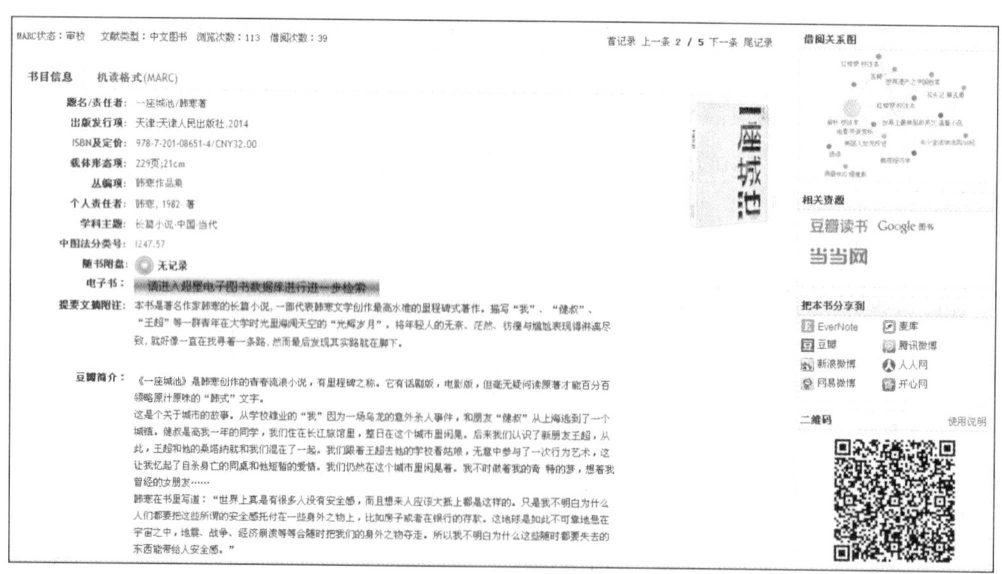

图 3-2-21 书目信息

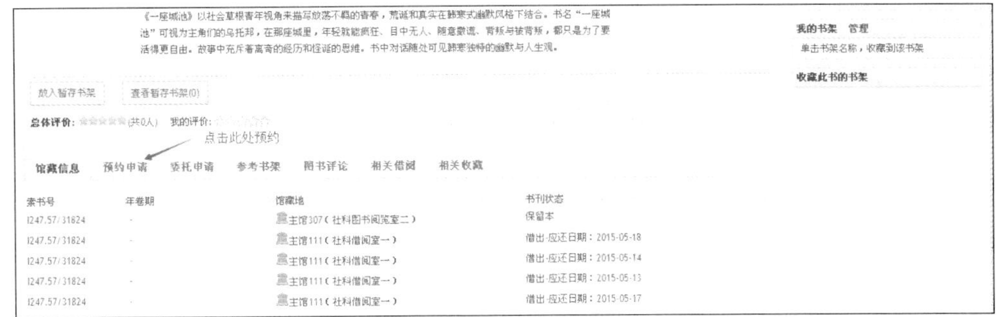

图 3-2-21 书目信息（续）

② 单击“预约申请”，需要登录“我的图书馆”，如图 3-2-22 所示。

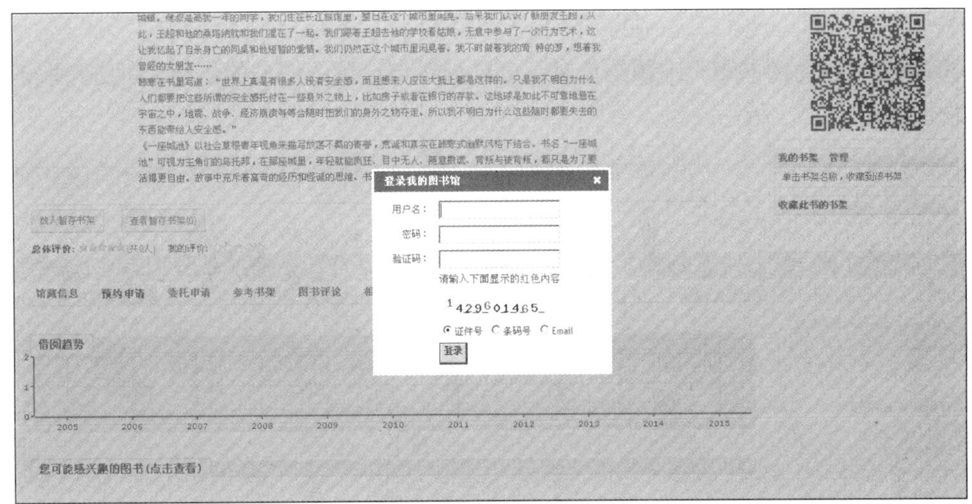

图 3-2-22 我的图书馆

③ 登录成功后，再单击“预约申请”按钮，屏幕会显示该书的预约排队、可否预约、取书地等信息，如图 3-2-23 所示。

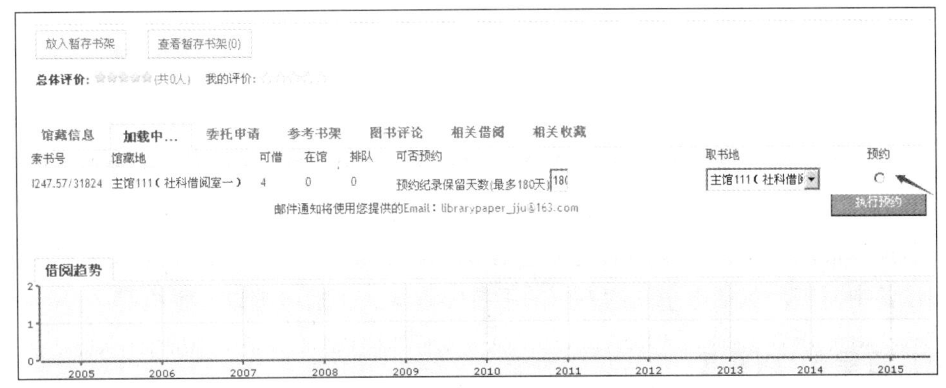

图 3-2-23 预约申请界面

④ 单击“执行预约”，即可完成这本书的预约申请，如图 3-2-24 所示。

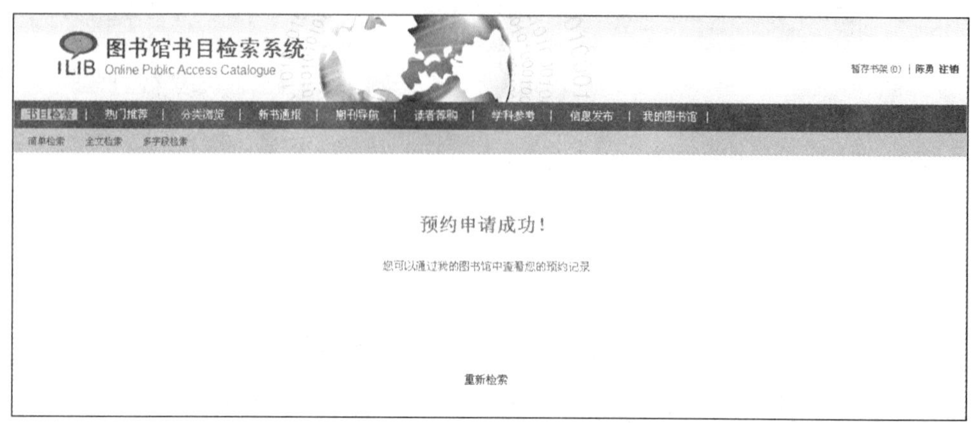

图 3-2-24　预约申请成功界面

⑤ 通过“我的图书馆”中预约信息，可以查看自己预约图书的情况，可进行取消预约的操作，如图 3-2-25 所示。

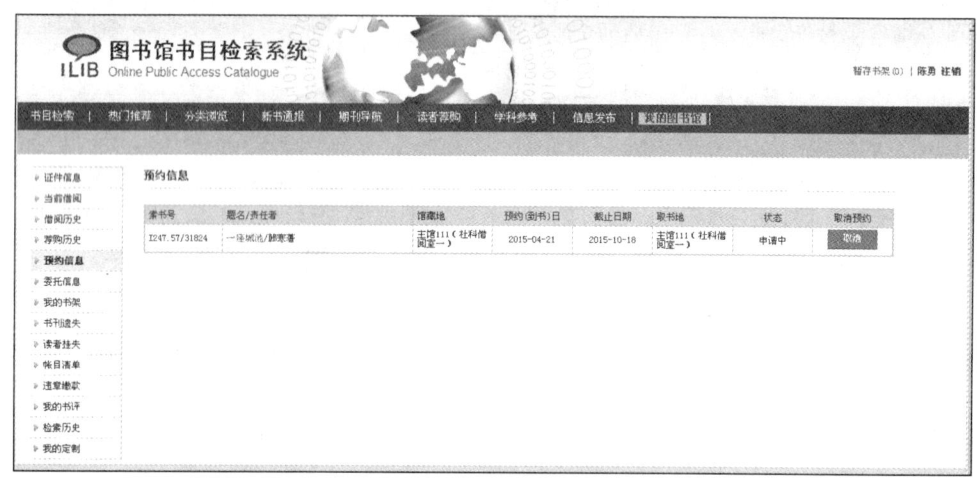

图 3-2-25　预约信息查询

3.3　电子图书检索

电子图书是以磁、光、电等非纸介质为记载载体，以信息的生产、传播和再现代替纸质图书的制作、发行和阅读的一种新型媒体工具，是随着世界计算机技术的出现与发展而出现并迅速发展的。早期电子图书是用电脑屏幕阅读的，现在电子图书可以放置在各类数码终端设备中阅览，包括电子阅读专用的手持阅读器、平板电脑以及手机等。

3.3.1　超星数字图书

1．概述

超星数字图书馆是在传统图书馆的基础上建立的、采用现代高新技术支持的数字信息资源系统，是国家“863”计划中国数字图书馆示范工程项目。2000 年 1 月，北京世纪超星信息科技有限责任公司（简称超星公司）与全国各大图书馆、出版社合作，正式开通超星数字图书馆。它将图书分为文学、历史、法律、军事、经济、科学、医药、工程、建筑、交通、计算机、环保等 17 个大类，目前拥有数字图书 200 多万种。

2．使用方法和步骤

（1）进入镜像站点或者主站

在 IE 地址栏中输入本地镜像资源网址或超星数字图书馆（http://www.sslibrary.com/），进入系统检索首页，如图 3-3-1 所示。

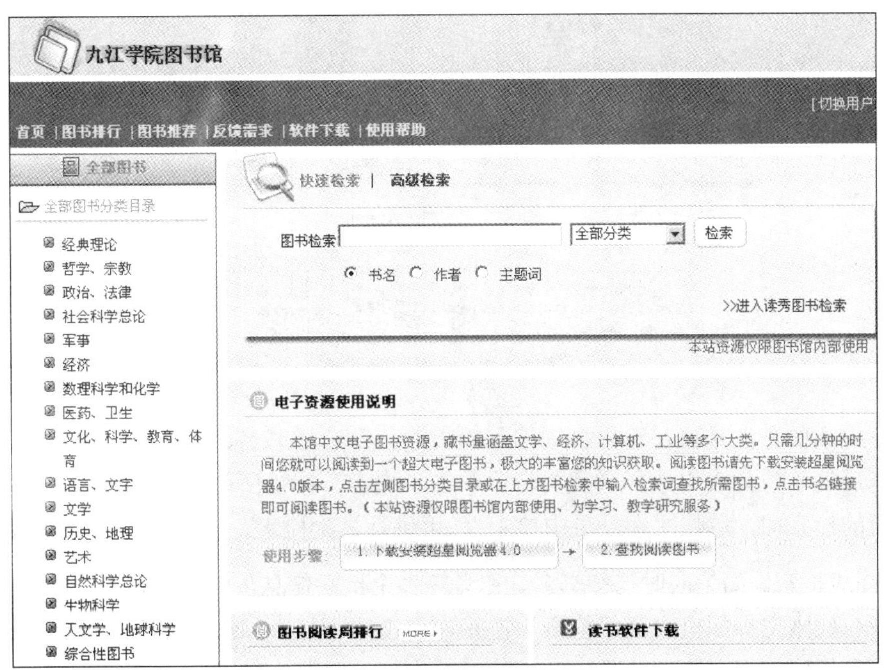

图 3-3-1　超星数字图书首页

（2）下载安装浏览器

阅读超星电子图书之前，必须先下载超星图书浏览器 SSReader。

主界面单击“下载浏览器”，在弹出的文件下载窗口中选择“在当前位置运行该程序”，然后单击“确定”按钮；在弹出的“安全警告对话框”中选择“是”，系统会提示您是否继续安装超星图书阅览器，若选择“是”，这时会出现超星阅览器安装向导，可根据向导安装阅览器。

（3）检索方式

超星图书系统提供分类浏览、快速检索和高级检索 3 种检索方式。

① 分类浏览。检索者如无明确的检索目的或检索词，可以使用分类浏览查找所需图书。

进入超星数字图书馆首页，在页面左侧将图书分为经典理论、哲学宗教、社会科学总论、政治法律、军事、经济、文化科学教育体育、医药卫生、综合性等共计 17 个大类。单击分类目录，显示该目录下的子目录，依次单击子目录，可以检索到所需书目。检中的图书以列表形式呈现，每一条记录包括书名、作者、出版日期等信息，单击书名将启动超星浏览器（SSReader）阅读指定图书。

② 快速检索。在超星数字图书馆任意网页都有快速检索栏，也就是通常所说的初级检索或单一条件检索，提供“书名”“作者”“主题词”3 个检索字段。在快速检索方式下，可对检索的学科范围进行限定，如图 3-3-2 所示。

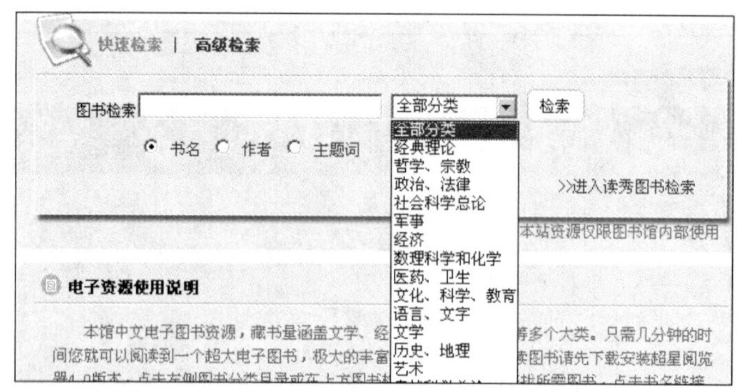

图 3-3-2 快速检索界面

快速检索的方法是：在输入框中输入检索词，并选择书名、作者或主题词，需要时可在输入框后的下拉列表中选择大类类目，单击“检索”按钮便可查找图书。在检索结果页面输入新的检索词，单击“在结果中检索”，可进行二次检索。

③ 高级检索。如果同时已知书名、作者等多个检索信息，可使用高级检索，以提高检索效率。在检索主界面有“高级检索”链接，单击即可打开高级检索栏。高级检索提供了与快速检索相同的 3 个检索字段。

高级检索中设有“并且”“或”两种逻辑匹配方式，可根据实际需要进行选择；另外，在高级检索中，也可对出版年代进行选择；对于检索结果可按“出版日期”和“书名”进行“升序”或“降序”排列；此外，对于每页的显示数量也有“10”“20”“30”等 3 种选择。

高级检索的方法是：在下拉列表框中选择检索字段；在检索字段后面的输入框输入检索词，并在下拉列表框中选择“并且”“或”逻辑关系；单击“检索”按钮执行检索，如图 3-3-3 所示。

3．超星阅览器及其功能

（1）超星阅览器的布局

顶部——主菜单：超星阅览器所有功能菜单包括“文件”“网页”等。其中常用的功能在下文将作介绍。

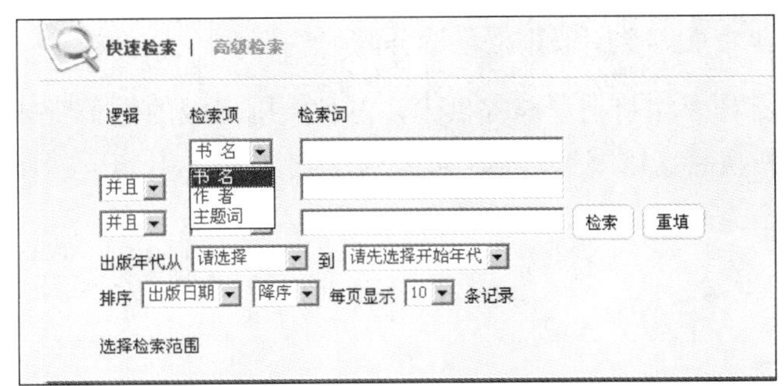

图 3-3-3 高级检索界面

左侧——功能耳朵：单击阅览器左边的功能耳朵可以打开对应的功能窗口。

①“资源”：显示本地已下载的超星图书。

②“历史”：记录用户通过阅览器访问资源的历史记录。

③“采集”：用户可将采集到的资源在此窗口编辑制作成超星 PDF 格式的 e-book。

上部——工具栏：罗列可用的快捷功能按钮，将鼠标指针停在按钮上即可看到功能提示。

左上——翻页图标：用于前后翻页，可随意拖动。

右上——采集图标：始终在最上层页面的方形图标，拖动文字、图片到采集图标，用于制作 e-book。

底部——窗口：单击阅览器底部窗口按钮可打开相应窗口。

（2）常用功能

阅读书籍：工具栏中提供调整页面大小、前后翻页、移动等功能。

文字识别、剪切图像：在工具栏上单击相应的图标，可以进行图像复制、保存或文字识别等。

书签：在需要添加书签的阅读页上选择“书签”工具中的“添加”选项，输入所需信息即可。随后可通过“书签”工具中的列表打开相应页，也可以在“书签管理器”中选择打开图书、管理书签等功能。

下载书籍：选择“图书”菜单中的“下载”命令，或在图书页面右击，在弹出的快捷菜单中选择“下载”命令，可保存图书。

此外，超星阅览器还提供标注、自动滚屏、更改背景颜色、采集多种格式资源制作电子图书等功能。选择“帮助”菜单，可查看“超星阅览器使用帮助”。

3.3.2 方正数字图书

1. 概述

方正 Apabi 数字图书馆是北京大学图书馆和北大方正联合推出的，北大方正提供数字图书馆的软件支持，北京大学图书馆提供服务。

方正 Apabi 数字图书馆目前已能提供十几万种中国出版的电子新书，内容主要包括社会科学、计算机类和精品畅销书籍，学科涉及文学艺术、语言、历史、经济、法律、政治、哲学和计算机等多个类别。

2．使用方法和步骤

（1）进入镜像站点

在 IE 地址栏中输入本地镜像站点网址，进入系统检索首页。首次进入要进行简单注册。

（2）下载安装浏览器

在方正 Apabi 数字图书馆主页左边提供 Apabi Reader 的下载。单击“方正 Apabi Reader 下载”，在弹出的文件下载窗口中选择“在当前位置运行该程序”然后单击“确定”按钮；在弹出的“安全警告对话框”中选择“是”，系统会提示您是否继续安装，若选择“是”，这时会出现方正 Apabi Reader 安装向导，可根据向导安装阅览器。

（3）检索方式

方正 Apabi 数字图书馆提供分类浏览、快速查询和高级检索等 3 种检索方式。

① 分类浏览。方正 Apabi 数字图书馆将所有的入藏图书严格按照《中国图书馆分类法》进行分类，并在分类导航中提供了比较详尽的类目表，检索时只需要单击选中的类目，即可得到该类图书的书目信息和封面，如图 3-3-4 所示。

图 3-3-4 分类浏览界面

② 快速查询。方正 Apabi 数字图书馆提供的快速查询功能可以以书名、责任者、关键

词、摘要、出版社、年份、全面检索、全文检索等为检索条件，输入检索词，单击“新查询”按钮，就可迅速查到要找的书目。检索结果可选择图文显示或列表显示，如图 3-3-5 所示。

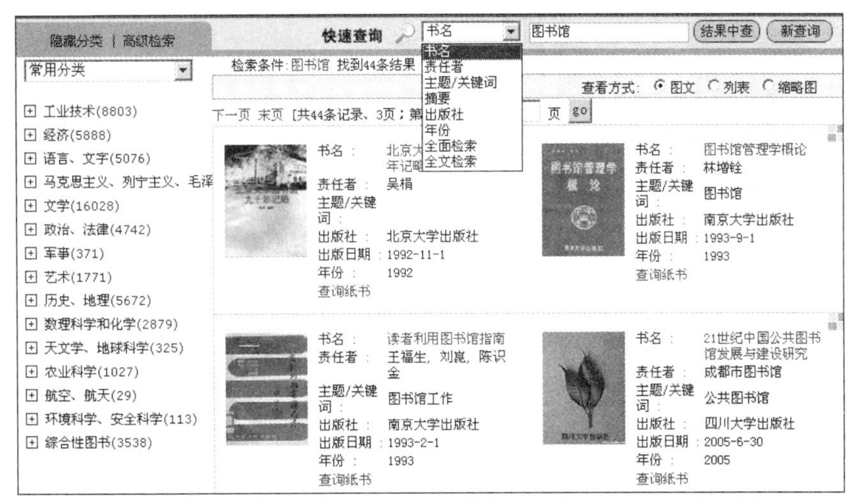

图 3-3-5 快速查询界面

③ 高级检索。方正 Apabi 数字图书馆的高级检索可进行多个检索条件的复合检索，在这个界面下，系统提供了 30 多个检索字段，包括书名、责任者、出版社、主题和关键词等。系统提供“与”和“或”两种逻辑关系的选择。方正 Apabi 数字图书馆高级检索界面如图 3-3-6 所示。

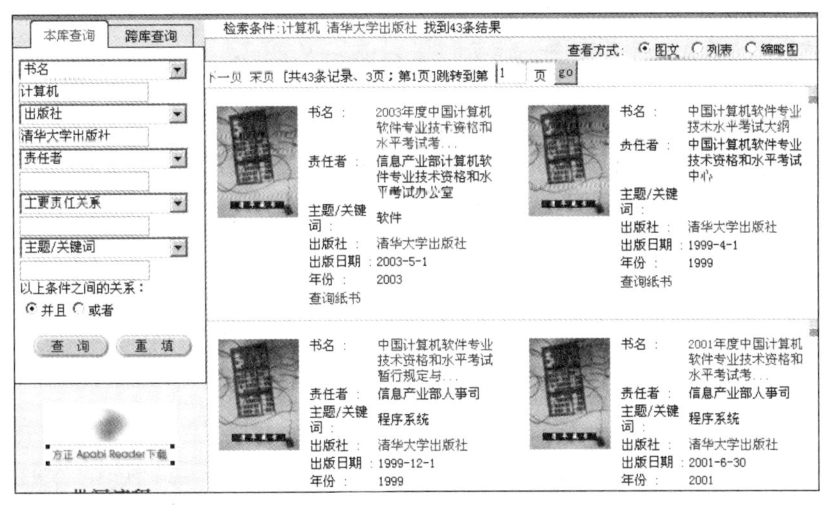

图 3-3-6 高级检索界面

3．方正 Apabi 阅读器及其功能

方正 Apabi 阅读器（简称 Apabi Reader）是用于阅读电子书（e-book）、电子公文等各式电子文档的阅读软件，支持 CEB、XEB、PDF、HTML、TXT 等多种文件格式。Apabi Reader

界面友好，最大限度地保留了纸质书阅读的习惯，如任意翻页、灵活设置书签、添加标注等，还具备书架管理功能。而且此界面中也可使用常用的中英文电子词典软件，通过屏幕取词，对 Apabi Reader 中的词进行翻译，如图 3-3-7 所示。

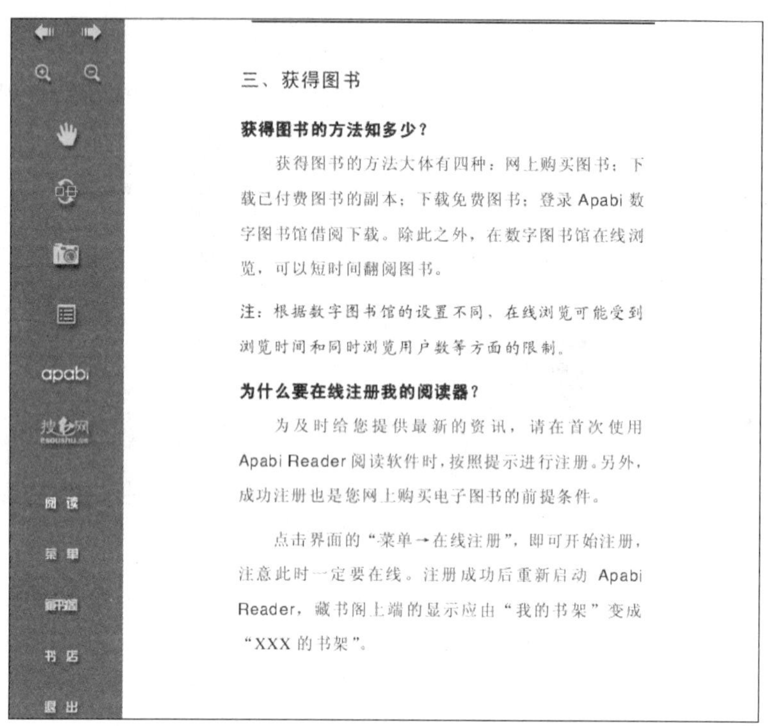

图 3-3-7　Apabi Reader 界面

在阅读时，方正 Apahi 数字图书馆提供了以下相关功能。

（1）页面笔记功能

页面笔记功能包括画线、加亮、圈注、书签和批注等。在阅读显示区选中要进行标记的文字，在弹出的操作菜单中选择任一功能，即可实现对选择区域文字的画线、加亮、圈注、书签和批注等操作。

（2）翻页功能

支持全页翻和半页翻两种翻页方式，同时又可以连续翻页或跳转翻页。

（3）缩放字体

单击工具条中“放大”或“缩小”按钮，鼠标变为放大镜形状，即可对选择的页面范围进行字体的缩放操作。

（4）显示图书目录

单击工具条中的“目录”按钮，在页面右侧弹出本书的目录窗口，再次单击该按钮则可将目录隐藏。

（5）移动图书阅读显示页面

在阅读显示区按住鼠标右键拖动，光标变成小手形状，可在一定范围内，上下左右移动页面到最合适的位置。

（6）拷贝文字

选中要拷贝的文字，在弹出的菜单中选择“拷贝文字”，即可粘贴到其他文档中。一般每次拷贝的最大字数为 2 000 字。

（7）快照功能

单击工具条中的小相机按钮，光标变成十字形，用光标选择拍照范围的同时即完成拍照。拍好的快照可以用画图等工具进行编辑和存储。

（8）打印电子图书

单击“菜单打印”，在弹出的打印设置对话框中选择打印机和打印份数等，单击“确定”按钮即完成对未加密的 CEB、PDF 格式图书的打印。

（9）个人图书馆管理

个人图书馆管理包括图书分类和排序等，“藏书阁”提供这项功能。

3.3.3 Wisebook 外文电子图书

1．概述

Wisebook 外文电子图书（优阅数字图书馆）是由来自美国麻省理工学院的德诺美集团针对中国教育行业需求引入的一款全文数据库。该数据库涵盖了 Ingram Lybrary.com、MIT Press、McGraw-Hill、University of California Press、University of Michigan Press、Jones and Bartlett ebooks、Cisco Press 等近百家出版机构丰富的外文电子图书，覆盖计算机、通信、工业工程、生物科技、经济管理等权威领域，包含各个学科大量的经典著作，如 50 多位诺贝尔奖获得者的百余部著作，以及数学领域的“诺贝尔奖”——菲尔兹奖获得者的各类著作等。

2．使用方法和步骤

（1）进入镜像站点

在 IE 地址栏中输入本地镜像站点网址，进入系统检索首页，如图 3-3-8 所示。

（2）下载安装浏览器

在 Wisebook 数字图书馆主页右下角提供“优阅读书”阅览器的下载。单击“客户端软件下载”，在弹出的文件下载窗口中选择“在当前位置运行该程序”然后单击“确定”按钮；在弹出的“安全警告对话框”中选择“是”，系统会提示您是否继续安装，若选择“是”，这时会出现“优阅读书”阅览器安装向导，可根据向导安装阅览器。

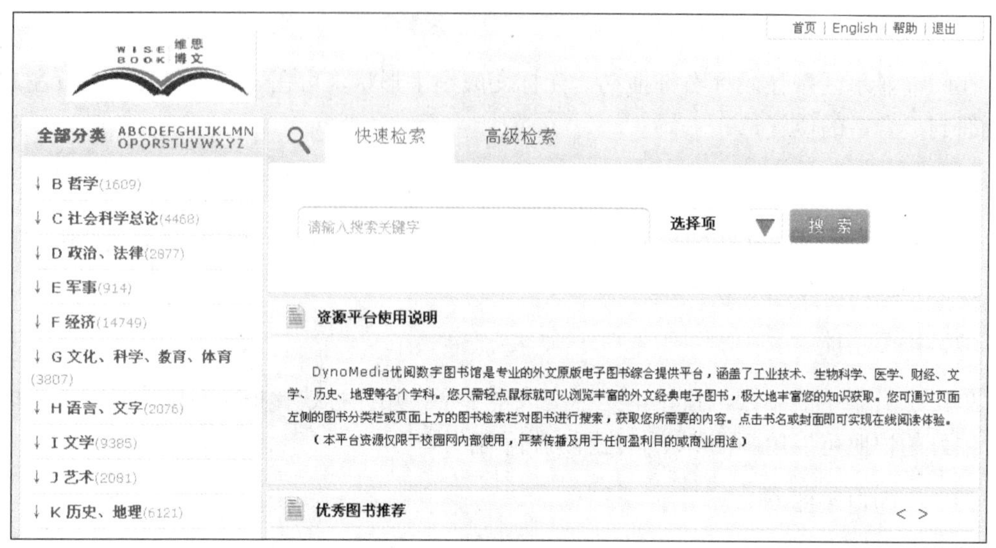

图 3-3-8　Wisebook 外文电子图书

（3）检索方式

Wisebook 外文电子图书提供分类浏览、快速检索和高级检索等 3 种检索方式。

3.3.4　美星外文数字图书馆

1．概述

美星外文数字图书馆（ASDL）是中国第一家原版引进外文图书的数字图书馆。美星数字图书馆借其集团优势同国外各高校建立了良好的合作关系，这些高校包括席勒大学、渥太华大学、美斯特大学、南阿尔巴马州立大学、格林尼治大学、伦敦商务计算机学校、奥克兰教育学院等。

首次阅读美星外文数字图书，必须先下载并安装 Acrobat 阅读器。

2．检索方式

进入美星外文数字图书主页面后，可直接进行检索。

数据库提供两种浏览方式：Catalogue（图书分类浏览）和 Book Search（图书检索）。

（1）Catalogue

Catalogue 将外文图书分为 World Literature Classics（世界经典文学）、Finance（财政金融）、History（世界史）、Computer（计算机）、Economics（经济学）、Biography（人物传记）、Philosophy（哲学）、Marketing（市场营销）、Law &Politics（法律政治）、Information Science（信息科学）、Tourism（旅游）、Environment Protection（环境保护）十二大类。单击其中的某一大类，即可看到该大类下的全部图书。选择图书，单击书名，然后再单击全文阅读，即可看到图书的全文。

（2）Book Search

Book Search 提供图书书名、出版机构、作者和提要 4 种检索方式，选中某一种检索方式，同时在检索框内输入检索词，即可进行检索，如图 3-3-9 所示。

图 3-3-9　美星外文数字图书馆

3.3.5　网络免费电子图书

目前，在互联网上分布着大量的免费电子图书资源，这些资源类型多样，质量参差不齐。根据所提供电子图书解决版权情况，提供免费电子图书的网站可分为两类。一类在其上网前就已经解决了图书的版权问题，或者根本不存在版权问题（如经典文学作品）。网站建设者或者考虑到电子图书的针对性较弱以及读者对其可有可无的态度，或纯粹出于公益目的，而提供免费服务以吸引访问者。另一类则没有解决版权问题，是一些个人或民间组织建立的一些公益的、非营利性的网站，其主要目的是方便读者使用。因为没有资金的资助，这些网站无法解决版权问题，只好使用“避风港原则”，一般在网站上发表“本网站作品均为原版权人所有，如有侵权，请指出，本站立即改正”之类的声明规避侵权风险。

1．中国国家图书馆（http://www.nlc.gov.cn）

中国国家图书馆为推动全民阅读，倡导公益读书，将已经解决版权归属的电子图书提供给社会公众免费阅读，主要包括部分文津图书奖获奖图书、馆藏中文图书数字化资源库和民国图书数字化资源库中的全部图书，均可在线全文阅读。

2．大学数字图书馆国际合作计划（http://www.cadal.cn）

大学数字图书馆国际合作计划（China Academic Digital Asso-ciative Library，CADAL）前身为高等学校中英文图书数字化国际合作计划（China-AmericaDigital Academic Library，CADAL）。CADAL 与“中国高等教育文献保障系统”（CALIS）一起，共同构成中国高等教育数字化图书馆的框架。

CADAL 项目建设的总体目标是：构建拥有多学科、多语种、多类型的海量数字资源，由国内外图书馆、学术组织、学科专业人员广泛参与建设与服务，建设具有高技术水平的学术数字图书馆，成为国家创新体系信息基础设施之一。CADAL 项目建设的数字图书馆，提供一站式的个性化知识服务，将包含理、工、农、医、人文、社科等多学科的科学技术与文化艺术，包括书画、建筑工程、篆刻、戏剧、工艺品等在内的多种类型媒体资源进行整合，通过互联网向参与建设的高等院校、学术机构提供教学科研支撑，并与世界人民共享中国学术资源，宣传中国的文明和历史。

3．加利福尼亚大学数字图书馆（http://www.cdlib.org/programs/escholarship.html）

加利福尼亚大学数字图书馆的 eScholarship 在线提供内容广泛的电子图书，包括艺术、科学、历史、音乐、小说和宗教。有 437 种免费图书供公众使用。该网站提供检索（简单和高级检索）和浏览（按主题、作者、题名）服务。在书名后有“public”标记的为免费图书，任何读者都能阅读，不需要专门的浏览器。而且，可以在打开的一本书中检索内容，也可以在阅读的时候打印当页。

4．古登堡计划（http://promo.net/pg）

“古登堡计划”（Project Gutenberg，PG）是美国伊林诺斯大学文理学院的米歇尔•哈特（Michael S．Hart）倡始于 1971 年，由成千上万自愿者参与的一个大型的图书电子化计划，提供图书的电子文本免费获取。包括文学作品和经典名著以及参考资料，如年鉴、百科全书、词典等。其电子文本以“Plain Vanilla ASCII”方式获取，以压缩文件方式保存，使用很方便。其主页也为读者提供了按作者或书名浏览与检索的功能，使用非常简单。

5．百度文库（http://wenku.baidu.com）

百度文库是供网友在线分享文档的开放平台。在这里，用户可以在线阅读和下载涉及课件、习题、考试题库、专业资料、论文报告、各类公文模板以及法律文件、文学小说等多个领域的资料，不过需要扣除相应的百度积分，平台所累积的文档，均来自热心用户上传。百度自身不编辑或修改用户上传的文档。用户通过上传文档，可以获得平台虚拟的积分奖励，用于下载自己需要的文档。下载文档需要登录，免费文档可以登录后下载，对于上传用户已标价了的文档，则下载时要付出虚拟积分。当前平台支持主流的 doc（．docx）、ppt（pptx）、xls（xlsx）、pdf、txt 等文件格式。

6．番薯网（http://www.fanshu.com/）

番薯网囊括近 180 万种已出版图书，全面覆盖主流图书网站图书资源种类，并依托与众多出版机构紧密的合作关系，不仅实现新书的快速发布与更新，还补充完善了大量传统出版物的数字版本，其中不乏珍贵的绝版书、断版书。它提供数以万计的正版电子书，购买价格仅为纸质书的 1/3，在支持计算机下载的同时，也支持方正君阅 E612 手持阅读器的下载。通过与权威出版机构的密切合作，番薯网让海量的畅销书、新书、经典好书均可在线试读，让广大用户先睹为快。

7．黄金书屋（http://www.lycos.com.cn/）

黄金书屋是国内最早的知名文学网站，以网络原创小说为主，提供武侠小说、言情小说、网游小说、玄幻小说、网络小说以及其他各类小说的在线阅读，同时还提供古典文学、现代文学作品等的在线阅读。

8．榕树下（http://www.rongshuxia.com/）

榕树下全球中文原创作品网源于1997年12月25日美籍华人朱威廉制作的一个个人主页。"榕树下"坚持"文学是大众的文学"，倡导"生活 • 感受 • 随想"理念，使文学通过网络这一快捷的载体真正变成了大众的文学，使许多爱好文学的人好梦成真，同时凝聚了一批在华语文学界极具影响力的作家。"榕树下"每天收到近5 000篇投稿，有280万部以上的作品，是全球最大的原创文学作品稿件库。"榕树下"与国内多家出版社、平面媒体、新闻机构、知名企业建立了良好的合作关系。

9．其他网上免费中文电子图书网站

新浪读书：http://book.sina.com.cn/

凤凰读书：http://book.ifeng.com/

腾讯读书：http://book.qq.com/

3.3.6　电子图书检索实例

查找书名包含"计算机等级考试"并且作者为"姚普选"的图书。

根据检索目的，建议使用高级检索方式。

高级检索提供书名、作者、主题词三个检索字段，选择"书名"，输入"计算机等级考试"，选择逻辑"并且"，选择"作者"，输入"姚普选"。超星数字图书馆镜像站点检索页面如图3-3-10所示。

在安装有超星阅览器的计算机上单击书名，即可进行全文阅读。

在阅读时可以通过悬浮在页面上的箭头向前或向后翻页，在同一页中可以通过单击上下左右的滚动条移动页面。如果觉得字体大小不合适，则可以通过单击浏览器底部显示百分比来调节字体大小。

如果需要把电子书中的某段文字进行复制，则可以进行如下操作。单击工具条上"T"按钮，然后在所需文字上按住鼠标左键拖拉出一个虚框。

松开鼠标左键，系统会弹出一个对话框。

通过对话框可将选定的文字复制和粘贴到自己的文本中。

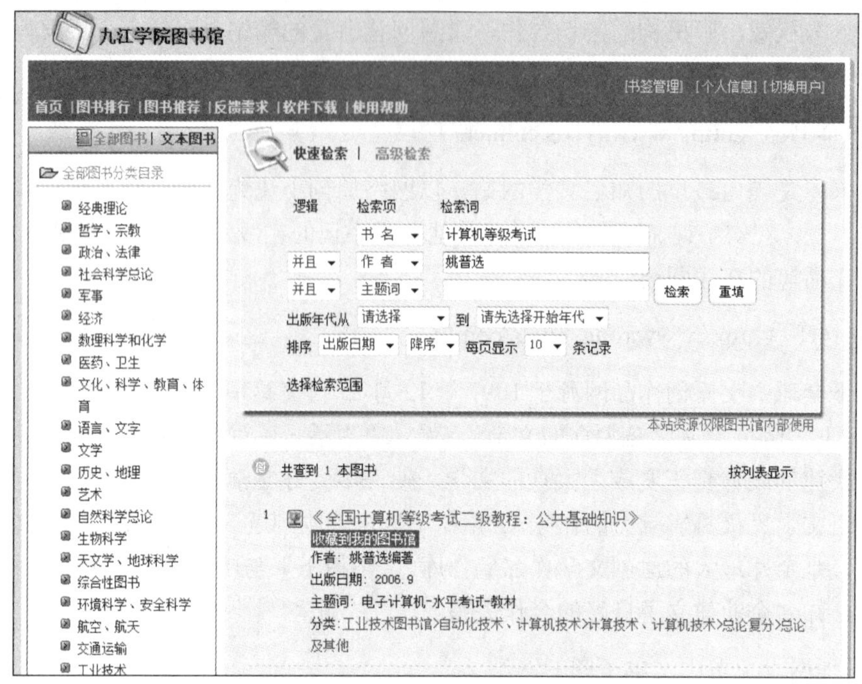

图 3-3-10 高级检索页面

如果需要下载电子书，在图书阅读页面上单击鼠标右键，在弹出的菜单中选择“下载”，或单击左上方的“图书”按钮，选择“下载”。单击“下载”按钮，进入下载选项页面。单击“确定”按钮，图书全文下载并保存到本机C盘；也可单击“新建”按钮，保存到本机指定磁盘。

3.4 联合书目查询系统

联合目录（Union Catalogue）是指一种联合2所以上图书馆馆藏目录的数据库，其使用者可从单一窗口网站来检索国内多所图书馆的馆藏信息。我国较早的联合目录是《北平各图书馆所藏中文期刊联合目录（1929）》。1957年11月成立的全国图书联合目录编辑组编制了300多种全国性和地区性的书刊联合目录。1980年成立了全国联合目录工作协调委员会并制定了《建立全国联合目录报导体系的初步方案》《1980～1985年全国联合目录选题规划（草案）》。我国从20世纪80年代开始采用计算机编制联合目录。联合目录是共享书目资源的基础，在资源共享、馆际互借、合作编目及合作馆藏发展中具有十分重要的作用。

3.4.1 CALIS联合目录简介

CALIS的全称是中国高等教育文献保障系统（China Academic Library&Information System），是由国家经费支持的中国高校图书馆联盟。宗旨是建设以中国高等教育数字图书馆为核心的教育文献联合保障体系，实现信息资源的共建、共知、共享，以发挥最大的社会效益和经济效益，为中国的高等教育服务。中国高等教育文献保障系统管理中心设在北京大学，下设了文理、工程、农学和医学 4 个全国文献信息服务中心，华东南、华东北、华中、华南、西南、西北、东北 7 个地区文献信息服务中心和一个东北地区国防文献信息服务中心，共发展了 500 多家成员馆。

CALIS 联合目录公共检索系统（OnlinePublic Access Catalogs System，OPAC）始建于 1997 年。到 2004 年 10 月止，联合目录数据库已经收集了 160 余万条书目记录，馆藏信息达 600 余万条。联合目录数据库涵盖印刷型图书、连续出版物、电子期刊和古籍等多种文献类型；覆盖了中文、西文和日文等语种；书目内容囊括了教育部颁发的关于高校学科建设的全部 71 个二级学科，226 个三级学科。应用该数据库，用户可查询各高校的馆藏书目。它的主要任务是建立多语种书刊联合目录数据库和联机合作编目、资源共享系统，为全国高校的教学科研提供书刊文献资源公共查询，支持高校图书馆系统的联机合作编目，为各成员馆之间实现馆藏资源共享、馆际互借和文献传递奠定基础。

3.4.2 CALIS 联合目录检索方法

CALIS 联合目录公共检索系统（http://opac. calis.edu.cn）提供简单检索、高级检索和浏览 3 种检索方式。

（1）简单检索

简单检索为一框式检索，可同时检索普通图书、连续出版物和中文古籍，检索数据范围包括中、西、日文所有数据，如图 3-4-1 所示。

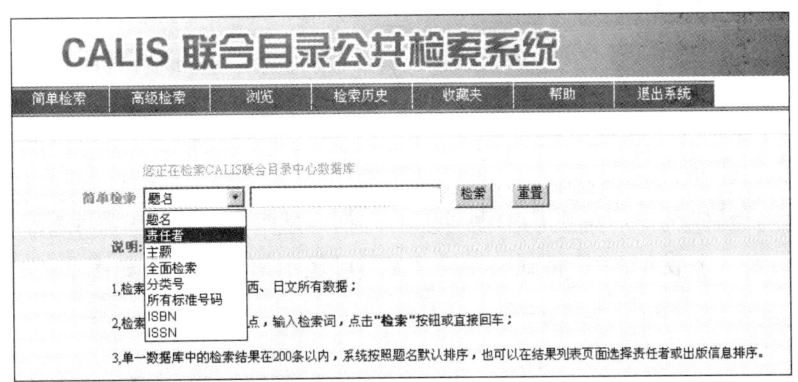

图 3-4-1 CALIS 联合目录简单检索

（2）高级检索

高级检索提供菜单式布尔检索，可选择前方一致、精确检索或包含（即模糊检索）3 种匹配方式，统计资源、字典词典和百科全书 3 种内容特征，中、英、日 3 种语言，普通图书、连续出版物和中文古籍 3 种文献类型，限定出版时间，如图 3-4-2 所示。

（3）浏览

在浏览中提供题名、责任者、主题的浏览，中文古籍还提供四部类目（经、史、子、集）的树形列表浏览。选择浏览项后，输入检索词，选择检索数据库和语种，单击“浏览”按钮即可显示检索结果，如图 3-4-3 所示。

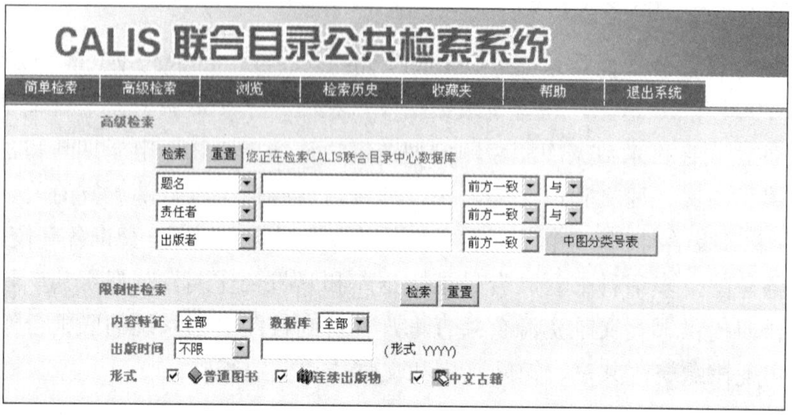

图 3-4-2　CALIS 联合目录高级检索

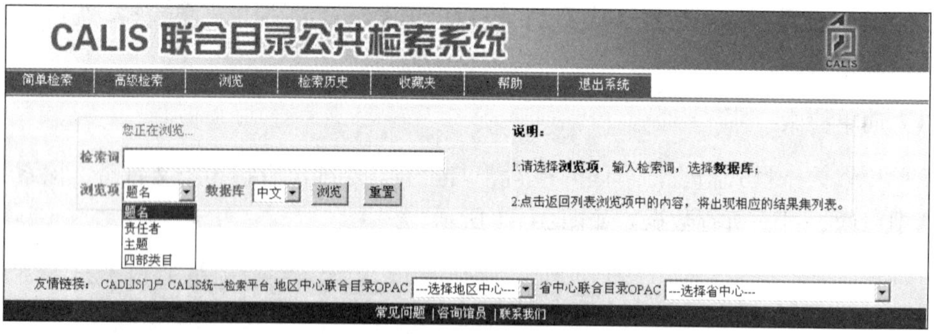

图 3-4-3　CALIS 联合目录浏览界面

（4）检索结果处理

登录联合目录成员馆后单击选中序号前的方框，然后单击“输出”按钮，可输出多种格式的检索结果，下载 MARC 格式，单击“Y”可显示馆藏信息，如图 3-4-4 所示。

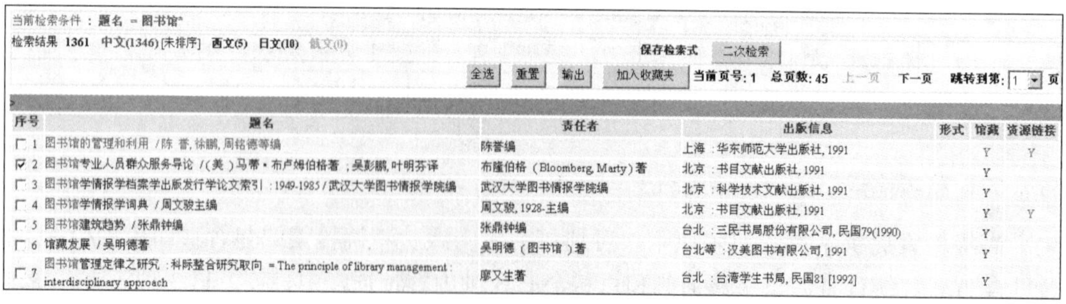

图 3-4-4　CALIS 检索结果

已在 CALIS 馆际互借成员馆注册的用户，可在馆藏列表页面，选中收藏馆的名称，单击“请求馆际互借”，进入注册馆的馆际互借网关，进行馆际互借。

第 4 章

期刊论文检索

据统计，期刊信息约占整个信息源的 60%～70%，因此，期刊受到科技工作者高度重视。大多数检索工具或数据库都是以期刊论文作为报道内容的重要信息源。在做学术研究，为了解与自己课题相关的研究状况、了解某学科发展动态、学习最新专业知识或对某一问题做深入了解时，较普遍的办法就是查阅期刊论文。

4.1 中文期刊数据库检索

4.1.1 中国知网数据库（CNKI）

1．简介

中国知网即中国知识基础设施工程（China National Knowledge Infrastructure，CNKI），是以实现全社会知识资源传播共享与增值利用为目标的信息化建设项目，由清华大学、清华同方发起，始建于 1999 年 6 月。目前已建成世界上全文信息量规模最大的“CNKI 数字图书馆”，为全社会知识资源高效共享提供最丰富的知识信息资源和最有效的知识传播与数字化学习平台。

中国知网（CNKI）系列数据库包括中国学术期刊网络出版总库、中国博士学位论文全文数据库、中国优秀硕士学位论文全文数据库、中国重要会议论文全文数据库、中国重要报纸全文数据库、中国年鉴网络出版总库、中国统计年鉴数据库、中国工具书网络出版总库、中国专利全文数据库等。其中，中国学术期刊网络出版总库是目前世界上最大的连续动态更新的中国学术期刊全文数据库。

中国学术期刊网络出版总库（China Academic Journal Network Publishing Database，CAJD）分为基础科学、工程科技Ⅰ、工程科技Ⅱ、农业科技、医药卫生科技、哲学与人文科学、社会科学Ⅰ、社会科学Ⅱ、信息科技、经济与管理科学十大专辑。十大专辑下又分为 168 个专题。截至 2015 年 4 月，收录有国内学术期刊 8 100 多种，包括创刊至今仍出版的学术期刊 4 600 余种，全文文献总量 4 300 多万篇。

中国学术期刊网络出版总库的特点如下。

（1）收录范围广

收录了自 1915 年至今出版的期刊，部分期刊回溯至创刊。核心期刊收录率 96%。

（2）检索途径多

除了常用的关键词、篇名、期刊名、作者、作者单位途径外，还可以通过基金名称、来源期刊的 ISSN、CN 号以及作者单位的曾用名、全称或简称等途径来检索文献。

（3）操作灵活便捷

检索界面友好，操作便捷。多条件检索时，可以直接通过同一界面的布尔逻辑运算符进行检索式的灵活组配。

（4）数字化学习研究平台

中国学术期刊网络出版总库为国内数字化学习研究提供了一个平台。

高校常见数据库产品形式为网上包库和镜像站版。用户可通过 www.cnki.net，进入中国知网首页面，如图 4-1-1 所示。

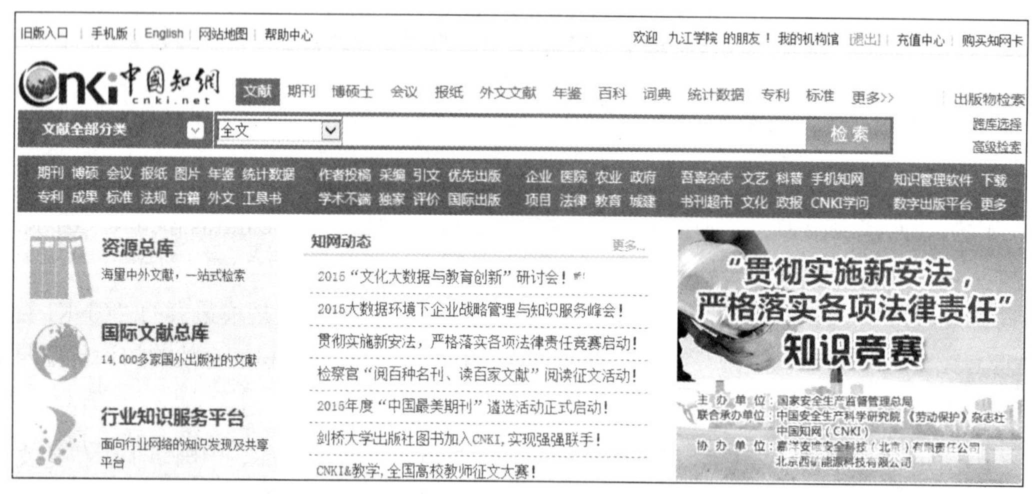

图 4-1-1 中国知网首页界面

进入首页后，选择“期刊”，即可进行检索。若为包库或者镜像站用户，则可直接对检索结果进行阅读或下载，若为一般读者，则需要进行付费后再阅读或下载。

2．检索方法

中国学术期刊网络出版总库（CAJD）设有文献检索与期刊导航两个版块。文献检索版块下设快速检索、高级检索、专业检索、作者发文检索、科研基金检索、句子检索和来源期刊检索。

所有的检索界面分为左右两栏。左边部分为检索历史、文献分类目录以及当前检索词的相关信息，右侧为检索界面。文献分类目录默认状态下为十大专辑，但在选择时，可以根据具体学科需要进行细分选择。

（1）文献检索

① 快速检索。快速检索提供类似搜索引擎的检索方式，界面简洁，操作方便，只需在检索框内输入检索词即可进行操作。可支持二次检索，如图 4-1-2 所示。

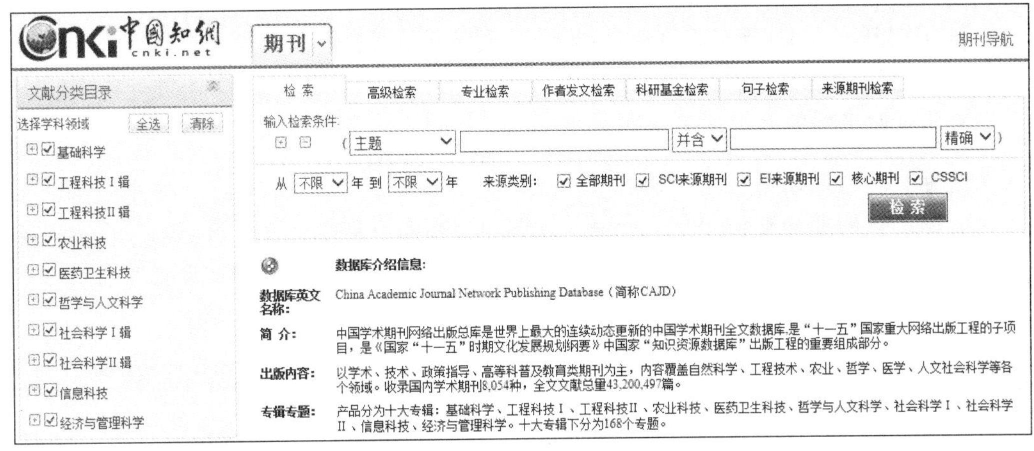

图 4-1-2　CAJD 快速检索界面

② 高级检索。进入 CAJD 的高级检索界面，如图 4-1-3 所示。

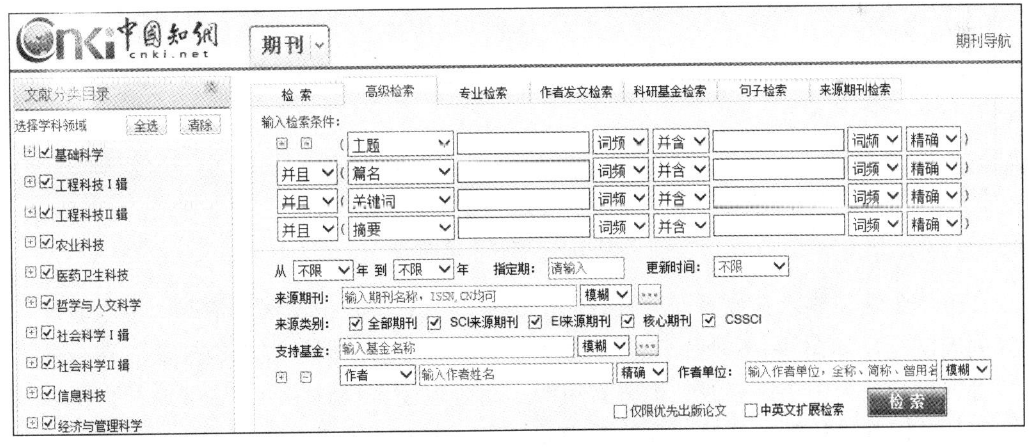

图 4-1-3　CAJD 高级检索界面

CAJD 高级检索界面由检索控制条件和内容检索条件两部分组成。检索控制条件包括期刊年期、更新时间、来源期刊、来源类别、支持基金、作者及作者单位等检索控制条件，也可以理解为限定条件，如图 4-1-4 所示。内容检索条件包括主题、篇名、关键词、摘要、全文、参考文献和中图分类号等 7 个检索项。检索时既支持单词检索，也支持两个或两个以上检索词的检索。检索词之间可通过布尔逻辑运算符进行灵活组配。

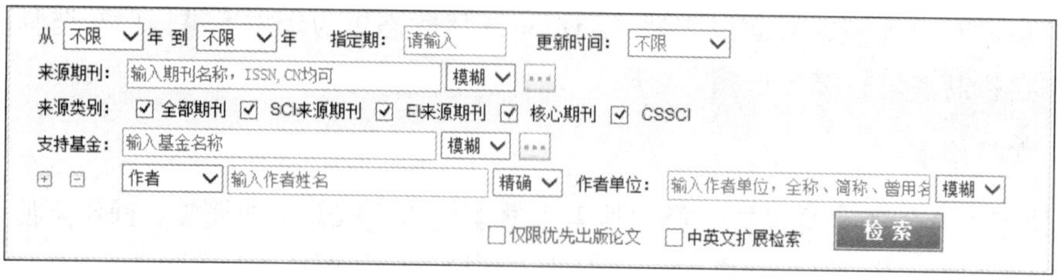

图 4-1-4 检索控制条件界面

期刊年期既可以选择跨年，也可以指定年限进行检索。期刊年期与更新时间不能同时选择。更新时间可选项有最近一周、最近一月、最近半年、最近一年、今年迄今、上一年度，可根据文献的时间要求进行灵活选择。

来源期刊项输入期刊名称、ISSN 号和 CN 号均可。如果对期刊信息不是很明确时，可以通过检索项后的期刊来源列表进行选择。期刊来源列表可以根据专辑名称、收录来源及核心期刊提示来查找期刊。期刊来源类别可用于筛选 SCI 来源期刊、EI 来源期刊及核心期刊，如图 4-1-5 所示。

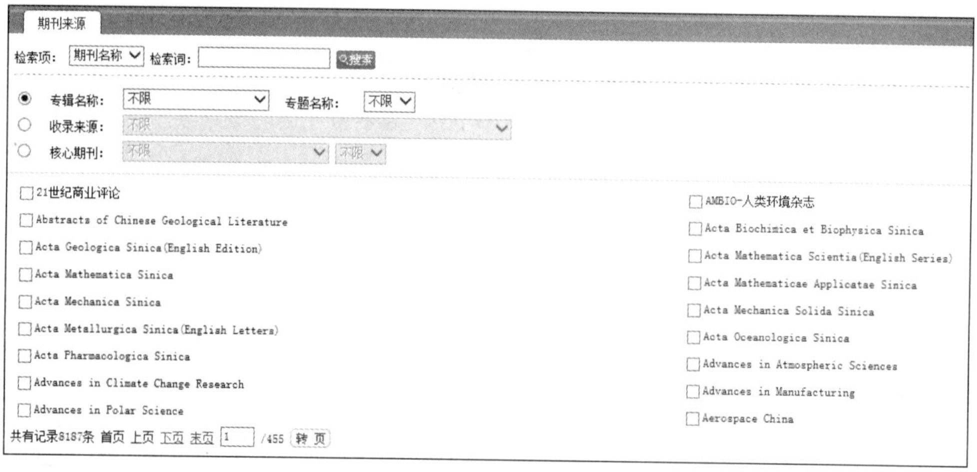

图 4-1-5 期刊来源列表

支持基金选项输入基金名即可查找。对于基金信息不是很明确的情况，可以通过基金选择列表进行，如图 4-1-6 所示。基金选择列表里，可以根据管理机构来获取基金项目名称。管理机构分为中央国家级、地方省市级、高等院校、科研院所、企业、社会团体、军队、国外及国际机构和其他等。如管理机构选择“中央国家级”时，其基金列表会变更为中央国家级基金项目名称。管理机构选项后的第二个选择框内，会根据进一步的详细分类提示如“国家自然科学基金委员会”“教育部”等进行提示，便于快速找到所需基金信息。

作者选项可以与作者单位选项组配使用，便于快速查找到所需作者信息。在作者单位输入框内，输入作者单位的全称、简称、曾用名均可，大大方便了读者的操作。如果要检索同一单位的不同作者或者不同单位的相同作者撰写的文献，可以通过逻辑组配符进行灵活组配，便于快速获取准确的结果。

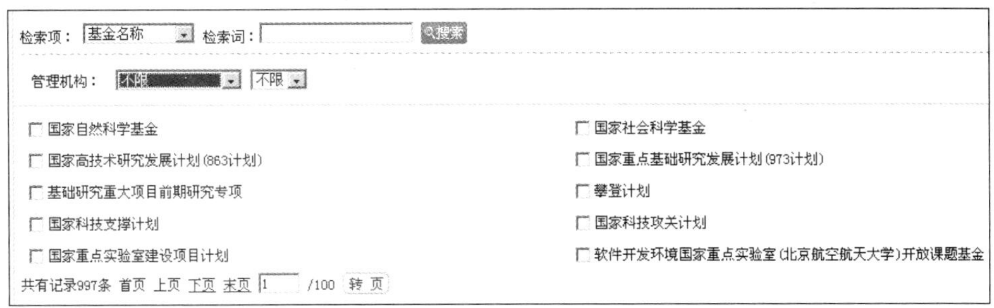

图 4-1-6　基金选择列表

在检索框后有“词频”提示，用于辅助提高文献的查准率。词频越高，说明所获文献越准确。

检索结果可以选择“仅限优先出版论文”。优先数字出版期刊是以印刷版期刊录用稿件为出版内容，先于印刷版期刊出版日期出版的数字期刊。优先数字出版的特点是出版时间快，出版方式灵活，发行范围广。检索结果进行“优先出版论文”筛选，可以让研究者以最快的速度获取第一手文献资料，抢占科学发现制高点和竞争主动权；同时，使读者的阅读方式从传统的整本期刊逐渐转向按需阅读单篇文献。

在进行检索时，也可以选择“中英文扩展检索”，以满足查全率的需要。

② 专业检索。该检索方式使用布尔逻辑运算符和关键词构造式进行检索，用于图书情报专业人员进行查新、信息分析等工作，如图 4-1-7 所示。

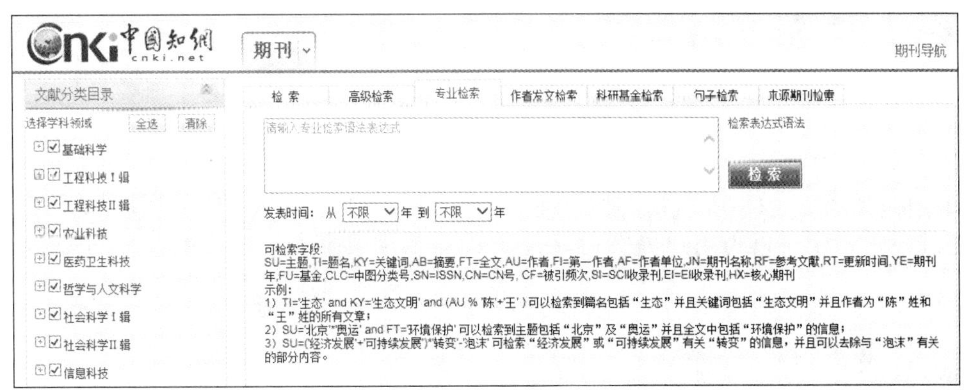

图 4-1-7　专业检索界面

该检索方式中可检索的字段如下：

SU=主题，TI=题名，KY=关键词，AB=摘要，FT=全文，AU=作者，FI=第一作者，AF=作者单位，JN=期刊名称，RF=参考文献，RT=更新时间，PT=发表时间，YE=期刊年，FU=基金，CLC=中图分类号，SN=ISSN，CN=CN 号，CF=被引频次，SI=SCI 收录刊，EI=EI 收录刊，HX=核心期刊。

在使用专业检索时需要注意，专业检索中，表达式的符号要在半角（英文）状态下，如“( )”“=”。在同一字段里的检索词之间可用“*、+、－”编制检索式，如“KY=英语*语法”；不是同一字段的检索词之间要用“AND、OR、NOT”编制检索式，且检索词与运算符之间要空一格，如“KY=英语*语法 AND AU=张道真”。

③ 作者发文检索。是指通过作者姓名、单位等信息，查找作者发表的全部文献及被引下载情况。通过作者发文检索不仅能找到某一作者发表的文献，还可以通过对结果的分组筛选情况全方位地了解作者的主要研究领域，研究成果等情况，如图 4-1-8 所示。

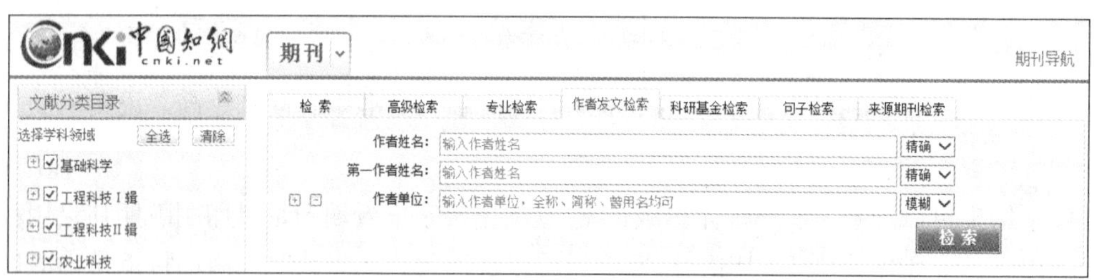

图 4-1-8 作者发文检索界面

④ 科研基金检索。是指通过科研基金名称，查找科研基金资助的文献检索。通过对检索结果的分组筛选，还可全面了解科研基金资助的学科范围、科研主题领域等信息，如图 4-1-9 所示。

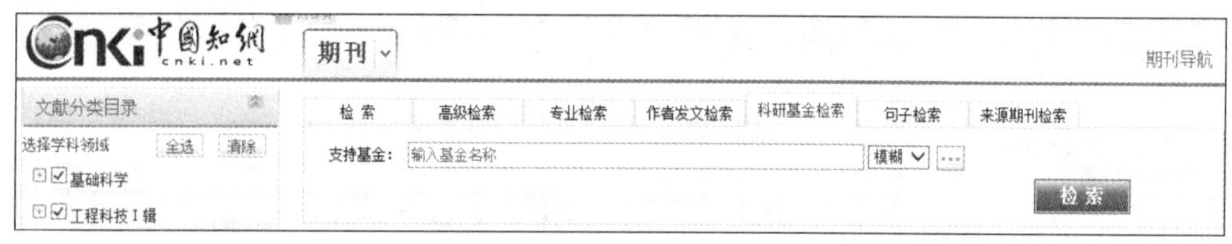

图 4-1-9 科研基金检索界面

⑤ 句子检索。是指用户输入两个关键词，查找同时包含这两个词的句子或段的检索。通过检索句子可以为用户提供大量的事实信息，并提供事实问题的答案，如图 4-1-10 所示。

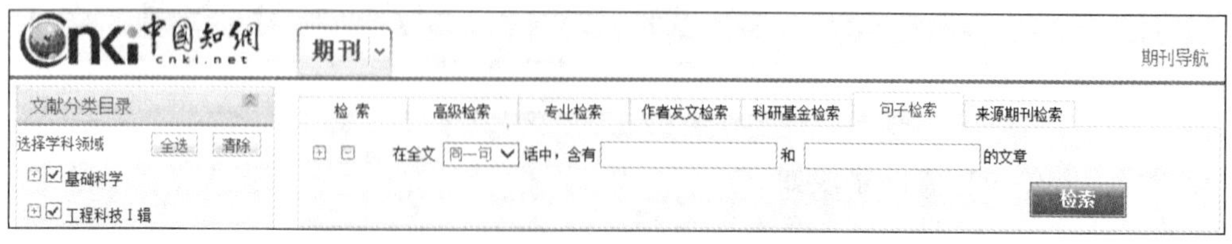

图 4-1-10 句子检索界面

⑥ 来源期刊检索。是指通过来源期刊名，来查找该期刊所有文献的检索。它可根据来源期刊的类别、名称、ISSN 号及 CN 号等信息来查找，并且可以进行期刊年期限定，如图 4-1-11 所示。

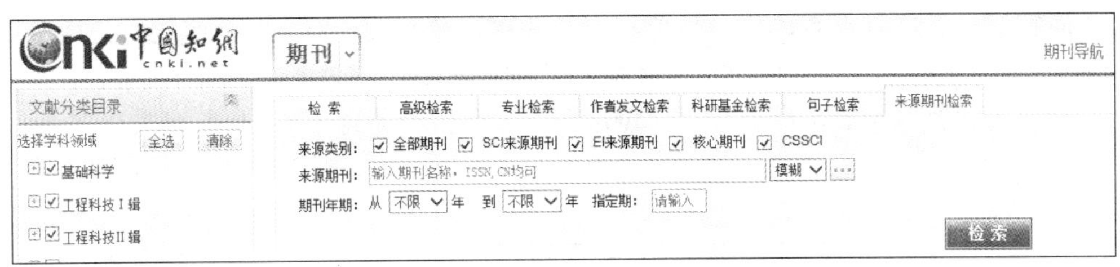

图 4-1-11　来源期刊检索界面

（2）期刊大全

期刊大全为 CAJD 收录的所有期刊提供导航，使作者可以方便、快捷地查找到所需期刊。作者可以通过分类导航查找期刊，也可以按首字母导航查找期刊，或者直接查找期刊名进行浏览。期刊导航提供的导航途径主要有专辑导航（按照期刊知识内容分类，分为 10 个专辑，168 个专题）、优先出版期刊导航、独家授权期刊导航、世纪期刊导航（按期刊的知识内容分类，只包括 1994 年之前出版的期刊）、核心期刊导航（按“中文核心期刊要目总览”核心期刊表分类）、数据库刊源导航（按期刊被国内外其他数据库收录情况分类）、期刊荣誉榜导航（按期刊的获奖情况分类）、中国高校精品科技期刊（获教育部“中国高校精品科技期刊奖”荣誉的期刊）、刊期导航（按期刊的出版周期分类）、出版地导航（按期刊的出版地分类）、主办单位导航（按期刊的主办单位分类）和发行系统导航（按期刊的发行方式分类）。作者可以根据自己的要求选择合适的导航途径，快速获取所需期刊，如图 4-1-12 所示。

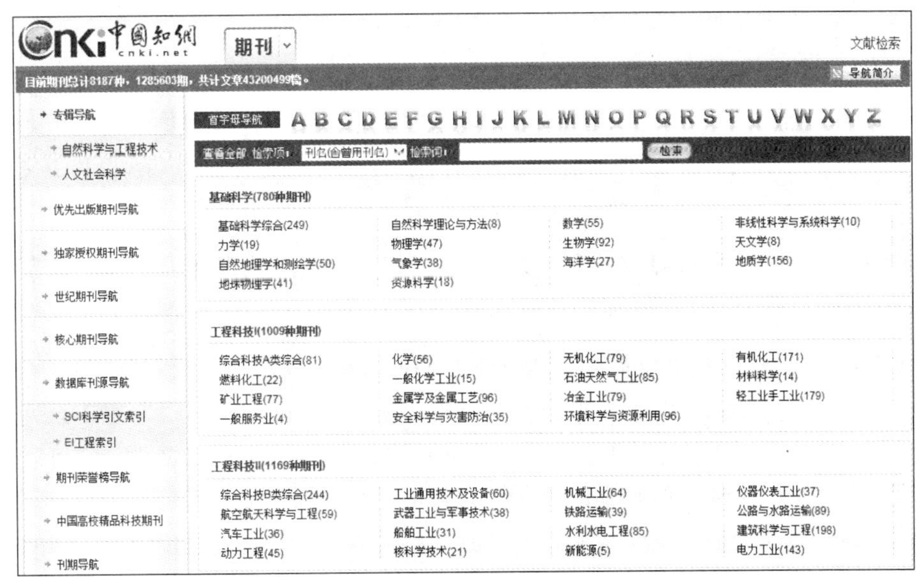

图 4-1-12　CAJD 期刊导航界面

3．检索结果

（1）结果显示

在检索结果界面可看到命中文献的总数，作者可根据学科类别、期刊名称、研究资助基金、研究层次、文献作者、作者单位、中文关键词及发表年度进行分组浏览，也可以根据发表时间、相关度、被引频次及下载频次进行排序浏览。在检索结果界面中除了显示篇名、作者、刊名及年期等信息外，还提供被引频次及下载频次等信息，供读者参考，如图 4-1-13 所示。

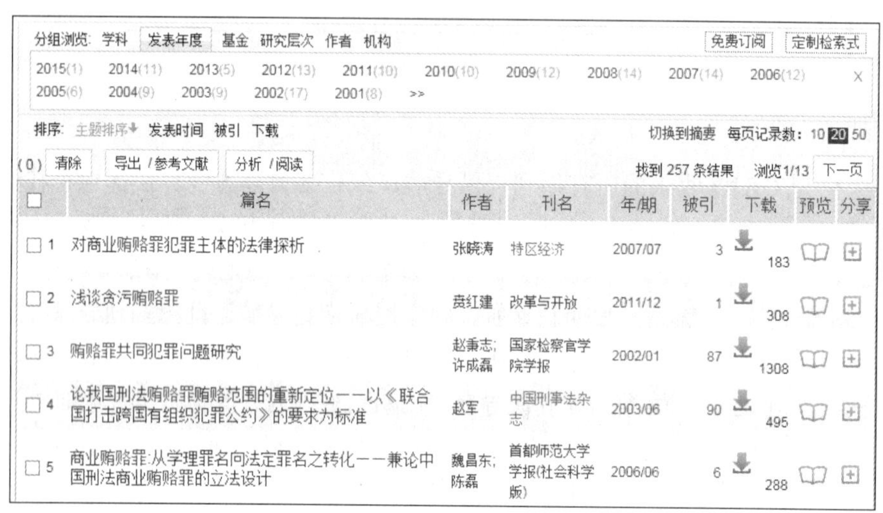

图 4-1-13　检索结果显示界面

检索结果显示界面中，除了有常规的列表显示检索结果外，还提供摘要显示检索结果。

（2）所获文献的阅读及下载

获取文献检索结果后，可单击结果显示的题名，进入节点文献界面。通过节点文献界面，可以获知作者机构、关键词及相关的期刊信息链接，并提供参考文献、共引文献、相似文献及文献分类导航，供读者阅读此文献时扩展知识检索，进行信息追踪。

文献的阅读格式分为 CAJ 格式和 PDF 格式两种。通常推荐使用 CAJviewer 浏览器进行阅读。

① CAJ 格式。CAJ 格式文献需要借助于 CAJviewer 全文浏览器进行阅读。CAJviewer 全文浏览器是由同方知网（北京）技术有限公司开发，用于阅读和编辑 CNKI 系列数据库文献的专用浏览器。它支持中国知网的 CAJ、NH、KDH 和 PDF 格式文件。它可以在线阅读编辑原文，也可以阅读下载到本地硬盘的 CNKI 系列文献全文。它的打印效果与原版的效果一致，逐渐成为人们查阅学术文献不可或缺的阅读工具。它可通过中国知网的下载中心下载安装。

CAJviewer 浏览器可通过“放大”“缩小”“指定比例”“适应窗口宽度”“适应窗口高度”“设置默认字体”“设置背景颜色”等功能改变文章原版显示的效果进行页面设置；可通过“首页”“末页”“上下页”“指定页面”“鼠标拖动”等功能实现页面跳转，进行浏览。对于非扫描文章，提供全文字符串查功能用于查找文字，并提供中文简、繁体式及英文显示，便于用户使用，并能通过“鼠标选取”“复制”“全选”等功能实现文本及图像摘录，摘录结果可以粘贴到 WPS、WORD 等文本编辑器中进行任意编辑，方便读者摘录和保存。

② PDF 格式。PDF 是 Portable Document Format（便携文件格式）的缩写，是一种电子文件格式。常用的阅读工具是 Adobe Acrobat Reader，可在网上免费下载。由于 PDF 文档通常是一些图文并茂的综合性文档，因而在学术论著中得到广泛应用。用 PDF 制作的电子文档具有纸版文献的质感和阅读效果，可以“逼真地”展现原书的原貌，可任意调节显示大小，给读者提供了个性化的阅读方式，且 PDF 文件可以不依赖操作系统的语言和字体及显示设备，因此阅读起来很方便，Adobe Acrobat Reader 可以根据手形图标调整页面位置，通过放大或缩小图标调整页面大小，进行文本选择并进行文字操作，还可根据读者需求进行下载及保存。

4.1.2　万方数据知识服务平台

1．简介

万方数据知识服务平台（Wanfang Data Knowledge Service Platform）由中国科技信息研究所、万方数据集团公司创办，在原万方数据资源系统的基础上，不断改进、创新而成，是国内信息资源出版、增值服务的平台。

万方数据知识服务平台包括期刊论文、专业文献、会议论文、学位论文、科技成果、专利数据、公司及企业、产品信息、标准、法律法规、科技名录、高等院校信息、公共信息等各类数据资源。

它所含的期刊论文资源收录了 1998 年以来国内出版的各类期刊 6 000 余种，其中核心期刊 2 500 余种，论文总数量达 2 550 余万篇，每周更新两次。万方医学网是万方数据集团公司的重要产品之一，收录有 1998 年以来的生物医学期刊 1 000 多种，其中包含 2007 年以来万方数据公司和中华医学会、中国医师学会组织签订的 6 年独家版权协议期刊共 144 种左右，学术期刊论文 400 余万篇，全部采用 PDF 格式，以全文阅读下载的方式提供服务，是目前中国生物医学专业质量最高的数字化期刊服务系统。

万方数据知识服务平台进入方式中高校常见数据库产品形式为网上包库和镜像站版。用户可通过 http://www.wanfangdata.com.cn/进入首页面，如图 4-1-14 所示。

若为包库或者镜像站用户，则可直接对检索结果进行阅读或下载。若为一般读者，则需要进行付费阅读或下载。

2．检索方式

（1）快速检索

单击首页面“期刊”检索框，进入期刊检索界面。其默认界面即为快速检索界面。用户可根据检索要求，选择检索论文或者检索刊名，直接输入检索词，即可获得所需要的期刊论文，如图 4-1-15 所示。

图 4-1-14　万方数据知识服务平台首页面

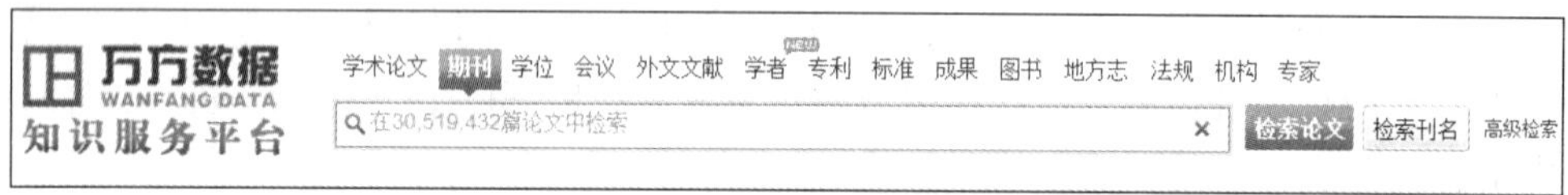

图 4-1-15　快速检索界面

（2）分类浏览

用户还可以通过学科分类进行期刊浏览。如选择“哲学”，可见到哲学相关学科的全部期刊，并且可以根据自身的检索需求，只显示核心期刊和出版的优秀期刊，如图 4-1-16 所示。

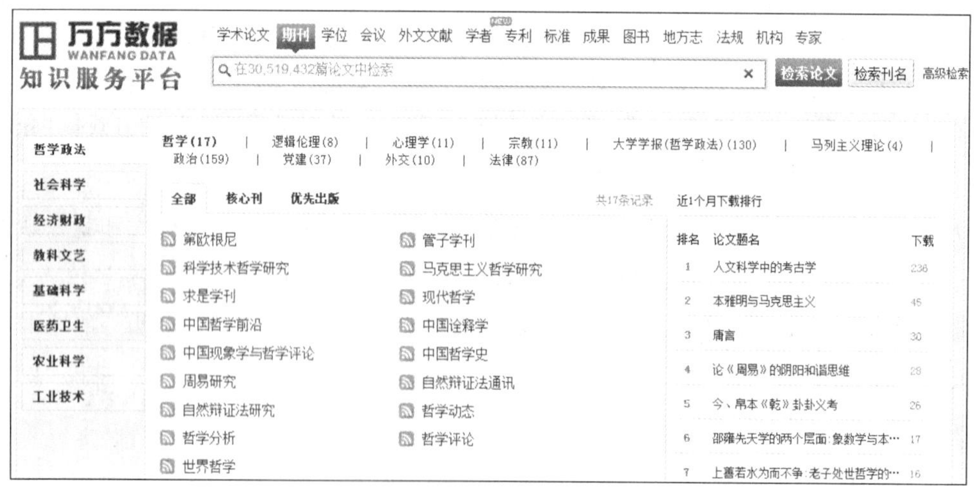

图 4-1-16　分类浏览界面

（3）高级检索

在期刊检索的首页，单击高级检索，即可进入高级检索界面。用户可以根据全部字段、主题、题名或关键词、题名、创作者、作者单位、关键词、摘要、日期、DOI、刊名、期12 个检索入口进行选择，并输入检索词，同时可对文献类型及文献发表年代进行限定，以便快捷获取所需文献，如图 4-1-17 所示。

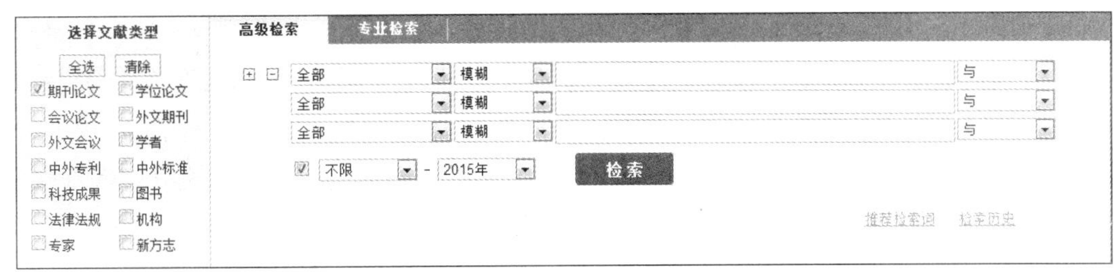

图 4-1-17　高级检索界面

（4）专业检索

如果对检索策略及检索式掌握熟练的用户，可以使用专业检索，即直接输入检索式，快速获取检索结果，如图 4-1-18 所示。

图 4-1-18　专业检索界面

4.1.3　其他中文期刊数据库

1. 维普期刊资源整合服务平台

由科技部西南信息中心直属的重庆维普资讯公司编辑出版，收录 1989 年以来的中文期刊 12 000 余种。文献按照《中国图书馆分类法》进行分类。所有文献分为社会科学、自然科学、工程技术、农业科学、医药卫生、经济管理、教育科学、图书情报 8 个专辑。该数据库检索功能齐全，“期刊文献检索”功能下 5 种检索方式可进行切换，基本检索、传统检索、高级检索、期刊导航、检索历史与 CNKI 具有一定的互补作用，拥有一定的用户群。

2. 博看网期刊杂志数据库

武汉鼎森电子科技有限公司开发，收录了 2 000 多种 40 000 多本畅销期刊杂志。博看网内容丰富，涵盖面广，每天更新 70～100 本杂志，每年可以增加 20 000 本以上。新刊上线时间基本上与纸质杂志上市时间同步。所有的过刊也仍然都保存在网站上，可以采取与现刊同样的方式阅读。博看网除了有原文原貌的多媒体版外，还提供电子版、语音版、下载版等多种阅读方式以满足不同读者的需求。该数据库提供了期刊名首字母搜索与中图法分类搜索，使用较为便捷。

3．中文社会科学引文索引（Chinese Social Sciences Citation Index，CSSCI ）

由南京大学中国社会科学研究评价中心开发研制的文摘数据库，用来检索中文社会科学领域的论文收录和文献被引用情况。CSSCI 是遵循文献计量学规律，采取定量与定性相结合的方法从全国 2 700 余种中文人文社会科学学术性期刊中精选出学术性强、编辑规范的期刊作为来源期刊。目前收录包括法学、管理学、经济学、历史学、政治学等在内的 25 大类的 500 多种学术期刊，来源文献 100 余万篇，引文文献 600 余万篇。利用 CSSCI 可以检索到所有 CSSCI 来源刊文献的收录和被引情况。

4．中国人民大学《复印报刊资料》

由中国人民大学书报资料中心出版的全文数据库。该数据库从国内公开出版的近 6 000 种核心期刊与专业特色期刊中精选全文并汇编而成，囊括了人文社会科学领域中的各个学科，包括哲学类、政治学与社会学类、法律类、经济学与经济管理类、教育类、文学与艺术类、历史学类、文化信息传播类以及其他类。

5．大成老旧期刊全文数据库

大成老旧期刊全文数据库收录清末至 1949 年以前中国出版的 7 000 多种期刊、13 万多期、220 余万篇文章。采用《中国图书馆图书分类法》进行分类，目前有 21 个大类，3 级子类，包括哲学、经济、政治、军事、工农、交通、文理、史地、天文、医药等。

4.2 外文期刊论文检索

4.2.1 爱思唯尔（Elsevier）数据库

1．爱思唯尔数据库简介

爱思唯尔（Elsevier）出版社 1581 年创立于荷兰阿姆斯特丹，是全球最大的科学文献出版商。其理念是：通过提供信息的解决方案，提高全球范围内研究人员效率，推动科学、技术和医学的发展。通过与全球的科技与医学机构合作，该出版社每年出版 1 800 多种期刊和 2 200 本新书，创新型的电子产品也是层出不穷，如 ScienceDirect、MDConsult 等。

Elsevier 之网络版即为 Science Direct On Site，简称 SDOS 数据库。截至 2015 年 4 月该数据库共收录电子期刊 3 800 余种，电子图书 20 000 余种。其中电子期刊包括四大学科领域 24 个学科，如生命科学、农业与生物、化学及化学工业、医学、计算机、地球科学、工程能源与技术、环境科学、材料科学、天文、社会科学等，基本涵盖各个学科门类。期刊最早回溯到 1823 年。国内用户购买的使用权限一般为 1995 年后该公司的电子期刊，也有部分学校购买了过刊和图书。

SDOS 数据库的电子期刊品质相对来说比较高，在 3 800 余种期刊中，被 SCI 收录的期刊就有 1 400 多种，并且很多期刊的影响因子都在 2.0 以上，是中国用量最高的外文数据库。

SDOS 数据库时效性极强，数据每周更新。其网址为：http://www.sciencedirect.com/，SDOS 网站的主页如图 4-2-1 所示。

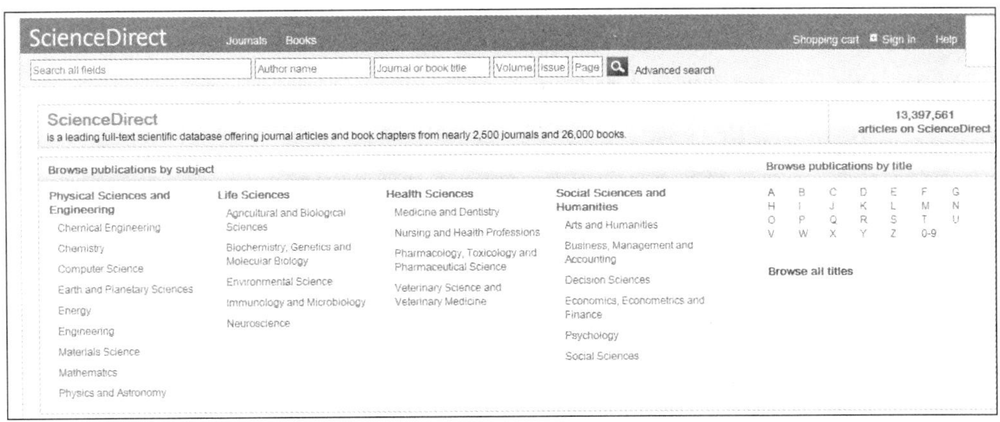

图 4-2-1　SDOS 平台的主界面

在 SODS 平台的主界面上，上部区域是快速检索区，中间区域是浏览区（提供按照学科和字顺两种方式浏览），下部区域是个性化服务区域（提供了 SDOS 开放获取期刊目录及全部文章的链接、各学科下载最多的前 25 篇文章和部分最新文章链接）。

2．SDOS 期刊的学科分类

Elsevier 的期刊分为下列四大学科领域 28 个专业。

（1）Physical Sciences and Engineering（下设 9 个专业门类）

① Chemical Engineering。

② Chemistry。

③ Computer Science。

④ Earth and Planetary Science。

⑤ Energy。

⑥ Engineering

⑦ MaterialsSciencee。

⑧ Mathematics。

⑨ Physics and Astromy。

（2）Life Science（下设 5 个专业门类）

① Agriculture and Biological Sciences。

② Biochemistry，Genetics and Molecular Biology。

③ Environmental Science。

④ Immunology and Microbiology。

⑤ Neuroscience。

（3）Health Science（下设 4 个专业门类）

① Medicine and Dentistry。

② Nursing and Health Professions。

③ Pharmacology Toxicology and Pharmaceutical Science。

④ Veterinary Science and Veterinary Medicine。

（4）Social Sciences and Humanities（下设 6 各专业门类）

① Arts and Humanities。

② Business，Management and Accounting。

③ Decision Science。

④ Economics，Econometrics and Finance。

⑤ Psychology。

⑥ Social Science。

3．SDOS 的检索方法

（1）期刊浏览

在 SODS 平台的主界面中部是期刊浏览区域，系统提供两种方式浏览：按学科领域分类（Browse publications by subject）和按刊名字母顺序（Browse publications by title）。

（2）快速检索

快速检索有多个检索空白框，第一个检索框可以检索所有字段（Searchall fields），包括主题、题名、关键词、作者、期刊名、书名等，其他检索框依次为作者、出版物名称、出版物卷、期、页码。在每一个检索框可以同时输入多个检索词，不区分大小写，系统默认各检索条件是 and 关系。按作者检索时，要用姓的全称加上名字或名字的第一个字母，姓与名字之间用空格或逗号来分隔。

（3）高级检索

单击“Advanced search”进入高级检索界面，如图 4-2-2 所示。检索框上方有资源类型选择，分别为期刊、图书、参考工具书三种，默认为全选。检索框有字段名（检索途径）选择，分别是作者、特定作者、期刊名、题名、关键词、文摘、引文、ISSN/ISBN、作者单位。检索框下面为学科主题的选择，可以通过按住 Ctrl 键进行多项选择。选择文献类型，限定出版时间（Dates），也可以输入卷、期、页，然后单击“Search”，即可以实现高级检索。单击“Search tips”可以查看检索提示。在利用“Specific author”作为检索途径的时候，作者的姓和名的位置不能倒置，而用“Author”则作者的姓和名可以倒置。

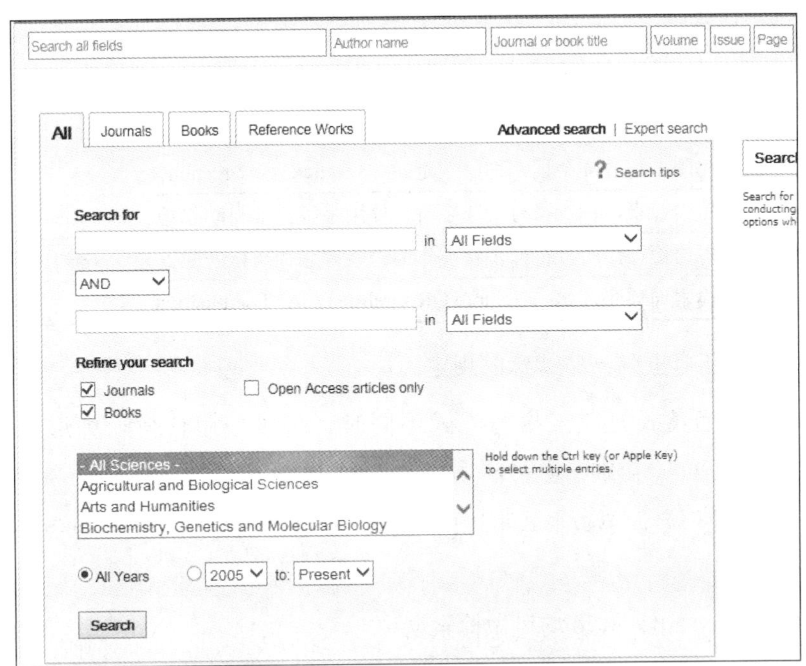

图 4-2-2　SDOS 平台的高级检索界面

（4）专家检索

运用布尔逻辑算符和位置算符来构造检索表达式即为专家检索。布尔逻辑算符有“AND”“OR”“ANDNOT”，它们的运算顺序是 AND NOT、AND、OR，位置算符有“NEAR”“ADJ”。在输入检索式时，逻辑运算符的两侧必须各留有一个空格。专家检索与高级检索的限定条件相同，字段名称有摘要（Abstract）、关键词（Keywords）、机构（Affiliation）、参考文献（References）、作者（Authors）、题名（Title）等。

4．检索结果显示

检索结果以题录、文摘、全文三种方式显示，默认以题录（文献列表）的方式显示，可以看到文章的篇名、期刊名、年卷期以及作者等；文摘的方式则除了以上信息外还可以看到文章的摘要；第三种方式是 PDF 全文。检索结果以相关度和时间两种方式排列，默认为相关度。

5．SDOS 的检索语言和检索技巧

SDOS 的检索语言与技巧如表 4-2-1 所示。

表 4-2-1 SDOS 的检索语言和技巧

AND	默认算符，要求多个检索词同时出现在文章中
OR	检索词中的任意一个或多个出现在文章中
AND NOT	后面所跟的词不出现在文章中
通配符 *	取代单词中的任意个（0，1，2...）字母。如：transplant* 可以检索到 transplant，transplanted，transplanting……
通配符？	取代单词中的 1 个字母。如：wom?n 可以检索到 woman，women
W/n PRE/n	两词相隔不超过 n 个词，词序不定。如：quick w/3 response 两词相隔不超过 n 个词，词序一定。如：quick pre/2 response
" "	宽松短语检索，标点符号、连字符、停用字等会被自动忽略。如："heart-attack"
{ }	精确短语检索，所有符号都将被作为检索词进行严格匹配。如：{c++}
( )	定义检索词顺序，如：（remote OR satellite） AND education

另外，SDOS 还有下列一些特殊的规定。

① 拼写方式当英式与美式拼写方式不同时，可以使用任何一种形式检索，例如 behaviour 与 behaviours、psychoanalyse 与 psychoanalyze。

② 单词复数使用名词单数形式可以同时检索出复数形式，例如 horse-horses、woman-women。

③ 希腊字母。α、β、γ、δ 均可做检索词。

④ 法语、德语中的重音、变音符号，如ē、Ÿ、ǎ等均可做检索词。

4.2.2 Web of Science 数据库

1．Web of Knowledge 平台简介

Web of Knowledge（简称“WOK”）是一个综合性、多功能的研究平台，涵盖了自然科学、社会科学、艺术和人文科学等领域的高品质、多样化的学术信息，并配以强大的检索和分析工具。该平台整合了汤森路透知识产权与科技集团生产的多个数据库产品，包括 Web of Science 为核心的索引数据库、Journal Citation Reports、Essential Science Indicators 等学术分析与评价数据库，以及 BIOSIS Previews、Current Contents Connect、Derwent Innovations Index、MEDLINE、Inspec、CSCD 等其他重要学术信息资源。

Web of Knowledge 功能齐全，具有多库检索、单库检索、引文检索、定题快讯服务、引文跟踪服务、创建引文报告、检索结果分析、检索结果提炼、期刊定制、个人文献资料库管理等功能。

2．Web of Science 数据库简介

Web of Science（简称“WOS”）是基于 WOK 平台的综合性文摘索引数据库，收录了 1.2 万多种来自各个研究领域的学术期刊的文献信息。目前，Web of Science 包括如下 5 个

引文数据库。

（1）Science Citation Index Expanded

即科学引文索引，简称“SCIE”，收录 8 600 多种涵盖 176 个学科的科学技术期刊，数据可回溯至 1900 年，提供 1991 年以来的作者摘要。

（2）Social Sciences Citation Index

即社会科学引文索引，简称“SSCI”，收录 3 100 多种涵盖 56 个学科的社会科学期刊，数据可回溯至 1956 年，提供 1992 年以来的作者摘要。

（3）Arts & Humanities Citation Index

即艺术与人文引文索引，简称“A&HCI”，收录 1 600 多种艺术与人文类期刊，主题涵括艺术评论、戏剧音乐及舞蹈表演、电视广播等，数据可回溯至 1975 年，提供 2000 年以来的作者摘要。

（4）Conference Proceedings Citation Indexes

即原 ISI Proceedings 数据库，简称“CPCI”数据库，分为自然科学版（CPCI-S）和人文社会科学版（CPCI-SSH）。汇集了世界上最新出版的会议录资料，包括专著、丛书、预印本和来源于期刊的会议论文，共涵盖约 250 个不同的学科，该数据库每周更新，年增近 26 万条记录，提供了综合全面、多学科的会议论文资料，是目前世界上了解会议文献信息的最主要检索工具。

（5）Book Citation Index

即图书引文索引，简称“DKCI”，是 2011 年 10 月新推出的、基于 WOK 平台上的资源，分为自然科学版（BKCI-S）和人文社会科学版（BKCI-SSH）。该索引资料库收录 2.5 万余种自然科学、社会科学和艺术人文类图书，可以按章索引。

另外还有两个化学信息数据库，即 Index Chemicus（简称 IC，检索 1993 年至今新化合物）和 Current Chemical Reactions（简称 CCR，检索 1986 年至今新奇的化学反应）。

3．Web of Science 的检索方式

WOK 平台的网址为 http://www.webofknowledge.com，其系统默认为选择全部数据库检索（All Databases），即全数据库检索。登录 WOK 平台，单击选择“Web of Science”，系统自动进入 WOS 的检索界面。Web of Science 提供基本检索、高级检索和被引参考文献检索等检索方式。

（1）基本检索（Basic Search）

登录 WOK 平台，单击“Web of Science”，系统自动进入 WOS 默认的基本检索界面，如图 4-2-3 所示。基本检索提供主题、标题、作者、作者识别号、编者、团体作者、出版物名称、DOI、出版年、地址等检索途径，可用逻辑算符同时检索多个字段。

图 4-2-3 Web of Science 的基本检索界面

检索步骤如下。

① 选择课题所需的检索途径，输入能体现文献特征的单词或短语，可用逻辑算符（AND、OR、NOT）连接单词或短语，可截词。

② 选择时间跨度或起始年代。

③ 选择所有数据库或者子数据库。

④ 单击“检索”。

（2）高级检索（Advanced Search）

单击 WOS 数据库首页上“高级检索”按钮即进入高级检索界面，如图 4-2-4 所示。高

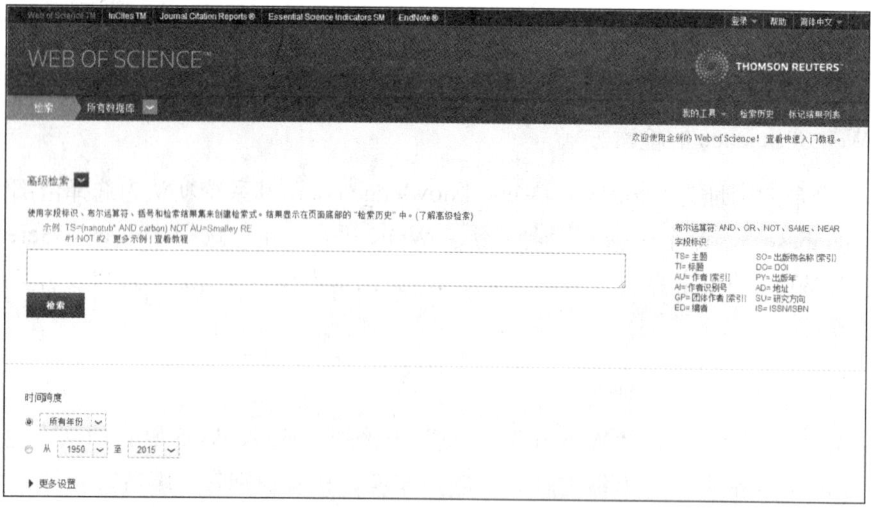

图 4-2-4 Web of Science 的高级检索界面

级检索是利用两个字母的字段标识符、运算符及检索词进行组配创建复杂的检索式进行的检索。检索式中允许使用布尔逻辑运算符和通配符。字段标志符代码为 2 位字母，几个常用字段的标志为：AU 表示作者，TI 表示标题，SO 表示出版物名称，PY 表示出版年。

检索实例：如要查找九江学院近 10 年内由江西省自然科学基金项目资助的论文被 SCI 收录的篇数，可以创建检索式：

PY=2005-2014 and AD= (jiujiang univ OR jiujiang coll) and FO=Natural Science Foundation of Jiangxi Province

构造检索式的主要规则如下。

① 检索式中的每个检索词都必须用字段标志代码明确标明。必须用布尔逻辑运算符连接不同字段。

② 有关停用词的所有当前规则适用于“主题”和“标题”字段。

③ 无关的空格将自动被忽略。

④ 对于检索式组配，每一个检索式编号前需输入一个数字（#）符号。

⑤ 不要在不同字段标志间使用 SAME 运算符。

（3）被引参考文献检索（Cited Reference Search）

单击 WOS 数据库首页上“被引参考文献检索”按钮即进入被引参考文献检索界面，如图 4-2-5 所示。被引参考文献检索又称为“引文检索”，可通过它检索论文被引用的情况。

图 4-2-5 Web of Science 的被引参考文献检索界面

一篇文献被多少人引用，被引次数等相关记录，可以从被引作者、被引著作和被引年份三个途径入手检索文献。其中，被引作者和被引著作系统还提供了索引功能，供用户校验和精确检索词。通过被引参考文献的检索，可以清晰地了解某个已知理念、成果或创新是否获得确认和应用，是否改进和扩展，是否存在问题，是否有后人的纠正，等等。

检索步骤如下。

① 输入主要的被引作者的姓名和被引著作的缩写标题，然后单击“检索”。

② 如果检索到的文献记录很多，返回表单，添加被引年份或有限的被引年份范围。

③ 单击“检索”之后，系统将显示引文索引的参考文献，这些参考文献包含所输入的被引作者/被引著作数据。

④ 从引文索引选择参考文献，然后单击“完成检索”。在最后的检索结果页面，符合检索条件的被引文献将被列出，包括被引作者、著作名称、年、卷、期、页、施引文献数量即被引次数。单击每一条记录后面的“查看记录”，被引文献的全记录格式将在下一页面重点显示，同时在页面的右侧显示引用这篇文章的全部施引文献。

4．检索历史（Search History）

在实际检索的过程中，根据检索结果，检索人员会随时调整检索策略、修改检索条件、更换检索词等，因此有时需要回顾检索的历史，有时也需要对不同的检索结果进行重新组配。Web of Science 的“检索历史”功能正好满足了用户对分析检索结果、随时优化检索策略的需求。

每次登录该数据库，系统将自动记录有检索意义的每一次检索过程，也包括检索结果为零的检索过程，如图 4-2-6 所示。系统自动为每次检索记录编号，最新的记录在上，同时显示每次的检索策略及检索结果，单击每一个“检索结果”，将会链接到之前的检索结果页面。该功能退出 WOK 之后，检索历史将被清除，要长期保存检索历史，需注册个人账户。

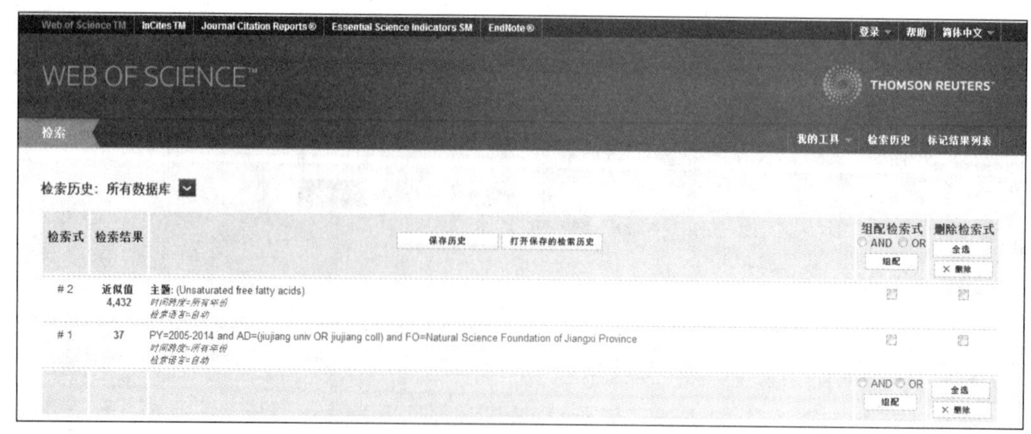

图 4-2-6 Web of Science 的检索历史界面

5．检索结果

（1）精炼检索结果

通过多种方式对检索结果进行精简，例如数据库、研究领域、研究方向、文献类型、作者姓名、机构名称、编者、来源出版物、出版年代、语种、国家及地区等。在检索结果概要页面（如图 4-2-7 所示），用户选择一个或多个复选框，单击“精炼”（Refine）可浏览包含所选择条目的记录。

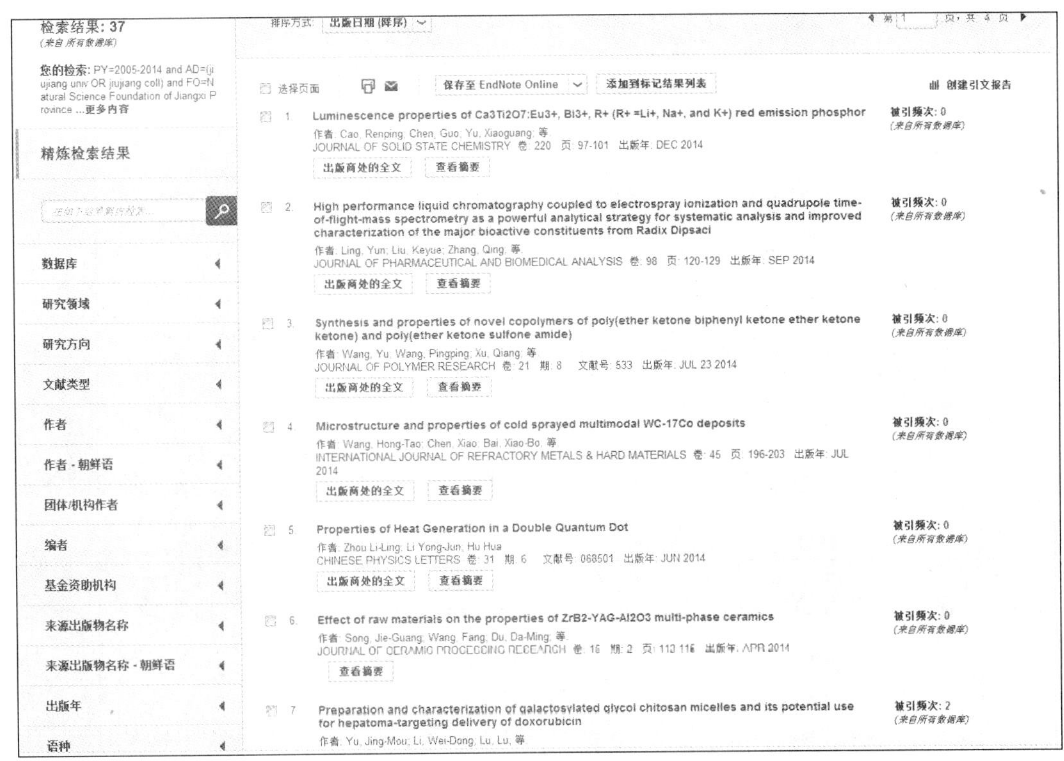

图 4-2-7　检索结果概要页面

（2）显示检索结果

检索结果有输出打印、标记、保存、E-mail 发送等形式。可以直接选择记录输出打印，也可选择需要的记录进行标记，然后添加到标记列表，还可以将所选记录导出至 EndNote、ResearcherID 等管理软件。其检索结果可以按照出版日期、被引频次、相关性、第一作者、来源出版物名称等排序。

（3）查看检索结果

检索结果概要页面默认为每页显示 10 条记录，最多可选择每页显示 50 条记录，显示检索结果的简单记录。简单记录包括文献的前三位著者、文献标题、出版物名称（刊名）、卷、期、起止页码和出版时间。窗口上方标明检索字段及检索内容、选用的数据库和其他限定条件，满足检索要求的记录数显示在窗口的左下方。

单击文献标题，可以进入该条结果的全记录页面，如图 4-2-8 所示。Web of Science 全记录中的字段有标题（Title）、作者（Author）、来源出版物（Source Title）、参考文献（Cited References）、被引次数（Times Cited）、摘要（Abstracts）、入藏号（即收录号）、关键词（Keywords）、通讯作者地址（Reprint authorAddress）、作者地址（Address）、邮件地址（E-mail Address）、学科类别（Subject Category ）、IDS（Document Solution number，即文章检索号）、DOI（Digital Object Identifier，即文章的唯一永久性标识号）等。

Evaluation of oxidative stability of vegetable oils enriched with herb extracts by EPR spectroscopy

作者: Kozlowska, M (Kozlowska, Mariola)[1]; Zawada, K (Zawada, Katarzyna)[2]

CHEMICAL PAPERS
卷: 69 **期:** 7 **页:** 950-957
DOI: 10.1515/chempap-2015-0102
出版年: JUL 2015
查看期刊信息

摘要

Vegetable oils are important constituents of a healthy diet. Still, unsaturated fatty acids present in vegetable oils are susceptible to oxidation, which leads to undesirable changes in sensory, and nutritional properties of oils. To prevent this problem, antioxidants are applied with herbs and spices being one of the most important sources of natural antioxidants. Electron paramagnetic resonance spectroscopy (EPR) can be used to detect free radicals, winch are the short-lived intermeflipid oxidation, and to monitor changes in oxidation susceptibility. In this study, the ESR spin trapping technique was used as a potential method for the evaluation of the resistance to free radical information in rapeseed and sunflower its enriched with herb extracts. The antioxidant effect of herb extracts on vegetable oils was also investigated by measuring their ability to scavenge DPPH free radical using EPR spectroscopy. The herb extracts generally improved the radical scavenging properties of sunflower and rapeseed oils but their influence on the onset of rapid lipid oxidation as measured by spin-trapping EPR depended on the typc of oil and on the extract concentration. (C) 2015 Institute of Chemistry, Slovak Academy of Sciences

关键词
作者关键词: EPR spectroscopy; DPPH radical scavenging; spin trapping; herb extracts; oxidative stability
KeyWords Plus: ELECTRON-PARAMAGNETIC-RESONANCE; ANTIOXIDANT ACTIVITY; ALPHA-TOCOPHEROL; SUNFLOWER OIL; RAPESEED OIL; EDIBLE OIL; OLIVE OIL; LAMIACEAE; FRACTIONS; SYSTEMS

作者信息
通讯作者地址: Kozlowska, M (通讯作者)
Warsaw Univ Life Sci WULS SGGW, Dept Chem, Dept Food Sci, Nowoursynowska 159C St, PL-02776 Warsaw, Poland.
地址:
[1] Warsaw Univ Life Sci WULS SGGW, Dept Chem, Dept Food Sci, PL-02776 Warsaw, Poland

出版商
WALTER DE GRUYTER GMBH, GENTHINER STRASSE 13, D-10785 BERLIN, GERMANY

类别 / 分类
研究方向: Chemistry
Web of Science 类别: Chemistry, Multidisciplinary

文献信息
文献类型: Article
语种: English
入藏号: WOS:000351637500006
ISSN: 0366-6352
eISSN: 1336-9075

其他信息
IDS 号: CE2HU
Web of Science 核心合集中的 "引用的参考文献": 38
Web of Science 核心合集中的 "被引频次": 0

图 4-2-8　检索结果全记录页面

4.2.3 EI 数据库

1. EI 数据库简介

EI（The Engineering Index）即美国《工程索引》，是世界上著名的工程技术领域最具权威的大型文摘性检索性工具，它是科研人员、工程技术人员和科技信息人员进行科研设计和信息交流必不可少的重要检索工具。它收录的文献因品质高而享誉科技界，所以通常作为评价学术和科学成果的重要依据。

《工程索引》创刊于 1884 年，最初由美国工程学会联合会下设的工程索引公司编辑出版。它报道的内容基本涵盖整个工程领域，包括土木工程、能源、环境、地理和生物工程、电气、电子和控制工程、化学、矿业、金属和燃料工程、机械、自动化、核能和航天工程、计算机、人工智能和工业机器人等。《工程索引》报道的文献都来自美国工程学会图书馆（The Engineering Society Library）所收藏的，地理范围覆盖广。近年来，它收录的文献来自世界上 50 多个国家，25 种文字，其中英文文献占 90%。

《工程索引》的出版形式有印刷型、缩微型、机读型、光盘型、网络版。网络版的《工程索引》即 EI Compendex Web 数据库，它是工程信息公司为适应用户的网络检索需要在 Internet 上开设的，收录自 1970 年以来的文献，记录每周更新。该数据库每年新增 50 万条工程类文献，这些数据来自 5 100 种工程期刊、会议文集和技术报告，其中 2 600 种有文摘。

2．EI 网络版的主要功能

《工程索引》网络版现在使用的平台是 Engineering Village 平台，如图 4-2-9 所示。此平台提供快速检索（Quick Search）、专家检索（Expert Search）和叙词检索（Thesaurus Search）三种检索方式。

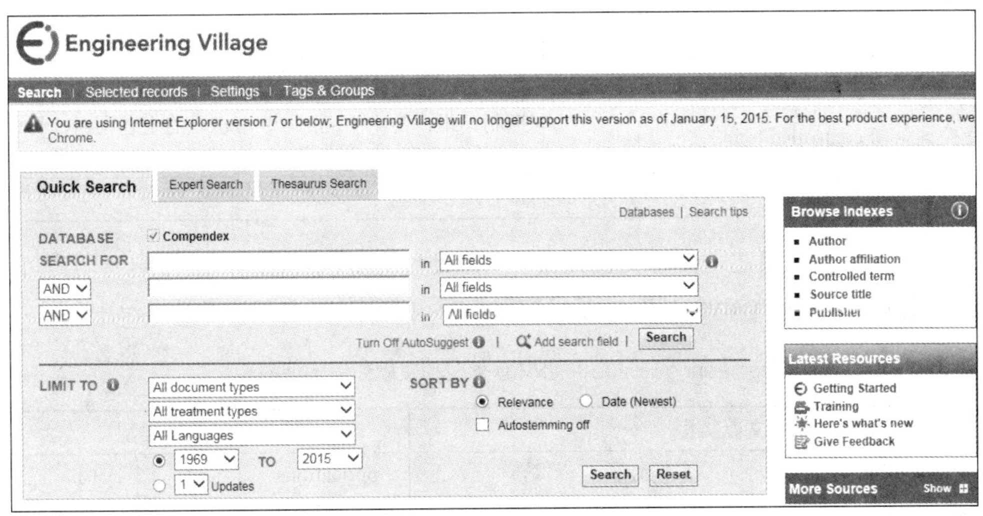

图 4-2-9　Engineering Village 平台

（1）快速检索

快速检索为数据库默认的检索方式。用户从一个下拉式菜单中选择检索字段，输入检索词即可进行直接、快速的检索。同时也可以通过若干限制条件来控制检出的结果，比如选择语言、限定时间、选择排序方式等。

具体的检索字段（Search Fields）含义如表 4-2-2 所示。

表 4-2-2　　Engineering Village 平台检索字段的含义

字段名称	地段含义
所有字段（All fields）	选择所有字段将从数据库所提供的所有字段中检索
主题词/标题/摘要（Subject/Title/Abstract）	在摘要、题目、翻译的题目、EI 受控词、EI 主题词、自由词字段中进行检索
文摘（Abstract）	在文献摘要中进行检索
作者（Author）	在作者项中进行检索，检索格式：姓在前，名在后，中间用空格
作者单位（Author affiliation）	在作者单位项中进行检索，2001 年前只给出第一单位作者，其后给出通信作者单位，作者单位常用缩写
题名（Title）	在文献题名字段中检索
EI 分类码（EI Classification code）	在 EI 的主题词表中的分类代码中检索
图书馆所藏文献和书刊的分类编号（CODEN）	指期刊与其他连续出版物的 6 位代码。同种期刊这个代码是一样的
会议信息（Conference information）	在会议名称、日期、地点和举办者中检索
会议代码（Conference code）	指会议论文集代码
国际标准出版物号（ISSN）	由 8 位数字组成，前段时间位为顺序号，最后一位是计算机检验码，数字中间有连字符分为两组
EI 主标题词（EI main heading）	表示文章主概念词
出版者（Publisher）	在出版者项中进行检索
刊名（Source title）	在期刊、专著或会议论文集等名称项中检索
EI 受控词（EI controlled term）	控制词组，是由 EI 索引专家建立的主题词组，可参考索引字典中的主题索引
原产国（Country origin）	作者所在国别

快速检索中检索限定主要有文献类型、文献处理类型、语种和时间限定，用户可以根据需要进行选择。Engineering Village 平台文献类型和文献处理类型的意义如表 4-2-3 所示。

表 4-2-3　　Engineering Village 平台文献类型和文献处理类型的意义

文献类型		文献处理类型	
All document types	全部	Applications	应用
Journal article	期刊论文	Biographical	传记
Conference article	会议论文	Economic	经济
Conference proceeding	会议论文集	Experimental	试验
Monograph chapter	专题论文	General review	一般综述
Monograph review	专题综述	Historical	历史
Report chapter	专题报告	Literature review	文献综述
Report review	综述报告	Management aspects	管理
Dissertation	学位论文	Numerical	数值
Patent（before 1970）	1970 年前专利	Theoretical	理论

（2）专家检索（Expert search）

在专家检索中，用户可使用检索字段、检索词和布尔逻辑算符等构建检索式。字段代码在专家检索主页上都有标注。在专家检索中，索引字典增加了语种、处理类型和文献类型的索引。专家检索界面如图 4-2-10 所示。

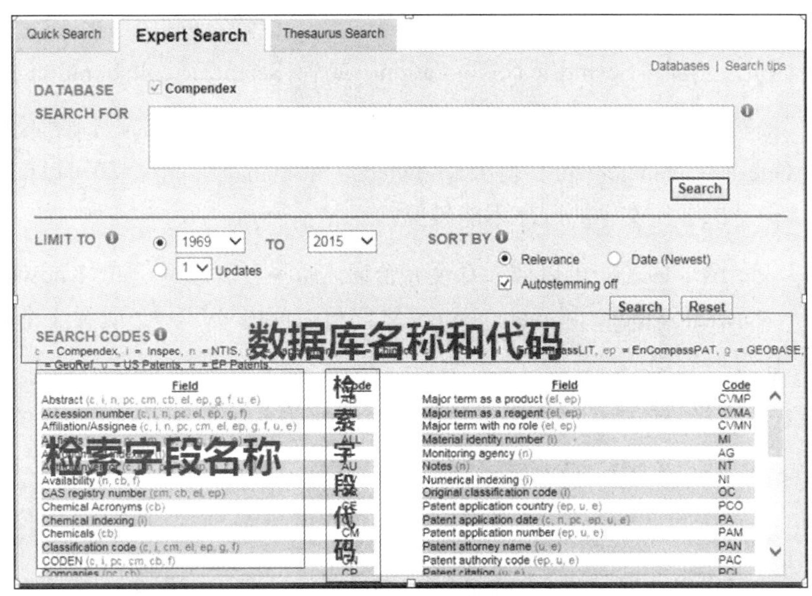

图 4-2-10　专家检索界面

（3）叙词检索（Thesaurussearch）

EI 叙词是由 EI 专业人员编制的主题词表，EI Compendex 数据库中每一篇文章都由标引人员标上了叙词，也就是全记录中的 Controlled terms 项所显示的内容。

EI 叙词检索有 Search、Exact Term、Browse 三种显示方式，如图 4-2-11 所示。

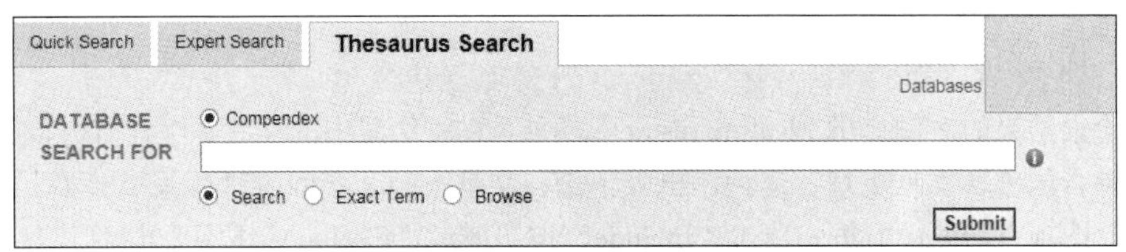

图 4-2-11　叙词检索界面

Search 选项表示查找检索词在叙词表中的正确写法；Exact Term 表示已知某叙词，查找列出该叙词的详细信息；Browse 表示查看检索词在叙词中的位置，显示其附近的叙词。

3．EI 数据库的检索算符和规则

工程索引数据库，遵循以下检索规则。

① 输入规则。检索词采用大、小写均可，在输入框中按顺序输入。

② 逻辑算符。逻辑算符用 AND、OR、NOT 表示。

③ 截词符。用星号表示，*可代表 0 个、1 个或多个字符，可找到单词的所有变化形式或不同拼法，分词尾截断和词间截断。例如，librar*相当于利用 library、librarian、libraries、librarians 等作为具体的检索词。

④ 词组检索。在精确检索时，两个词之间紧挨着，位置不颠倒，词组或短语须用引号“”或括号{}标引，例如“Scientific collaboration”或者{Scientific collaboration }。

⑤ 位置算符。“Onear/n”表示两个词之间可以插入 0 至 n 个词，词序不能颠倒。如“Knowledge Onear/3 management”表示 Knowledge 和 management 之间可以间隔 0、1、2 或者 3 个词，但是二者在文中的顺序不能颠倒。

“Near/n”表示两个词之间可以插入 0 至 n 个词，词序可以颠倒，如“Knowledge Near/3 management”表示 Knowledge 和 management 之间可以间隔 0、1、2 或者 3 个词，但是二者在文中的顺序可以颠倒。

⑥ 在没有检索算符链接的情况下，检索词之间的关系默认为逻辑“与”的关系。

4．EI 数据库其他检索功能

（1）索引功能

EI 平台设立了索引功能（Browse Index），帮助用户选择用于检索的合适的词。数据库在制作过程中需要对每篇文章中很多的信息进行标引，在标引的过程中，考虑到作者的书写不规范，以及各个国家的书写习惯不同和编辑过程中出现的失误等原因，造成检索困难、漏检情况多，这时使用索引字典就比较有用。

EI 平台提供了 8 种字典，包括作者（Author）、作者单位（Author affiliation）、EI 受控词表（EI Controlled term）、期刊名称（Serial title）、出版者（Publisher）索引、语言（Language）索引、文献类型（Document type）索引和处理类型（Treatment type）索引。

（2）优化结果功能

在检索结果的右侧提供“Refine results”功能，它将结果中的作者、作者结构、主题词、分类代码、国家、文献类型、语种、出版年份、文献来源和出版者进行聚类分型。用户可以通过勾选项目前面的方框，单击“Include”按钮或者“Exclude”按钮，达到优化和调整检索结果的目的。

在“Refine results”工具栏的最下方，系统提供了“Add a term”检索框（如图 4-2-12 所示），在该检索框内输入检索词或检索式，单击按钮“limit to”表示限制结果必须包含这个词，单击“Exclude”表示结果必须排除这个词。

5．检索结果处理

检索结果页面如图 4-2-13 所示，结果的显示和处理主要包括以下几个方面。

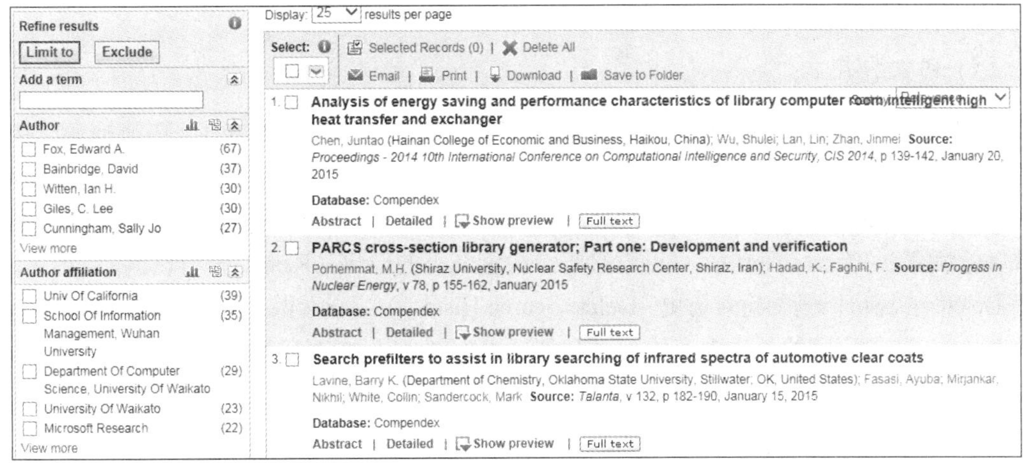

图 4-2-12　Engineering Village 平台优化检索功能

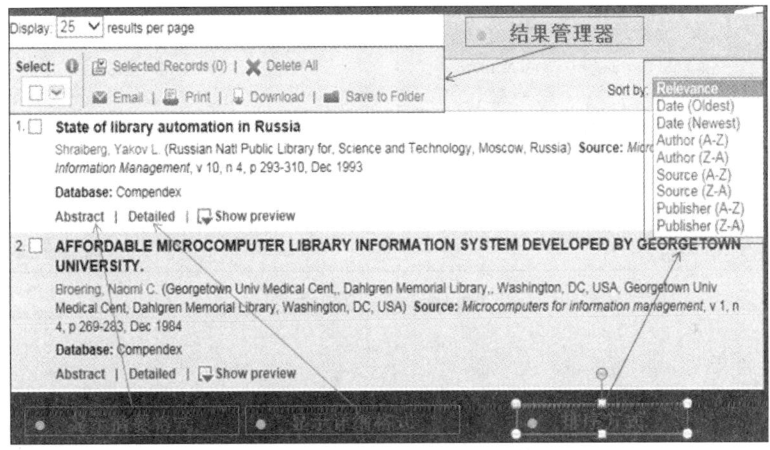

图 4-2-13　检索结果页面

（1）检索结果排序

EI 在检索界面，提供了 Relevance（相关性）和 Publication Year（出版年）两种可选结果排序方式。在检索结果页面，EI 提供了 5 种结果排序方式（Sort by）：Relevance（相关性）、Date（时间）、Author（作者）、Source（来源期刊）、Publisher（出版社）。用户可以根据需要单击任意一种排序方式，检索结果将按照相应字段重新排序。

（2）选定记录的处理

在处理记录之前要对记录进行选定，EI Village 平台有三种方式选择记录：第一种是在选定的每个记录前的复选框中勾选，一个一个地选择；第二种是单击检索结果管理器中“Select”下的“Page”，这样可以整页整页地选择；第三种是单击检索结果管理器中“Select”下的“Maximum”（up to 500），这样可以选择最大量为 500 页的记录。

选定记录以后可以 Email 记录、打印记录（Print）、下载记录（Download）和将记录保存到个人文件夹中。

（3）检索历史

新平台专门增加了检索历史页面（如图 4-2-14 所示），三种检索方式（快速检索、专家检索和叙词检索）的下方都有检索历史的页面。这个页面包含以下功能：可以用 and/or/not 合并检索式（Combine Searches），可以编辑检索式（Edit），可以保存检索式（Save Search），可以创建跟踪（Creat Alert），可以直接每个检索式下的结果（Results）可以删除一个检索式（Delete），还可以删除检索历史（Delete Search History）或查看保存的检索式（View Saved Searches）。值得注意的是，保存检索式和创建跟踪都必须在已经建立个人账户并已登录的状态下才能实现。

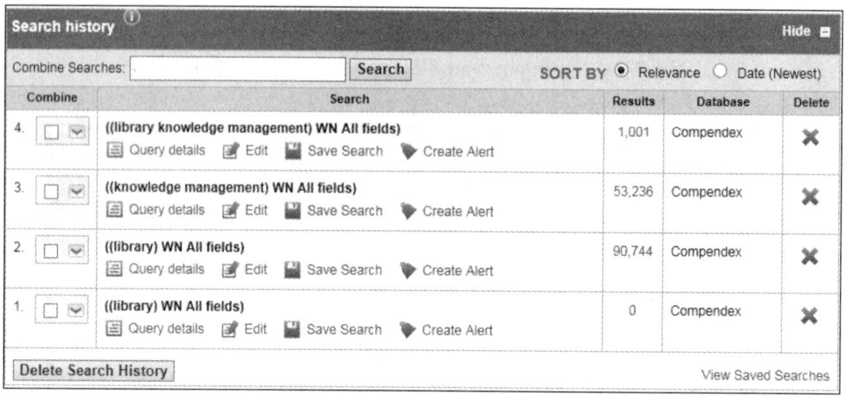

Search history　　Hide

Combine Searches: [ ] Search　　SORT BY ◉ Relevance ○ Date (Newest)

Combine	Search	Results	Database	Delete
4.	((library knowledge management) WN All fields) Query details　Edit　Save Search　Create Alert	1,001	Compendex	✖
3.	((knowledge management) WN All fields) Query details　Edit　Save Search　Create Alert	53,236	Compendex	✖
2.	((library) WN All fields) Query details　Edit　Save Search　Create Alert	90,744	Compendex	✖
1.	((library) WN All fields) Query details　Edit　Save Search　Create Alert	0	Compendex	✖

Delete Search History　　View Saved Searches

图 4-2-14　检索历史页面

（4）获取全文

每条记录的题录、摘要记录和详细记录的页面都有“Full text”按钮，这并不表示每条记录都能看到全文。只有 EI 数据库所在的机构购买了该记录所属数据库的全文数据库，才能直接链接到全文数据库，这时用户可以直接看到该条记录的全文。否则，只能通过原文传递或向作者索取等方式获取全文。

4.2.4　SpringerLink 数据库

1．简介

德国施普林格公司（Springer-Verlag）是世界上著名的科技出版集团，通过 SpringerLink 系统提供全文服务。其于 2004 年年底和 Kluwer Academic Publishers 合并，成立了新的 Springer 集团，现将全部约 2 240 余种期刊、20 余种世界知名科技丛书和权威的 Landolt-Börnstein 数值与事实型工具书等电子出版物通过 MetaPress 平台提供服务。SpringerLink 涵盖的学科范围包括 Chemical Sciences、Computer Science、Economics、Engineering、Environmental、Geosciences、Law、Life Science、Mathematics、Medicine、Physics and Astronomy 等，是科研人员的重要信息源，提供中文（简体/繁体）、英文、德文、韩文多语种界面。新 SpringerLink（中国网站）的检索引擎服务器在美国，数据存储在清华服务器上，并租用了 CERNET 专线，响应速度较快。

2．检索方法

SpringerLink 阅读全文采用 IP 地域控制使用权限，用户需通过“图书馆电子资源”中的相关链接 http://www.springerlink.com/进入主页面，如图 4-2-15 所示。

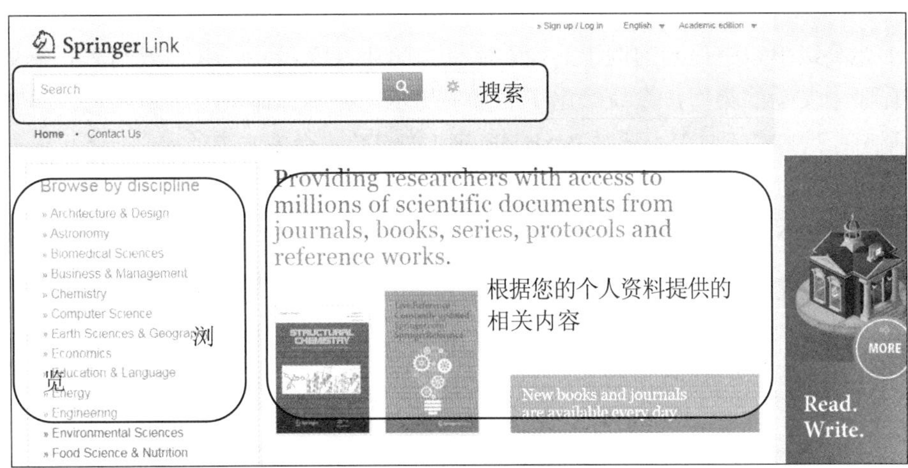

图 4-2-15　SpringerLink 主页面

（1）Browse by discipline（学科浏览）

SpringerLink 提供 24 个学科分类浏览，具体学科为：Architecture & Design、Astronomy、Biomedical Sciences、Business &Management、Chemistry、Computer Science、Earth Sciences & Geography、Economics、Education & Language、Energy、Engineering、Environmental Sciences、Food Science &Nutrtion、Law、Life Sciences、Materials、Mathematics、Medicine、Philosophy、Physics、Psychology、PublicHealth、Social Sciences、Statistics。

（2）快速检索

可以在检索框内直接输入检索词，搜索时有自动建议功能显示（以 Google 关键字搜索为准），如图 4-2-16 所示。

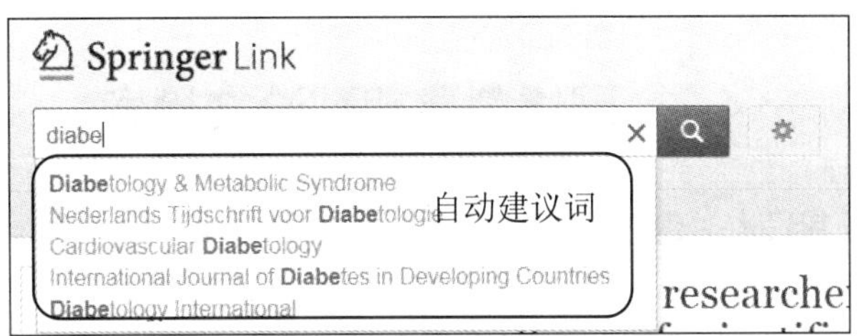

图 4-2-16　快速检索界面

（3）Advanced search（高级检索）

单击快速检索页面右侧的“Advanced Search”，即可进入高级检索界面。高级检索界面提供

6 个检索项，在一个或多个检索框中输入检索词，可以自由选择检索项，然后单击“Search”按钮。例如，用高级检索查找所需要的“计算机程序”方面的文献，在“标题”字段中输入“computer program”，在“不能包含某个词”字段中输入“software”，单击“Search”按钮。

（4）检索结果处理

在上述高级检索中提到的例子的检索结果如图 4-2-17 所示，共检索到 270 条文献。对于每一篇命中文献的类型，系统给出了必要的提示，指明该命中文献是期刊、图书，还是图书的章节；是参考工具书，还是 Protocols 等。如果单击命中文献的题名，还可以看到来源文献书或期刊的封面及更为详细的著录信息。如果在“Include Preview-Only content”项打钩的话，系统会显示预览的部分结果（权限范围以外），反之则只会显示权限范围内的结果。

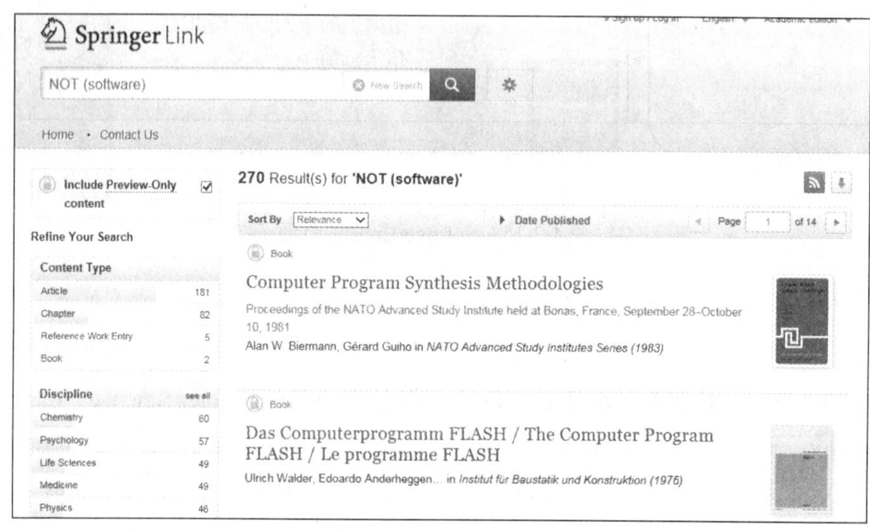

图 4-2-17　检索结果界面

如果一次检索的文献数量过多，不知道应重点看哪些文献，则可以对检索结果进行精炼。在检索结果的左侧可以按照文献类型、学科、分学科、期刊、语言进行精炼，找到最需要的文献。

4.3　网络免费期刊论文检索

4.3.1　开放存取期刊（OA）

1．开放存取的定义及特点

开放存取（Open Access，OA）是国际科技界、学术界、出版界、信息传播界为推动科研成果利用网络自由传播而发起的运动。

开放存取不同于传统学术传播，其核心特征是在尊重作者权益的前提下，利用互联网为用户免费提供学术信息和研究成果的全文服务。首先，开放存取是基于互联网的学术传播机制。互联网是开放存取赖以生存的媒介形态，这是因为互联网的发展导致了学术传播成本的下降，从而为学术信息的开放存取提供了可能。但是，媒介形态本身并不是区别开放存取与传统学术期刊出版的标志，目前很多出版者都提供了网络版的数据库和电子期刊，但在营销策略上仍然采用了传统的基于订阅的传播模式。其次，开放存取是免费提供全文的信息服务方式。在开放存取模式下，科研人员不需要通过付费（包括个人订阅或者团体订阅）就能访问学术信息的全文。换言之，只要具备连接互联网的物理条件，科研人员就可以方便地获取学术信息的全文。再次，开放存取充分尊重作者的权益，并不违背知识产权的精神。基于开放存取传播的作品不一定都是“公共领域作品”，它并没有要求作者放弃对作品的全部权利，作者可以基于不同法律文本和授权协议（比如创作共用协议）对作品版权进行取舍。

2．开放存取的出版形式

（1）开放存取期刊（Open Access Journals）

是指可以在公共网络上免费获取，并允许用户进行阅读、下载、传播、链接到全文，用于编制索引，作为软件数据库使用或用于任何其他法律允许的，没有经费、法律或技术方面障碍的，经过同行专家评阅的高质量全文电子期刊。

（2）开放存取知识库（Open Access Repositories）

是开放存取的新方式，为科学研究人员提供电子版学术文献的存储和检索。通过开放存取知识库，科学家们可以利用自存档技术提交、存放自己的学术论文，从而使其文献可以迅速、便捷地在科学领域传播、检索、利用以及评论，推动学术交流的无障碍传播。

3．开放存取资源获取

（1）DOAJ（Directory of Open Access Journals）

DOAJ 的网址为 http://www.doaj.org，是由瑞典 Lund 大学图书馆整理互联网上所有学科和语言的开放期刊，并利用技术对免费获取的全文资源实施质量控制及提供检索的平台，如图 4-3-1 所示。

用户可以通过快速检索获得 OA 论文，也可以通过浏览方式阅读，可以通过期刊名浏览，也可以通过 17 个大类进行分类浏览。

（2）HighWire Press

HighWife Press 的网址为 http://highwire.stanford.edu。斯坦福大学 HighWire 出版社是美国斯坦福大学图书馆所属的电子期刊出版机构，是世界上最大的自然科学免费全文网站之一，内容涉及生命科学、医学、物理及少部分社会科学方面的出版物。该出版社收录了许多全球知名的高影响因子期刊 1 600 多种，近 6 000 000 篇论文全文，用户可以在检索栏中输入检索词，快速获取所需结果，也可以通过右侧的 Browse publications 栏目浏览期刊。

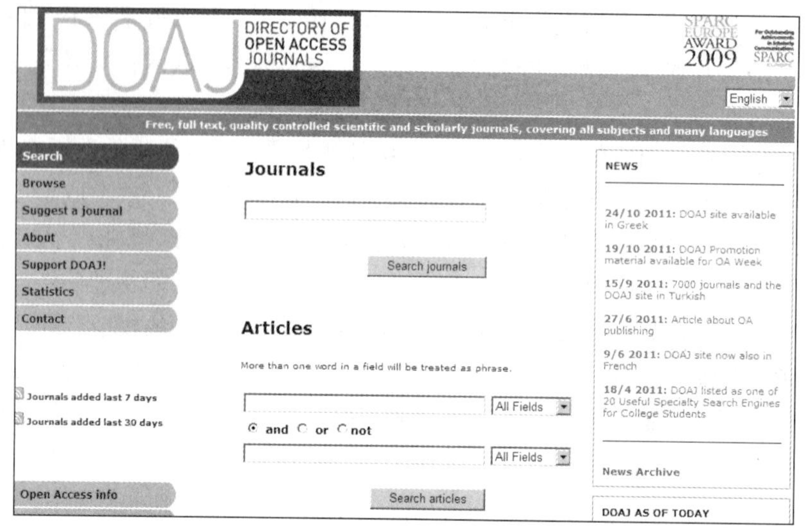

图 4-3-1 DOAJ 首页面

4.3.2 其他免费期刊资源

（1）Google Scholar（谷歌学术搜索）

网址为 http://scholar.google.com/，从中可以获取一部分免费全文。

（2）Arxiv

网址为 http://arxiv.org/，由美国 Cornell University Library 制作，面向物理学、数学、非线性科学、计算机科学和定量生物学等学科提供近 80 万篇免费电子期刊论文的访问。

（3）EScholarship

网址为 http://repositories.cdlib.org/escholarship/，是加利福尼亚大学国际和区域数字馆藏研究项目。主要提供已出版的期刊论文、未出版的研究手稿、会议文献以及其他连续出版物上的文章，均可免费阅读。

（4）Openj-gate

网址为 http://www.openj-gate.org/，提供 4 000 余种可开放获取期刊的数百万期刊全文文献。

（5）剑桥大学机构知识库

网址为 http://www.dspace.cam.ac.uk/，由 Cambridge University Library 和 University Computing Service 维护，提供剑桥大学相关的期刊、学术论文、学位论文等电子资源。

（6）美国密歇根大学论文库

网址为 http://deepblue.lib.umich.edu/index.jsp，可提供美国密歇根大学论文库 2 万多篇期刊论文、技术报告、评论等文献全文，包含艺术学、生物学、社会科学、资源环境学等学科的相关论文，另还有博硕士论文。标识为“OPEN”的可以打开全文。

（7）PLoS 公共科学图书馆

网址为 http://www.plos.org/。PLoS 是一家由众多诺贝尔奖得主和慈善机构支持的非营利性学术组织，旨在推广世界各地的科学和医学领域的最新研究成果，使其成为一种公众资源，科学家、医生、病人和学生可以通过这样一个不受限制的平台来了解最新的科研动态。PLoS 出版了 8 种生命科学与医学领域的期刊，可以免费获取全文。

（8）Journal of Statistical Software

网址为 http://www.jstatsoft.org/，是由美国统计协会出版的《统计软件杂志》，提供 1996 年至今的内容，可以免费获取全文。

4.4　常用文献传递平台

4.4.1　开世览文——中国高校人文社会科学文献中心

1．简介

中国高校人文社会科学文献中心（China Academic Social Sciences and Humanities Library，CASHL）是在教育部的统一领导下，为高校哲学社会科学教学和研究建设的文献保障服务体系，是全国性的唯一的人文社会科学文献收藏和服务中心。

CASHL 于 2004 年 3 月 15 日正式启动并开始提供服务。目前已收藏有 2 万种国外人文社会科学领域的核心期刊和重要期刊，1 956 种电子期刊以及 35 万种电子图书，112 万种外文图书，包括《美国早期印刷品》《日本立法资料全集》《外交部中国文档》等国内唯一收藏的多种特色原始外文文献，以及"高校人文社科外文期刊目次库"和"高校人文社科外文图书联合目录"等数据库，提供数据库检索和浏览、书刊馆际互借与原文传递、相关咨询服务等。

用户可通过 http://www.cashl.edu.cn/portal/index.jsp，进入 CASHL 首页面，如图 4-4-1 所示。

2．服务程序

（1）用户注册

单击首页面左下角的"个性化服务"，进行用户注册。注册审核通过后，即可提交文献传递申请。

（2）提交申请

用户登录 CASHL 首页，进入文献查询的"期刊"，查询所需文献的篇名及相关题录信息，单击"发送文献传递请求"，即可生成相应的信息后提交订单。

（3）获取全文

通常在发送文献传递请求后 1～3 个工作日内获得全文。

3．检索方法

用户可以通过主页上的“简单查询”进行文献检索，也可以单击“文献查询”中的期刊、图书、文章、数据库、大型特藏文献和学科特色资源进行检索。CASHL 可提供目次分类浏览和检索查询，以及基于目次文献原文传递服务，其中带有“核心”标识的期刊为核心期刊，如图 4-4-2 所示。

图 4-4-1　CASHL 首页面

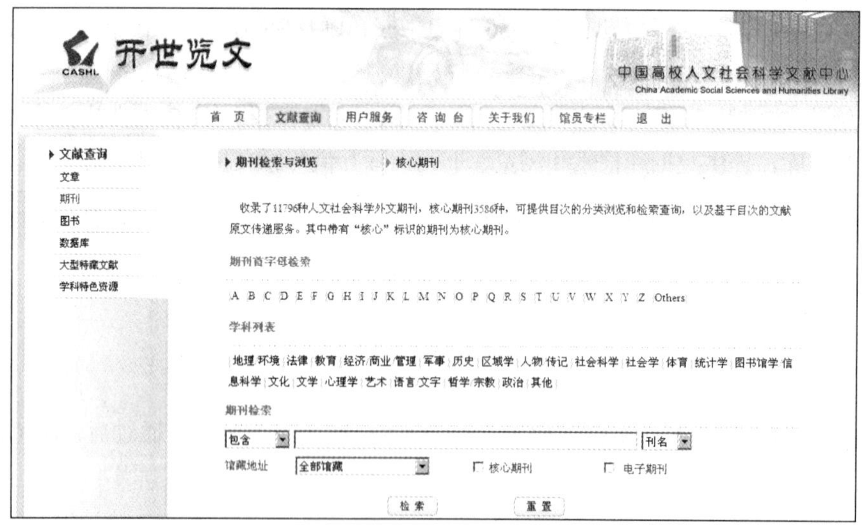

图 4-4-2　CASHL 期刊检索界面

用户既可以根据期刊首字母检索，也可以根据学科列表或者期刊名进行检索，即可显示期刊的相关信息。

在检索结果中，单击“文献传递”，发送文献传递请求，在设定的电子邮箱查询全文即可。

4.4.2 中国国家科技国书文献中心（NSTL）

1．简介

国家科技图书文献中心（National Science and Technology Library，NSTL）是经国务院领导批准，于 2000 年 6 月 12 日成立的一个基于网络环境的科技信息资源服务机构。该中心由中国科学院文献情报中心、中国科学技术信息研究所、机械工业信息研究院、冶金工业信息标准研究院、中国化工信息中心、中国农业科学院农业信息研究所、中国医学科学院医学信息研究所、中国标准化研究院标准馆和中国计量科学研究院文献馆组成。目前已发展成为国内最大的公益性科技文献信息服务平台。

NSTL 拥有印本外文文献 25 000 余种，其中外文期刊 17 000 余种，外文会议录等 8 000 余种，居国内首位。同时，NSTL 也是我国收集外文印本科技文献资源最多的、面向全国提供服务的科技文献信息机构。NSTL 订购和收集的文献信息资源绝大部分以文摘的方式，或者以其他方式在 NSTL 网络服务系统上加以报道，供用户通过检索或浏览的方式获取文献线索，进而获取文献全文加以利用。

网络版全文文献资源包括 NSTL 订购、面向中国大陆学术界用户开放的国外网络版期刊；NSTL 与中国科学院及 CALIS 等单位联合购买、面向中国大陆部分学术机构用户开放的国外网络版期刊和中文电子图书；网上开放获取期刊；NSTL 拟订购网络版期刊的试用；NSTL 研究报告等。

用户可通过 http://www.nstl.gov.cn/NSTL/进入 NSTL 主页面，如图 4-4-3 所示。

图 4-4-3 NSTL 主页面

2．服务方式

用户登录 NSTL 主页面，单击“文献检索”，进入检索界面，如图 4-4-4 所示。

选择检索字段，输入检索词，各检索词之间可进行“and”“or”“not”运算。检索时，可选择相应的数据库，也可以跨库选择，并可设置查询限制条件，例如馆藏范围、时间范围等。单击检索按钮即可进行检索，如图 4-4-5 所示。

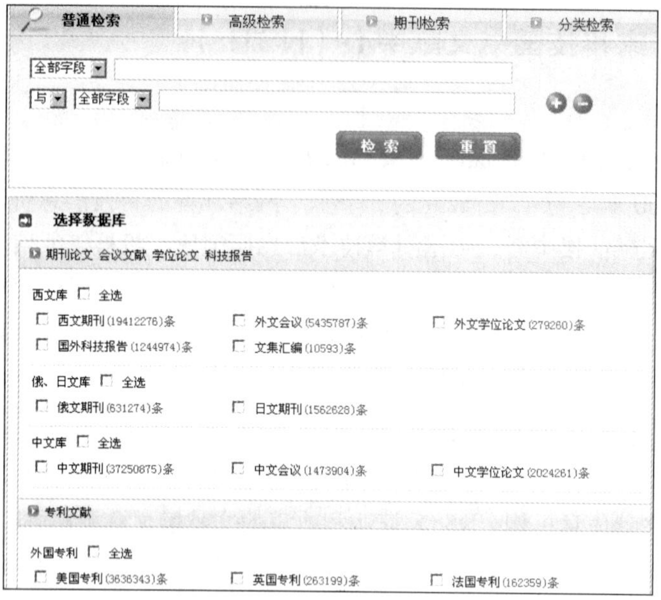

图 4-4-4 文献检索界面

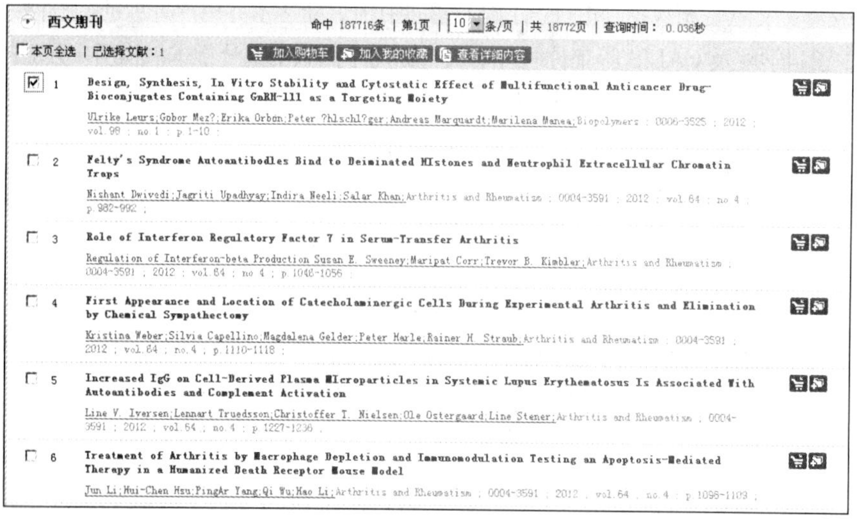

图 4-4-5 文献检索结果界面

选中所需全文后，单击“加入购物车”，提交全文订购订单，在“自助中心”进行服务结果查询，或在用户设定的邮箱获取原文。

4.5 检索实例

课题名称：查找“近 5 年来中国城市化建设（面临的问题）”方面的论文资料。

1．课题背景

城市是人类文明和社会发展的结晶，同时也是一个极为复杂、庞大的体系。当前中国城市化（城镇化）正在如火如荼地进行，传统的城市化建设存在诸多的问题（比如环境问题、土地问题、密集发展问题等），这些问题解决不好会严重影响城市化可持续发展的能力，因此全面考察中国城市化（城镇化）建设中面临的问题，然后针对相关问题拿出有效措施，提出优良的发展模式，将会对城市化（城镇化）发展大有裨益。

2．确定检索词

中文：中国（我国）、城市化（城镇化）、问题（挑战、对策、困境、考验）

英文：China、urbanization（urban、city、cities）、problem（challenge、countermeasure、trouble）

3．数据库选择

中文期刊数据库中，考虑到中国知网（CNKI）数据库和维普科技期刊库收录的期刊比较广泛，基本涵盖万方数据的期刊资源，故中文资源中以中国知网期刊数据库和维普科技期刊库为来源数据库分别检索。

外文数据库中，EI 数据库主要收录工程方面的资料，和本课题研究交集较少，因而外文期刊数据库中选择爱思唯尔（Elsevier）期刊数据库、Web of Science 数据库和 SpringerLink 数据库为来源数据库分别检索。

4．选择检索方式和检索途径

选择高级检索（CNKI 可专业检索），限定检索字段为“篇名（title）”或者“关键词（keywords）”或者“文摘（Abstract）、篇名（Title）、关键词（Keywords）”，这样返回的结果相关度会高一些。

5．数据库分别输入检索式及检索结果

（1）中国知网数据库（CNKI）

高级检索如图 4-5-1 所示。

图 4-5-1　CNKI 高级检索

共检索出记录 553 条，通过对检索结果的判断，检索出来的结果跟课题研究是相关的。如图 4-5-2 所示。

图 4-5-2 CNKI 检索结果

也可以直接在专业检索框中输入检索式 TI=（"中国"+"我国"）AND TI=（"城市化"+"城镇化"）AND TI=（"问题"+"挑战"+"对策"+"困境"+"考验"）。

（2）维普科技期刊库

高级检索如图 4-5-3 所示。

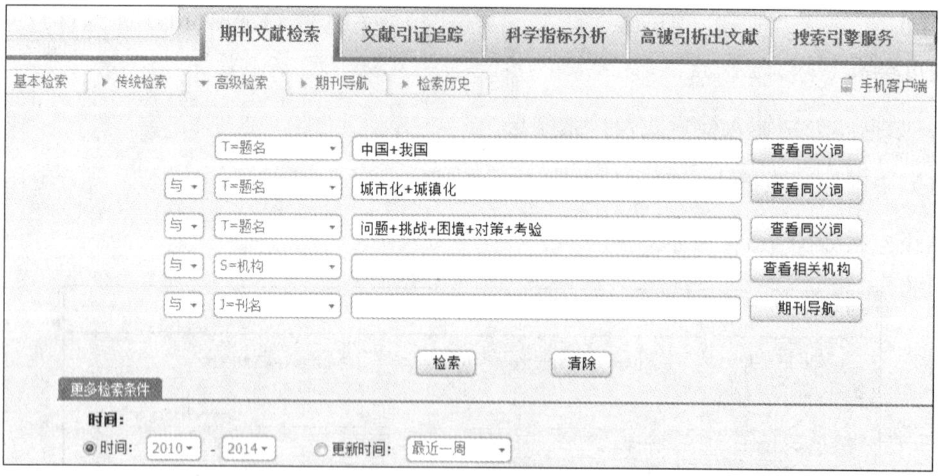

图 4-5-3 维普高级检索

共检索出记录 529 条，通过对检索结果的判断，检索出来的结果跟课题研究是相关的。如图 4-5-4 所示。

（3）爱思唯尔（Elsevier）期刊数据库

高级检索输入检索式 China and （urbanization or urban or city or cities） And （problem or challenge or countermeasure or trouble），如图 4-5-5 所示。

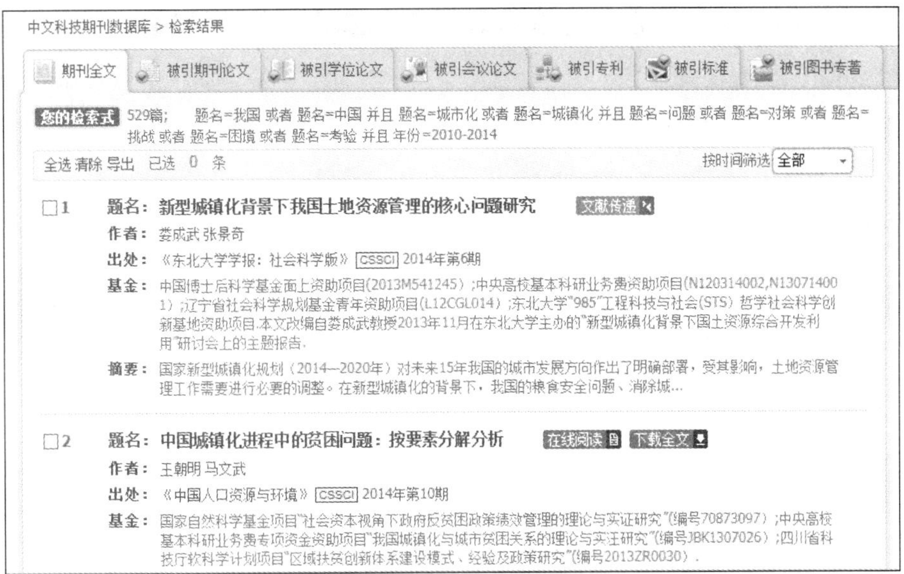

图 4-5-4　维普检索结果

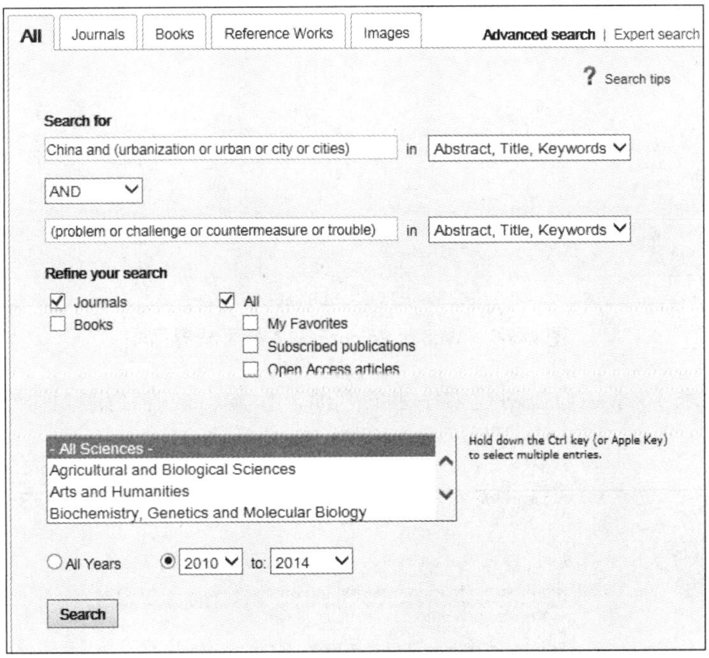

图 4-5-5　SDOS 输入检索式界面

共检索出记录 474 条，通过对检索结果的判断，检索出来的结果跟课题研究是相关的。如图 4-5-6 所示。

（4）Web of Science 数据库

高级检索输入检索式 TI=China　AND　TI=（urbanization OR urban OR city OR cities） AND　TI=（problem OR challenge　OR countermeasure　OR trouble），如图 4-5-7 所示。

Search results: 474 results found for pub-date > 2009 and pub-date < 2015 and TITLE-ABSTR-KEY(China and (urbanization or urban or city or cities)) and TITLE-ABSTR-KEY((problem or challenge or countermeasure or trouble)). Save search alert RSS

Download PDFs | Export | Relevance | All access | 发送到手机

☐ Progress in research on Chinese urbanization Review Article Open Access
Frontiers of Architectural Research, Volume 1, Issue 2, June 2012, Pages 101-149
GU Chaolin, WU Liya, Ian Cook
▸ Abstract | PDF (952 K)

☐ Low carbon eco-city: New approach for Chinese urbanisation Original Research Article
Habitat International, Volume 44, October 2014, Pages 102-110
Li Yu
▸ Abstract | ▸ Research highlights | PDF (462 K)

图 4-5-6　SDOS 检索结果

高级检索

使用字段标识、布尔运算符、括号和检索结果集来创建检索式。结果显示在页面底部的 "检索历史" 中。(了解高级检索)
示例: TS=(nanotub* AND carbon) NOT AU=Smalley RE
#1 NOT #2　更多示例 | 查看教程

TI=China AND TI=(urbanization OR urban OR city OR cities) AND TI=(problem OR challenge OR countermeasure OR trouble)

检索

时间跨度

○ 所有年份

◉ 从 2010 至 2014

图 4-5-7　Web of Science 输入检索式界面

共检索出记录 16 条，通过对检索结果的判断，检索出来的结果跟课题研究是相关的。如图 4-5-8 所示。

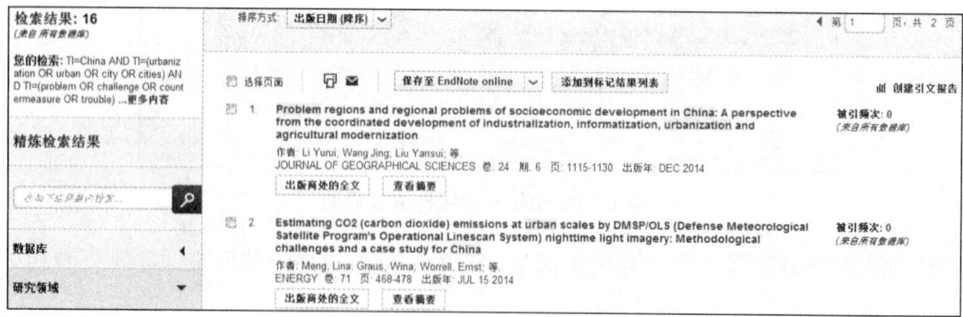

图 4-5-8　Web of Science 检索结果

（5）SpringerLink 数据库

初级检索输入检索式 ti(China and（urbanization or urban or city or cities）and（problem or challenge　or countermeasure　or trouble))，初次检索后，将检索结果记录年代限定为 2010～2014 年，检索结果如图 4-5-9 所示。

图 4-5-9　SpringerLink 输入检索式界面

共检索出记录 1 814 条，通过对检索结果的判断，检索出来的结果跟课题研究是相关的。

以上数据库检索结果中，选中需要的文献，单击“PDF”图标下载全文。也可通过参考文献（references、related articles）信息找到和课题相关的其他文献，扩大检索思路。

第 5 章

特种文献检索

5.1 特种文献概述

特种文献通常是指出版发行方式和获取途径比较特殊的文献。它属于非书非刊文献，类型复杂多样、特点鲜明、数量庞大；内容广泛，涉及科学技术、生产、生活的各个领域。特种文献具有较高的参考价值，是重要的信息源，在文献检索中占有重要地位。

特种文献一般分为学位论文、会议文献、专利文献、标准文献、科技报告、科技档案、政府出版物和产品资料八大类。下面对学位论文、会议文献、专利文献、标准文献做重点介绍。

5.2 学位论文文献检索

我国现行学位制度在1981年的《中华人民共和国学位条例》颁布实施之后开始确立。自此，全国开始实行学位制度，要求毕业生在申请获得学位时提交相应层次的学位论文，并且要通过审查答辩。中华人民共和国国家标准《科学技术报告、学位论文和学术论文的编写格式》（GB7713—87）对学位论文的定义和相关标准进行了规范说明。学位论文是表明作者从事科学研究取得创造性的成果或有了新的见解，并以此为内容撰写而成、作为提出申请授予相应的学位时评审用的学术论文。在这个定义的基础上，进一步考察授予学位的实际情况，我们可以将学位论文理解为：国家认可的高等院校和科研机构的毕业生完成特定学制之内的学习任务后，在申请获得与学习层次相应的博士、硕士或者学士学位时，向具备授予学位权限的单位提交能够反映其学术水平和科研能力并等候评审、答辩用的学术性研究论文。

在我国，学位分为学士、硕士、博士，相应地则有学士论文、硕士论文、博士论文3种类型的学位论文。按照规定，学位论文在通过评审和答辩之后，由学位授予单位或者国家指定机构加以收藏。通常情况下学位论文并不公开发行，这导致在早期获取全文比较困难。不过在今天，随着计算机网络的发展，众多学位论文数据库开始出现，如中国知网的

《中国优秀硕士学位论文全文数据库》和《中国博士学位论文全文数据库》、中国高等教育文献保障系统的《CALIS 高校学位论文全文数据库》、中国科技信息研究所提供的《中国学位论文通报》和《万方学位论文数据库》、中国科学院的《中国科学院博士学位论文文摘》以及各高校自己建立的学位论文数据库，基本上解决了需求者获取学位论文的问题。需要说明的是，考虑到研究水平这一重要因素，几乎所有的国内学位论文数据库收藏对象只包括博士论文和优秀硕士论文。毕业生在将学位论文送往指定机构收藏的时候已经附带签署授权使用书，需求者在查阅获取时可放心使用。至于国外的学位论文数据库，以 ProQuest 公司提供的学位论文数据库最为著名。

总的来说，学位论文资源丰富，内容涉及社会各个领域，在所有学科的各个发展方向上都有论述，且在研究方向上立论新颖、专业性较强，是作者个人独立研究的成果，具有极大的情报价值。但是，学位论文一般不通过出版社正式出版发行，仅仅按照严格的版式排版、装订后存放在指定机构，基本上在内部使用，外界难以获得其原始纸质文本。在学术质量上，学位论文的高低档次差别也非常明显。这也是众多学位论文数据库收藏对象只包括博士论文和优秀硕士论文的原因。

5.2.1　CNKI 国内学位论文检索

CNKI 中的《中国博士学位论文全文数据库》和《中国优秀硕士学位论文全文数据库》是国内重要的学位论文资源。

《中国博士学位论文全文数据库》（China Doctoral Dissertations Full-text Database，CDFD）是清华同方光盘股份有限公司开发的 CNKI（中国知识基础设施工程）系列数据库之一，是国内内容最全、质量最高、出版周期最短、数据最规范、最实用的博士学位论文全文数据库。CDFD 分为基础科学、工程科技Ⅰ、工程科技Ⅱ、农业科技、医药卫生科技、哲学与人文科学、社会科学Ⅰ、社会科学Ⅱ、信息科技、经济与管理科学十大专辑。十大专辑下分为 168 个专题和近 3 600 个子栏目。文献来源为我国“985”“211”工程等重点高校，中国科学院、中国社会科学院等研究院所的博士学位论文，内容覆盖基础科学、工程技术、农业、医学、哲学、人文、社会科学等各个领域。

《中国优秀硕士学位论文全文数据库》（China Master’s Theses Full-text Database，CMFD）同样是清华同方光盘股份有限公司开发的 CNKI（中国知识基础设施工程）系列数据库之一，是国内内容最全、质量最高、出版周期最短、数据最规范、最实用的硕士学位论文全文数据库，细分专辑、覆盖领域与 CDFD 相同。重点收录“985”“211”高校，中国科学院、社会科学院等重点院校的优秀硕士论文及重要特色学科如通信、军事学、中医药等专业的优秀硕士论文。

CDFD 与 CMFD 的检索方法基本相同，主要有文献检索和学位授予单位导航两种途径。检索方法可参照第 4 章“中国知网数据库（CNKI）”的详细介绍。

5.2.2　国外学位论文的检索

美国 ProQuest Information and Learning（原 UMI 公司）是当前世界上最著名的博士、

硕士论文收藏者和供应商，它提供世界上最大和使用最广泛的学位论文数据库。该公司的PQDT学位论文全文库是目前国内唯一提供国外高质量学位论文全文的数据库，具有完备性好、质量最高、数据更新快的特点，主要收录了来自欧美国家2 000余所知名大学的优秀博硕士论文，目前该公司中国集团可以共享的论文涉及文、理、工、农、医等多个领域，是学术研究中十分重要的信息资源。本数据库主要有基本检索、高级检索和学科导航3种检索方式。

（1）基本检索

输入网址http://proquest.calis.edu.cn即进入ProQuest学位论文全文检索平台，默认为基本检索，如图5-2-1所示。用户可根据实际需要选择“全部”或者“只显示有全文的结果”来限定检索结果的输出。在空格处填写检索词后单击“检索”按钮即可。以“information”为检索词作为示范，如图5-2-2所示。

图5-2-1 ProQuest学位论文基本检索和学科导航

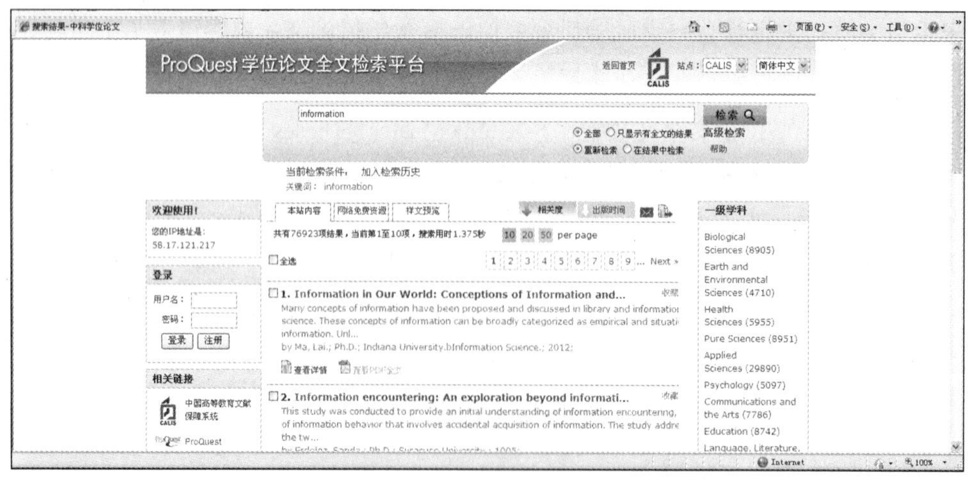

图5-2-2 检索结果

（2）高级检索

单击“高级检索”即进入高级检索界面，如图 5-2-3 所示。系统通过下拉菜单形式提供标题、摘要、全文、作者、学校、导师、来源、ISBN、出版号等多种条件任由用户选择。用户在依次填写相应的检索词语之后，还可以对出版年度、学位、语种、显示等进行限定，最后单击下面白色“检索”按钮即可得到检索结果。

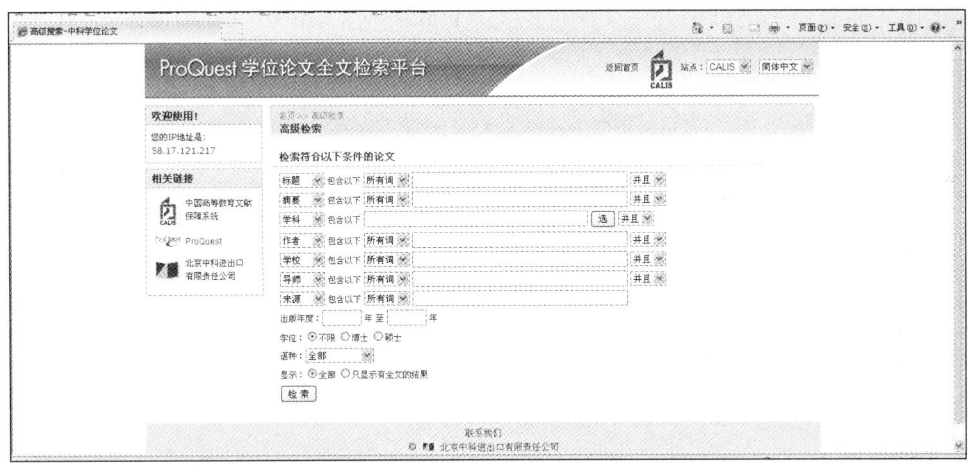

图 5-2-3　ProQuest 学位论文高级检索

（3）学科导航

ProQuest 学位论文全文检索平台首页即可提供学科导航内容，如图 5-2-1 所示。本数据库的学科导航中有 Applied Sciences、Biological Sciences、Communications and the Arts、Earth and Environmental Sciences、Education、Health Sciences、Language，Literature，and Linguistics、Philosophy，Religion，and Theology、Psychology、Pure Sciences、Social Sciences 等 11 个学科大类，每个大类下又有若干小类，共有三级类目。用户可依次单击类目名称得到此类的所有学位论文，如图 5-2-4 所示。在学科导航的分类浏览过程中，用户可以加入检索条件进行检索。

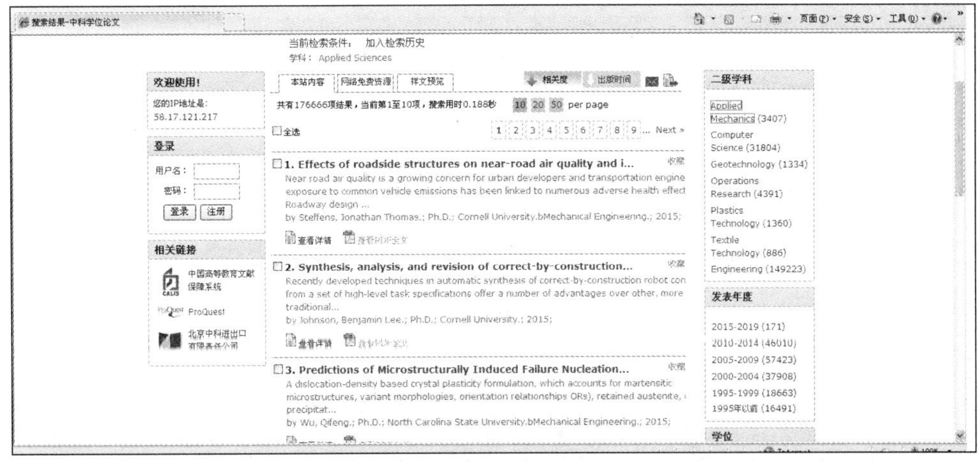

图 5-2-4　二级学科类目（右侧）

5.2.3 其他几种国内外学位论文资源

除以上所述学位论文资源外，还有如下一些。

① 中国学位论文数据库（万方数据资源系统）。

② CALIS 高校学位论文库（http://etd.calis.edu.cn/）。

③ 国家科技图书文献中心中文学位论文（http://www.nstl.gov.cn/）。

④ 国家图书馆学位论文（http://www.nlc.gov.cn/old/index.htm）。

⑤ 北京大学学位论文（http://fulltext.lib.pku.edu.cn/was40/searchbrief.htm）。

⑥ 香港科技大学学位论文（http://lbxml.ust.hk/th/main.html）。

⑦ NDLTD 国际博硕士论文数字图书馆（http://www.theses.org）。

⑧ 东京大学学位论文（http://www.lib.u-tokyo.ac.jp/）。

⑨ 澳大利亚 40 余所大学学位论文（http://adt.caul.edu.au/）。

⑩ 英国学位论文（http://www.dissertation.com/）。

⑪ 美国麻省理工学院学位论（http://dspace.mit.edu/handle/1721.1/7582）。

5.2.4 检索实例

课题名称：检索武汉大学胡昌平教授所指导的博士学位论文

课题背景：课题要求检索博士学位论文，选择 CNKI 的中国博士学位论文全文数据库；题中给出的已知情况非常确定，即武汉大学和胡昌平教授，故通过选择检索项直接检索更有效率。

本题可直接使用简单检索。检索条件 1 选择“导师”，输入“胡昌平”；检索条件 2 选择“学位授予单位”；两条件采用“并且”组配逻辑关系，如图 5-2-5 所示。

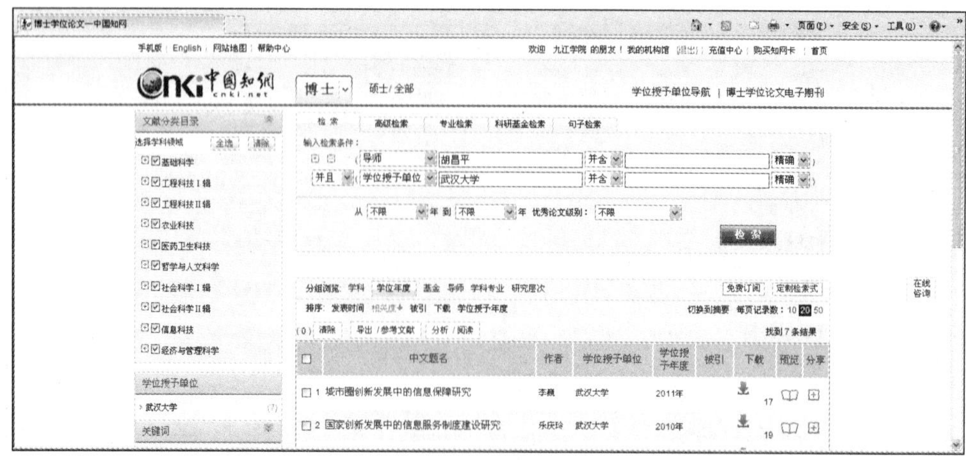

图 5-2-5 学位论文检索案例——检索方法

单击“检索”按钮，检索结果如图 5-2-6 所示。

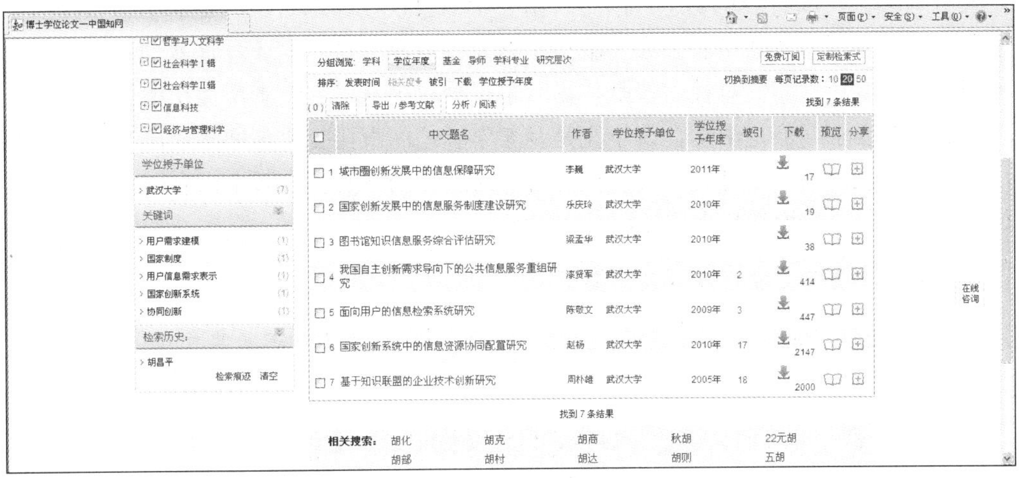

图 5-2-6　学位论文检索案例——检索结果

浏览学位论文题录信息，下载获取全文，如图 5-2-7 所示。

图 5-2-7　学位论文检索案例——获取全文

5.3　会议文献检索

随着科学技术的持续迅猛发展，全球各个国家的学会、协会、科研机构以及跨国性的国际学术组织越来越多，加强彼此之间的交流对话日益迫切和频繁。形式多样的学术交流会议应运而生，由此也产生了大量会议文献。据美国科学信息所（ISI）统计，全世界每年召开的学术会议约 1 万个，正式发行的各种专业会议文献 5 000 多种。会议文献作为一种传递和获取科技信息的有效途径而得到重视。简单地说，会议文献就是产生于各种学术会议并予以正式出版的文献，包括与会者提交的论文、会议上交流的论文、交流讨论过程中形成的材料以及会议成果总结等各种资料。会议文献的出版则有图书、期刊、科技报告、视听资料等多种形式。

会议文献内容新颖，基本上是与会者最新的研究成果，在高层次的学术交流会议上可以反映出本学科领域的最新动态。同时，由于学术会议往往都是由特定的学术团体围绕某个主题组织该领域的专家学者参会，就该主题发表看法并进行交流，这就使得会议文献表现出相当强的专业性和针对性。但是，尽管学术会议会对专家学者所提交的论文格式做出一定程度上的要求，但是学术会议毕竟是专家学者之间直接交流与间接交流共同进行的过程，且学术会议的举办本身就形式多样，所以对形成的文献在出版上没有固定形式，也没有统一标识，这导致检索起来比较困难。

具体来说，会议文献有以下具体类型。

① 会前文献：征文启事、会议通知、会议议程、会议论文摘要和预印本、发言提要等。

② 会中文献：开幕词、讲话、报告、讨论交流记录、会议决议、简报、闭幕词等。

③ 会后文献：会议录、会议论文集、会议论文汇编、会议记录、会议报告集、会议辑要、会议专刊等。

用户可以通过以下两个网站了解自己感兴趣的学术会议信息。

① 中国学术会议在线（www.meeting.edu.cn）。是经教育部批准，由教育部科技发展中心主办，面向广大科技人员的科学研究与学术交流信息服务平台。

② 中国学术会议网（conf.cnki.net）。由教育部主管、清华大学主办，是专为会议主办方、参会者设计并开发的网络化学术会议服务平台。

5.3.1 CNKI 国内及国际会议文献检索

CNKI 中的《中国重要会议论文全文数据库》《国际会议论文全文数据库》是会议信息及会议文献的重要资源。

中国重要会议论文全文数据库是清华同方光盘股份有限公司开发的 CNKI 系列数据库的重要组成部分，国内会议文献重点收录 1999 年以来中国科协、社科联系统及省级以上的学会、协会、高校、科研机构、政府机关等举办的重要会议上发表的文献。其中，全国性会议文献超过总量的 80%，部分连续召开的重要会议论文回溯至 1953 年。国际会议文献重点收录 2010 年以来 IEEE、SPIE、IACSIT 等知名国际组织或国内学术机构主办或承办的国际会议上投稿的文献，其中连续性召开的系列会议文献最早回溯至 1981 年。

进入 CNKI（http://www.cnki.net/）主页面，单击选定检索框上方的“会议”，检索框右侧的“高级检索”即可进入国内、国际会议检索界面，如图 5-3-1 所示。该界面提供了高级、专业、作者发文、科研基金等多途径检索，检索体验与 CNKI 期刊论文检索方式类似。

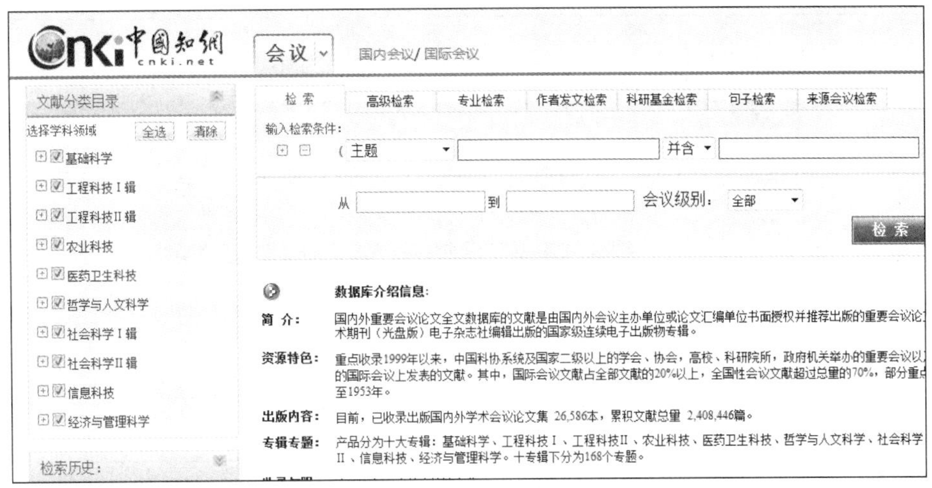

图 5-3-1　国内国际会议检索界面

5.3.2　其他几种国内外会议信息及会议文献资源

除以上所述会议信息及会议文献资源外，还有如下几种相关资源。

① 中国学术会议论文全文数据库（万方数据资源系统）。

② 国家科技图书文献中心（NSTL）（http://www.nstl.gov.cn）。

③ ISI Proceedings（http://wokinfo.com/）。

④ OCLC FirstSearch 检索系统中的 PaperFirst 和 Proceedings 数据库。

⑤ 美国会议论文索引数据库（http://www.csa.com）。

⑥ SPIE Digital Library（http://www.spiedl.org/）。

⑦ IEEE/IEE Electronic library（http://ieeexplore.ieee.org/Xplore/DynWei.jsp）。

⑧ 欧洲研究会（http://www.esf.org/activities/esf-conferences.html）。

⑨ 医学会议查询（http://medicalconferences.com）。

5.3.3　检索实例

课题名称：检索南昌大学主办的全国高等学校教学督导工作研讨会上的论文

课题背景：课题要求检索的是工作研讨会上产生的论文，故选择 CNKI 的中国重要会议论文全文数据库。主办单位和会议性质都明确，以分类导航的形式进行检索会更有效率。

本题既可采用主办单位导航，也可采用会议导航。通过主办单位导航的方式检索，步骤为“主办单位导航——单位性质——高校及科研机构/按会议主办单位检索（南昌大学）”，如图 5-3-2 所示。

序号	主办单位名称	召开会议次数	文献篇数	被引频次	下载频次	基金文献数
1	清华大学土木工程系	18	5988	1048	205888	1989
2	东北大学	8	5941	56	76911	4584
3	中国科学院地质与地球物理研究所	14	4218	52	101203	2769
4	中国科学院地理科学与资源研究所	11	3403	256	174640	133
5	中国工程院医药卫生学部	7	3056	26	39327	62
6	西安交通大学	9	2806	84	42439	93
7	中国建筑设计研究院	11	2348	220	52701	205
8	国家仪表功能材料工程技术研究中心	3	2335	1144	111487	1499
9	中国高等科学技术中心	91	2286	164	50482	397
10	天津大学	10	2134	457	88292	428

图 5-3-2　会议论文检索案例——检索方法

单击“检索”，得到全国高校教学督导论文集。检索结果如图 5-3-3 所示。

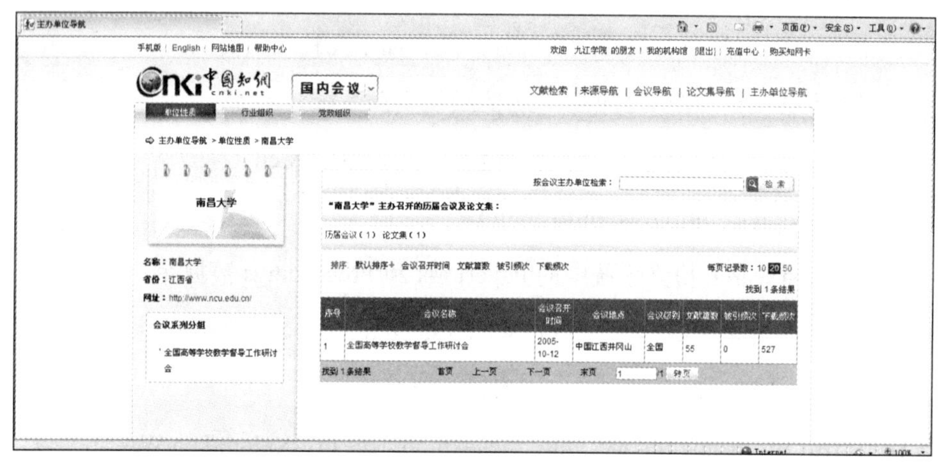

图 5-3-3　会议论文检索案例——检索结果

5.4　专利文献检索

我国在 1983 年正式加入世界知识产权组织，1984 年通过《中华人民共和国专利法》并在 1985 年实施，这标志着我国专利制度的确立。专利文献是专利制度的产物。按照世界知识产权组织在《知识产权教程》中对专利文献的阐述，“专利文献是包含已经申请或被确认为发现、发明、实用新型和工业品外观设计的研究、设计、开发和试验成果的有关资料，以及保护发明人、专利所有人及工业品外观设计和实用新型注册证书持有人权利的有关资料的已出版或未出版的文件（或其摘要）的总称”，“专利文献按一般的理解主要是指各国专利局的正式出版物”。也就是说，广义上的专利文献包括申请说明书、专利说明书、发明说明书、专利公报、专利文摘、专利分类表、专利法规及专利诉讼文件等，狭义上的专利文献仅仅指专利申请书和专利说明书。

专利文献的数量非常庞大，内容也涉及人类生活的方方面面，是获取技术情报的重要来源。此外，能够获得专利批权，首先就要求发明本身具备相当的新颖性，这表明专利文献所记载的信息也非常新颖。作为一种具备法律效力的文书，在行文规范上必然会有统一要求，这会给专利信息的检索带来极大便利。只是专利制度自身的一些特点，导致专利文献大量重复出现成为一种常见的现象。

按照内容性质和加工层次，可将专利文献做如下分类。

① 一次专利文献：专利说明书。

② 二次专利文献：专利索引、专利公报等。

③ 三次专利文献：专利分类表、专利分类表索引、工业品外观设计分类表等。

5.4.1　CNKI 国内、国外专利数据库

CNKI（中国知识基础设施工程）下设有中国专利全文数据库和海外专利数据库，中国专利全文数据库设有发明专利、外观设计、实用新型等三个子库，准确地反映了我国自 1985 年以来的专利发明状态，其中发明专利库和实用新型库采用通行的国际专利分类法（IPC 分类）和 CNKI 168 学科分类，外观设计采用国际外观设计分类和 CNKI 168 学科分类。用户可以通过全文、专利名称、关键词、摘要、申请号、公开号、分类号、主分类号、申请人、发明人、地址、专利代理机构、代理人、优先权、国省代码、国省名称等检索项进行检索，并一次性下载专利说明书全文。此外，中国专利全文数据库（知网版）还能够完整地展现该专利产生的背景、最新发展动态、相关领域的发展趋势，并提供发明人与发明机构更多的论述以及在各种出版物上发表的文献。

海外专利数据库包含美国、日本、英国、德国、法国、瑞士、世界知识产权组织、欧洲专利局、俄罗斯、韩国、加拿大、澳大利亚、中国香港及中国台湾地区十国两组织两地区的专利。专利相关的文献、成果等信息来源于 CNKI 各大数据库，可以通过申请号、申请日、公开号、公开日、专利名称、摘要、分类号、申请人、发明人、优先权等检索项进行检索，专利说明书全文链接到欧洲专利局网站。与通常的专利数据库相比，海外专利数据库（知网版）每项专利的知网节直观地展现了专利的基本信息及同族专利情况，还可以链接到专利全文及进行法律状态查询。本数据库提供简单检索、高级检索和专业检索 3 种检索方式。

相比于中国专利数据库，海外专利数据库的检索方法并无不同，只是增加了专利国别和地区的选择。

5.4.2　其他几种提供国内外专利文献的网站

除上述专利数据库外，还有如下其他数据资源。

① 中国专利公布公告（http://epub.sipo.gov.cn/index.action）。

② 万方数据资源系统专利数据库。

③ 德温特专利数据库（http://www.derwent.com）。

④ 知识知识产权组织 WIPO 网上专利检索数据库（http://www.wipo.int/）。

⑤ 美国专利数据库（http://www.uspto.gov/）。

⑥ 欧洲专利数据库（http://worldwide.espacenet.com/）。

⑦ 日本专利数据库（http://www.jpo.go.jp/）。

5.4.3 检索实例

课题名称：检索近五年来联想集团关于平板电脑保护外壳的外观设计专利

课题背景：课题要求检索外观设计专利文献，故选用 CNKI 中国专利全文数据库的外观设计子库；课题要求有三个检索条件——时间、申请人和专利内容，故通过选择检索项进行检索更有效率。

本题采用高级检索。申请日及公开日跨度设定为 2010-01-01 至 2015-05-01；检索项 1 选择“专利名称”，输入“平板电脑”“保护外壳”，逻辑关系“并含”；检索项 2 选择“申请人”，输入“联想”；检索项 1 与检索项 2 选择逻辑关系“并且”。单击检索后即得到目标专利文献目录，如图 5-4-1 所示。

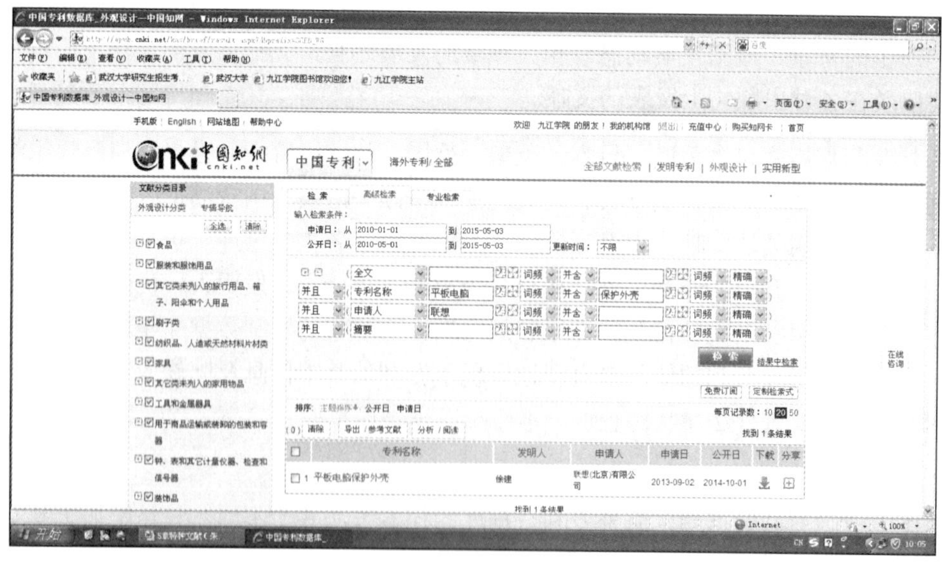

图 5-4-1　专利文献检索案例——检索方法及结果

单击专利名称“平板电脑保护外壳”，浏览题录信息以获取专利文献全文，如图 5-4-2 所示。

图 5-4-2　专利文献检索案例——获取全文

5.5　标准文献检索

我国 1983 年颁布的国家标准 GB3935.1—83《标准化基本术语第一部分》将标准定义为："标准是对重复性事物和概念所做的统一规定。它以科学、技术和实践经验的综合成果为基础，经有关方面协调一致，由主管机构批准，以特定形式发布，作为共同遵守的准则和依据。"国际标准化组织于 1983 年发布的 ISO 第二号指南（第四版）对标准的定义为："由有关各方面根据科学技术成就与先进经验，共同合作起草，一致或基本上同意的技术规范或其他公开文件，其目的在于促进最佳的公共利益，并由标准化团体批准。"这两个定义尽管在具体形式上有所差异，但在核心内容上是相一致的。由此，我们可以将标准文献简单地定义为由特定的权威部门制定的，且经过国家法定部门认可或批准之后向全社会颁布的一整套具有约束力的规范化文献，包括各种级别的标准、规范和技术要求等。根据标准产生效力的范围，可以将其划分为国际标准、区域标准、国家标准、行业标准、企业标准五个级别。

作为一种大家共同遵守的规范，标准文献的技术成熟度非常高，一经采用就具有某种法律上的约束力而不能随意更改。但是标准文献又不是一成不变的，它必须随着社会形势的发展而不断地进行修订，基本上五年审议一次。随着经济全球化的推进，各国之间的交流力度加大，标准文献的国际化成为不能忽视的问题，各国都会向国际标准看齐或者修订本国标准以与国际标准相兼容。但是也要注意到，标准文献的国际化并不意味着在所有时候都是技术层次的提升，很可能在一定层度上是妥协的产物。

对标准文献的分类，我国采用《中国标准文献分类法》，国际上通行《国际标准分类法》。

5.5.1　CNKI 国内外标准文献检索

CNKI 下属的国家标准全文数据库收录了由中国标准出版社出版的，国家标准化管理委员会发布的所有国家标准，占国家标准总量的90%以上。全库标准的内容来源于中国标准出版社，可以通过标准号、中文标准名称、起草单位、起草人、采用标准号、发布日期、中国标准分类号、国际标准分类号等检索项进行检索。中国标准题录数据库（SCSD）则收录了所有的中国国家标准（GB）、国家建设标准（GBJ）、中国行业标准的题录摘要数据。国家标准全文数据库与中国标准题录数据库的检索方法完全相同。

国内外标准题录数据库是我国数据量最大、收录最完整的标准数据库，其所包含的国外标准题录数据库（SOSD）收录了世界范围内重要标准，如国际标准（ISO）、国际电工标准（IEC）、欧洲标准（EN）、德国标准（DIN）、英国标准（BS）、法国标准（NF）、日本工业标准（JIS）、美国标准（ANSI）、美国部分学协会标准（如ASTM、IEEE、UL，ASME）等18个国家的标准题录摘要数据。该数据库提供简单检索、高级检索和专业检索3种检索方式，并提供中标分类、国标分类、学科导航3种分类方法。

5.5.2 其他几种提供国内外标准文献的网站

除上述几个标准数据库外，还有如下几种提供标准文献的网站。

① 中国标准服务网（http://www.cssn.net.cn）。

② 中国国家标准化管理委员会（http://www.sac.gov.cn）。

③ 中国国家标准咨询服务网（http://www.chinagb.org）。

④ 中国标准咨询网（http://www.chinastandard.com.cn）。

⑤ 中国标准化研究院（http://www.cnis.gov.cn/）。

⑥ 美国国家标准与技术研究院（http://www.nist.gov/index.html）。

⑦ 英国国家标准（http://bsonline.techindex.co.uk）。

⑧ 世界标准服务网（http://www.wssn.net/WSSN/index.html）。

⑨ 国际标准化组织ISO（http://www.iso.org）。

⑩ 国际电工委员会IEC（http://www.iec.ch）。

⑪ 国际电信联盟（http://www.itu.int）。

5.5.3 检索实例

课题名称：检索我国有关区域环境质量的国家标准文献

课题背景：课题要求检索国内的国家标准文献，故选用CNKI国家标准全文数据库；课题是对某一特定专业领域内相关国家标准文献的检索，并非特指单一具体文献，故通过文献分类目录导航进行检索更有效率。

本题采用中标分类、国标分类、CNKI学科导航均可。此处选择中标分类，具体步骤为“中标分类—环境保护—环境质量标准—区域环境质量标准”，如图5-5-1所示。检索结果如图 5-5-2 所示。

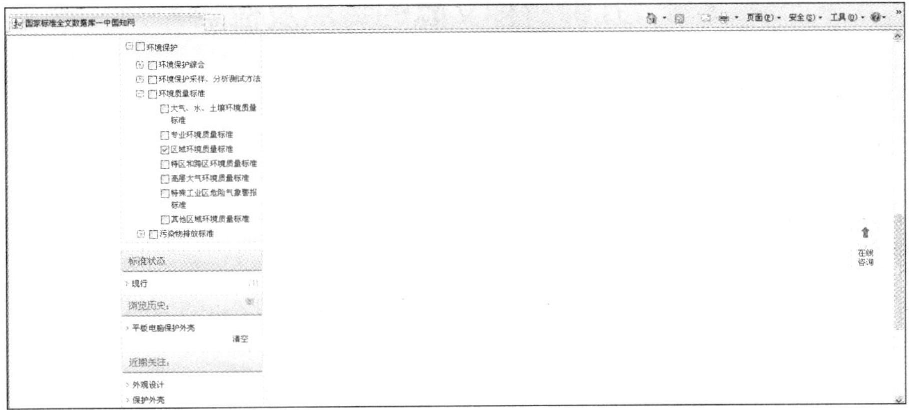

图 5-5-1　标准文献检索案例——检索方法

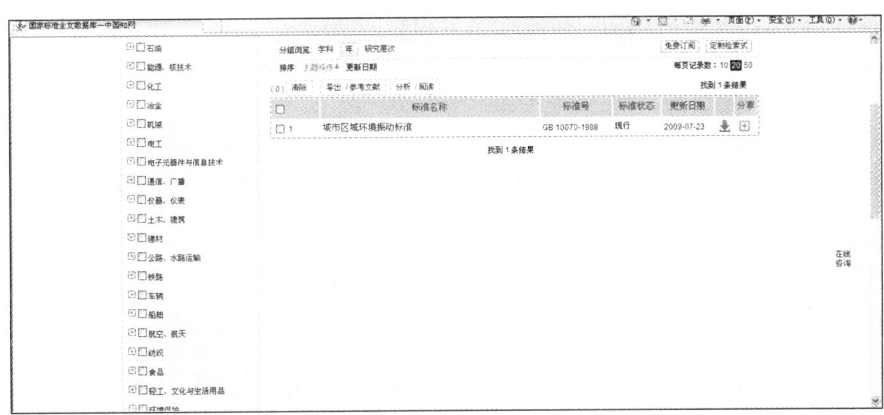

图 5-5-2　标准文献检索案例——检索结果

单击标准名称“城市区域环境振动标准”，查看题录信息以获取标准文献全文，如图 5-5-3 所示。

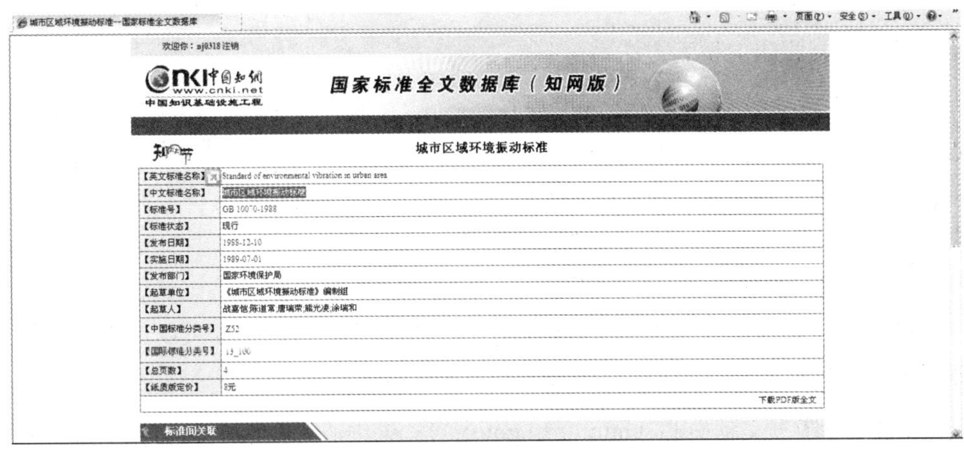

【英文标准名称】	Standard of environmental vibration in urban area
【中文标准名称】	城市区域环境振动标准
【标准号】	GB 10070-1988
【标准状态】	现行
【发布日期】	1988-12-10
【实施日期】	1989-07-01
【发布部门】	国家环境保护局
【起草单位】	《城市区域环境振动标准》编制组
【起草人】	战嘉恺;陈道常;唐瑞荣;熊光凌;涂瑞和
【中国标准分类号】	Z52
【国际标准分类号】	13_100
【总页数】	4
【纸质版定价】	8元

图 5-5-3　标准文献检索案例——获取全文

5.6 几种特种文献的特点及检索

5.6.1 科技报告

1．概念与分类

科技报告是有关科研工作记录或成果的报告，是研究、设计单位或个人以书面形式向提供经费和资助的部门汇报其研究进展情况的报告。科技报告以积累、传播和交流为目的，由科技人员按照有关规定和格式撰写，真实而完整地反映科研人员所从事科技活动的内容和经验的特种文献。科技报告内容新颖广泛、专业性强、数据具体，是科研人员的重要参考资料，对于拓展科研思路、推动技术发展、避免科研工作中的重复与浪费具有重要作用。

科技报告按其密级程度可分为公开、内部、秘密、绝密；按其用途可分为研究成果、生产说明、设备工艺及材料说明、技术经济分析报告等。

2．检索方法

各个国家都有自己的科技报告，但数量最大、品种最多的是美国政府部门出版的政府报告，其收集、整理、加工和报道的工作非常规范。最负盛名的为美国四大科技报告，即：

① AD 报告。它包括美国陆海空三军科研机构的报告，也包括其他科研机构和国际组织的研究成果，内容不仅包括军事方面，还广泛涉及许多民用技术，包括航空、军事、电子、通信、农业等 22 个领域。

② PB 报告。PB 是美国商务部出版局的缩写，其内容已逐步从军事科学转向民用，现主要侧重于民用工程技术、城市规划、环境污染和生物医学方面。

③ NASA 报告。NASA 是美国国家航空和宇航局的缩写，NASA 报告侧重于航空和空间技术领域，同时广泛涉及许多基础学科和技术学科。

④ DOE 为报告、DOE 为美国能源部的缩写，DOE 报告是原子能和能源管理系统的报告。

（1）美国科技报告的检索方法

① 美国国家技术情报局网站（http://www.ntis.gov/）：NTIS（National Technical Information Service）是美国最大的政府信息资源中心，全面收集由政府资助立项的科学、技术、工程及商业信息，其中包括 300 家政府机构解密的文摘、公开的报告和分析。通过 NTIS 主页可免费查询 1990 年以来 NTIS 数据库的文摘信息，部分报告提供原文。主题涉及化学、农业、生物技术、环境污染与控制、卫生保健，其中医学与生物学包括生化、临床化学、临床医学、细胞学、遗传与分子生物学、药理学与药物化学、毒理学。可以用于判定是否有政府报告或政府资助的研究项目，了解政府机构所从事的研究类别等。

② 国家科技图书文献中心（http://nstl.gov.cn/）：该中心可以检索我国收藏的美国政府报告及其他国家的技术报告，但只提供文摘。

③ 国家工程技术数字图书馆（http://www.istic.ac.cn/）：收录 1958 年来的美国政府科技报告，累计收藏近 200 万份，每年新增 2 万余份，是全国收藏年代最早的机构，提供文摘。

（2）我国科技报告的检索方法

万方数据资源系统（http://c.wanfangdata.com.cn/Cstad.aspx）：有 83 万余条科技成果记录，包括高新技术和实用技术成果、可转让的适用技术成果以及获得国家科技奖励的成果项目，专业范围涉及化工、生物、医药、机械、电子、农林、能源、轻纺、建筑、交通、矿冶等。该库只提供相关科技报告的题名、文摘、完成单位等信息。

检索我国科技报告的其他相关网站：国家科技成果网（http://www.nast.org.cn/）；国家工程技术研究中心成果查询（http://www.cnerc.gov.cn/；国务院发展研究中心调查研究报告（http://www.drcnet.com.cn/www/integrated/）。

5.6.2　政府出版物

1．概念与特点

政府出版物是指各国政府及其所属机构发表和出版的文献。包括行政性文件和科技文献两类，前者包括报告、会议记录、法律、法令、条约、规章制度、议案、决议、通知、统计资料等，后者包括科技政策、技术法规、科普资料等。其中科技性文献占 30%～40%。政府出版物往往提供原始的资料数据，对于了解一个国家的科技政策、经济政策、科技活动和水平及社会各方面的情况具有不可忽视的参考价值。政府出版物内容信息具有较高的准确性、可靠性和时效性。美国政府出版物是世界上出版发行数量最大、内容最为丰富的政府出版物，其管理体制、规范化程度、出版数量，以及其在世界范围内的影响，都是别的国家无法比拟的。

2．检索方法

随着信息技术的发展与互联网络的拓展，世界各国的主要政府机构纷纷在互联网上设立了自己的站点，介绍政府的职能、人员、机构、政策、法规、成果以及出版物信息等，从而形成了丰富的政府出版物信息空间。

政府出版物的检索途径包括如下。

① 直接访问政府机构网站，如国务院新闻办公室主管的中国网（http://www.china.org.cn/）、中国卫生和计生网站（http://www.nhfpc.gov.cn/）、国家食品药品监督管理局网站（http://www.sfda.gov.cn/WS01/CL0001/）等。后者在提供相关法规文件、通告公告外等相关信息的基础上，还提供统计数据、官方数据查询，可以分别查询化学药品、中药、生物制品、医疗器械、保健食品等的获批情况，对药学工作者及相关人员提供一个重要的信息平台。

② 政府出版物的检索工具，如美国政府出版局（GPO）出版的美国参众两院、行政、司法部门及法院所认可的官方文件，《美国政府出版物每月目录》《政府报告通报与索引》

《美国政府期刊索引》《美国国会文献索引》等。

5.6.3 科技档案

科技档案是人们从事科技创新的历史记录，是一种重要的科技信息资源。科技工作中形成的技术性文献，如设计方案、病案资料、实验记录、工程图表等都属于科技档案。科技档案蕴藏着无限的价值，是一种潜在的生产力，随着时代的进步，这种信息资源的重要性日益显示出来，是广大科技工作者避免重复研究、降低研究成本、提高研究效率，加速科技创新的重要信息支撑。

5.6.4 产品资料

产品资料是对定型产品的性能、构造、原理、用途、使用方法和操作方法、产品规格等所作的具体说明。又叫产品目录、产品说明书或产品样本。它往往配有外观照片、结构图，直观性强、技术成熟。产品资料出版发行和更新较快，多数由厂商赠送。

从产品资料中可以获得关于产品结构的详细说明，并由于它代表已投产的产品，在技术上比较成熟，数据比较可靠，有较多的外观照片和结构图。查阅和分析国内外产品样本，有助于了解国内外产品水平、工艺水平、技术水平及其有关技术的演变过程和发展动向，可以获得技术、制造、使用中所需要的数据和方法，也可以判断某种产品的价值，为引进设备提供信息。使用产品资料时，要注意其局限性，真正的技术关键在产品资料中一般是不介绍的，使用时要同其他类型文献，如专利、期刊论文、标准等配合使用，以攻破其核心部分。

产品资料是一种廉价的技术情报资料，世界每年出版几十万件，各国都有专门的技术图书馆和文献情报中心集中收藏。如科技部西南信息中心研发的全球产品样本数据库（Global Product Database，GPD），是我国第一个大型的产品样本数据库，收录了丰富的产品样本数据，包括企业信息、产品目录、产品说明书、产品标准图片、产品技术资料、产品视频/音频资料等。平台提供基本检索、高级检索、分类检索、产品导航、企业导航、技术文档导航、产品图片导航等多种检索方式。互联网上也有大量产品样本资源，如世界产品资料库——国内外产品资料查询第一站 http://www.enjoywork800.com/。

5.7 大型综合性数据与事实型数据库

5.7.1 外文数据与事实型数据库选介

1．Gale 集团参考资料库（http://www.gale.cengage.com/）

Gale 集团是国际著名出版机构，在出版文学及传记工具书以及机构名录方面颇具权威性。Gale 数据库平台整合了多种来源的信息，形成多个主题鲜明的专题数据库。以服务于图书馆、学校、商务部门为特色，尤以人文、社科参考文献见长。Gale 创建及维护了近百个在线数据库、多个“资源中心”，相关数据库产品需要付费使用。

下面简要介绍几个专题数据库。

（1）Literature Resource Center（文学传记资料中心）

这是 Gale 专题数据库的旗舰产品，包括全球 14 万名作家的传记信息，每年增加超过 4 000 名作家信息；5 000 多种当代作者的访谈音视频资料；3 000 多张重要作者的照片；Gale 集团出版的众多著名文学评论系列参考书，超过 75 000 篇文学评论文章，囊括 Gale 集团 50 年来最引以为荣的著名印刷系列（文学传记、文学评论等），这些系列在相应的文学领域中是最权威的参考资料。

（2）Gale Biography In Context（人物传记资料中心）

这是综合性的古今人物传记资料数据库，包括 50 万多个人物，涵盖文学、历史、政治、商业、娱乐、体育和艺术等领域的知名人物和重要事件。这些人物的信息来自于 Gale 集团出版的上百个传记出版物、300 多种报纸杂志、原始资料和网站等，除文字资料外，还包含有图片和音视频。可通过人物姓名、生卒年、国别、种族、职业和性别等入口来检索。

（3）Gale Business Insights: Global（商业资料中心：增强版）

收录全球 50 万家公司及 7 万家行业协会的详细信息；Gale 公司出版的经典商业工具书；1 000 多份 SWOT 报告；600 多个深度行业概况，提供相关内容和统计数据的深入链接；25 000 份行业报告和 2 500 多份市场研究报告；数千份经济和商业指标的互动图表，可获得不同国家、不同行业和不同公司间的比较数据，如国内生产总值、失业率、人口增长率、进出口贸易额、公司员工构成、公司总收入和销售额等；数百份国家经济报告；1 000 多份全球商业的案例研究（Case Studies）；1 200 多个商界管理人士的视频访谈。还包括了 8 300 多份商业金融期刊，以及 200 万份珍贵的 PDF 格式的原始投资报告。

（4）PROMT - Predicast Overview of Markets and Technology（市场与技术展望数据库）

PROMT 提供公司的产品和技术及其市场情况。这些信息（包括全文信息）来源于大约 1 000 种商贸期刊、企业通讯、报纸、市场研究、新闻发布、投资和经纪人公司报告。

（5）Gale's Ready Reference Shelf（综合参考工具便览）

从 Gale 的 14 个著名参考指南数据库中精选出 335 000 条记录。内容主要涉及组织/协会、出版商/出版物/广播媒介、数据库三大部分。

（6）Opposing Viewpoints In Context（相反论点资料中心）

资料来自 Gale Group 独家拥有的著名参考书品牌：Greenhaven Press 出版的社会问题系列丛书，以及来自 Gale、Macmillan、Reference USA 等多家出版社的丰富参考信息。提供当今热点问题或事件的事实信息及支持与反对者的各种观点。读者只需单击相关主题（Topic）的链接，就可在网页上看到所有类型（如期刊、报纸、参考工具书、统计数据、音视频等）文献的内容展示，进一步单击题名链接即可浏览文章全文。

（7）Association Unlimited（学会组织名录）

该名录包括国际上和美国国家的、地区的、州的及地方的各个领域近 50 万个非营利组织的信息，同时也了解协（学）会组织的动向，对组织协会的会员和市场作行销；名录数据库中的内容包括组织名称、联系方式、创立年份、链接到协会的内容、大会和会议资料、会员数量、会员费、干部人数、经费预算、区域、州际的和地方的团体人数、说明简介、图书馆、电信服务、分支机构、奖项、出版物、会议信息、标准产业分类、主体描述等信息。

2．LexisNexis（律商联讯）（http://www.lexisnexis.com.cn/）

LexisNexis（律商联讯）是世界领先的法律和商业资讯提供商，是全球最大专业出版集团 Reed Elsevier 的全资子公司；LexisNexis（律商联讯）可提供世界范围内的报纸、杂志、商业期刊、行业新闻、税务和财会信息、金融数据、公共记录、立法档案、企业及其管理者的信息。它有 50 亿个可查文件；2 万个数据库；32 000 多个法律、商业和新闻信息来源；世界 500 强企业和全球最大 100 家律师事务所有 97%是该公司的客户；全美 1 650 所大学，超过 700 万名学生正在使用 LexisNexis 产品，在中国有超过 1 500 家的客户（含企业、律师事务所、政府、高校）。

LexisNexis（律商联讯）包括 Lexis.com 和 Nexis.com 两个子数据库。

（1）Lexis.com 数据库

它被称为全球领先的专业法律信息数据库，它为法律专业的研究人员和律师提供了权威的、内容丰富的全球性法律信息。Lexis.com 数据库具备强大的搜索引擎，能按照法律分类系统，将判例、专题论文、法律评论和相关的法律新闻检索出来。目前它已经成为中国学术机构、政府机构、律师事务所、企业的信息服务合作伙伴和法律研究者首选的法律信息资源。它的内容包含：

① 全球法律原始文献信息：美国联邦政府和各州的判例法（收录了近 300 年美国联邦政府和各州的判例法案例）；美国联邦政府和各州的立法和法律法规（包括著名的 USCS 美国联邦政府立法信息服务）；英美等国家的立法和政治制度材料；全球包括 28 个国家的法律信息（包括立法和多个国际组织的条约和相关判例）。

② 全球法律二次文献信息：共包含约 850 种全球法律期刊、杂志和报告，可以回溯到 1980 年；法律重述资料；法律专业书籍；美国法律考试相关资料；Mealey 法律报告和会议资料，可以追溯到 1982 年；Martindale-Hubbell 全球律师事务所和律师黄页；全球法律新闻；法律百科。

（2）Nexis.com 数据库

它提供独一无二的信息资源，使用多种国家的语言，将国内外新闻和商业信息进行广泛的收集和分类。它包含以下内容：信息资源超过 60 亿的数据和记录，以及 35 000 条信息来源；3 500 万的档案记录；2 300 家全球各大报刊内容；2 300 条来自公共记载的资源；99 家美国顶级刊物的全部资料。Nexis.com 数据库内容分为新闻、行业、国家、公司、人物、法律、公共报告七大版块。

3．大英百科全书网络版（http://www.britannica.com/）

1994 年正式发布的《大英百科全书网络版》（*Encyclopedia Britannica Online*）作为互联网上第一部百科全书，受到各方好评。大英百科全书凭借其强大的内容编辑实力和先进的数据库检索技术，一直是全球工具书的领导先驱。目前，《大英百科全书网络版》的用户已遍及世界各高校、中小学、公共图书馆及政府机构，是世界上被使用最为广泛的电子参考工具之一。

4．世界百科全书（http://www.countryreports.org/）

《世界百科全书》网络版收集了世界各个国家关于商业、旅游、求学等方面的信息，被称为因特网上最佳的了解国家情况的资源站点。它所提供的信息包含国家概况、国歌、国旗、在线商店、在线论坛、各国天气等。

5．东方百科全书（http://i-cias.com/e.o/index.htm）

东方百科全书（Encyclopedia of the Orient）是有关北非和中东国家的一部网络百科全书，收集了从北非西北部的毛里塔尼亚到东部的伊朗，从北部的土耳其到南部的苏丹之间的所有国家的文化信息。该百科全书的所有信息全部免费，每周更新。

6．百科全书网（http://www.encyclopedia.com/）

它被称为是因特网上最优秀的免费百科全书之一。该网站提供了关键词和专题检索的入口，提供了超过 5 万篇文献全文，此外还有与电子图书馆中几百万篇文献和图片的链接。

7.《咨询年鉴》网络版（http://www.infoplease.com/）

它是一个提供包括字典、百科全书、词库等网络参考信息源的免费查询网站。

8.《世界大事年鉴》网络版（http://annualregister.chadwyck.com/）

它将 250 多年来的印刷卷本转换成为一个巨大的历史资料库，为查考和获取历史信息提供了便利。

9.《有机合成手册》全文数据库（http://www.orgsyn.org/）

该手册是世界上最具权威性的有机化学工具书之一，1921 年创刊，至 2008 年共出版了 85 卷。该手册坚持免费服务，用户可以登录 Organic Syntheses 网站免费检索自己感兴趣的化合物合成方法。手册最重要的特点是其所提供的合成方法真实可信，每个反映都经检查证实具有重现性，被认为是化学工作者必备的工具书。

10．大学排名（http://www.library.illinois.edu/edx/rankings/）

该网站是伊利诺大学收集的大学排名站点荟萃，可按类别浏览。

5.7.2 中文数据与事实型数据库选介

1．万方数据与事实型数据库（http://www.wanfangdata.com.cn/）

万方数据资源系统是中国科技信息研究所、万方数据集团公司开发的网上数据库联机检索系统，它包括专业文献、期刊论文、学位论文、会议论文、科技成果、专利数据、公司及企业、产品信息、标准、法律法规、科技名录、高等院校信息、公共信息等各类数据资源。主要资源有法律法规、机构信息、科技名录、地方志。

2．中国经济信息网（http://www.cei.gov.cn/）

它是国家信息中心组建的、以提供经济信息为主要业务的专业性信息服务网络，于 1996 年 12 月 3 日正式开通。它为政府部门、高等院校、金融机构、企业集团、研究机构以及国内外投资者提供了宏观经济、区域经济、行业经济等方面的动态信息、统计数据和研究报告，帮助人们准确了解经济发展动向、市场变化趋势和政策导向。该网站被称为描述和研究中国经济的权威网站。

主要资源有中外经济动态全文库、中国权威经济论文库、中国行业季度报告、中国行业年度报告、中国环境保护数据库、中国经济统计数据库、中国法律法规库、中国地区经济发展报告、中国企业产品库、中经网产业数据库等。

3．中国资讯行（China InfoBank，http://www.infobank.cn/）

中国资讯行（China InfoBank）是以互联网传播中文资讯的公司。为客户提供中文商业数据库平台，专门从事中国商业经济资讯的收集、整理和传播。

主要资源有中国经济新闻库、中国商业报告库、中国法律法规库、中国统计数据库、中国上市公司文献库、INFOBANK 环球商讯库、中国医疗健康库、中国人物库、EnglishPublications、中国中央及地方政府机构库、中国拟建在建项目数据库、中国企业产品库、香港上市公司资料库（中文）、名词解释库等。

4．国研网数据库（http://www.drcnet.com.cn）

国研网（全称“国务院发展研究中心信息网”）是由国务院发展研究中心主管、国务院发展研究中心信息中心主办、北京国研网信息有限公司承办的专业性经济信息服务平台。

内容主要包括国务院发展研究中心 1985 年以来的研究成果、国研网自主研发报告、《国研视点》《金融中国》《宏观经济》《区域经济》《行业经济》《高校参考》《基础教育》等 60 多个文献类数据库，以及《宏观经济》《工业统计》《对外贸易》《财政税收》《金融统计》《固定资产投资》《国有资产管理》等 40 多个统计类数据库；《世经版》以及《经济·管理案例库》《战略性新兴产业数据库》《国务院发展研究中心行业景气监测平台》等几款专业化产品。

针对党政用户、高校用户、金融机构、企业用户的需求特点开发了《党政版》《教育版》

《金融版》《企业版》4 个专版产品，是经济研究、管理决策过程中的重要辅助工具。

5．中国大百科全书网络版（http://ecph.cnki.net/）

中国大百科全书数据库是大规模数字化的百科综合性工具数据库。该数据库收录共计逾 16 万条目，近 100 万个知识点，2 亿文字量，并配有数万张高清图片和地图。

6．中国年鉴网（http://www.yearbook.cn/）

中国年鉴网是由中国版协年鉴研究会唯一正式举办，中国版协年鉴研究会网络中心主办并负责全面运营，全国各年鉴编纂单位共同参与建设的面向全国年鉴界和社会公众，为我国各年鉴提供宣传和服务，为我国各级政府及社会各界提供研究、决策支持及其他信息服务的信息资源网站。

7．《默克诊疗手册》（www.msdchina.com.cn/）

该手册几乎囊括了人类所患的各科疾病，如内科、外科、小儿科、妇产科、精神科、眼科、耳鼻喉科、皮肤科和口腔科。一些特殊病症，如烧伤、高温损害、放射反应及损伤、运动损伤等书中也有所述及。

8．中国指南（http://www.chinavista.com/）

中国指南主要提供实用的商业、旅游信息服务。该网站包括中文、英文 2 种版本。

9．中华商务网（http://www.chinaccm.com/）

中华商务网成立于 1996 年 6 月，是香港博澳鸿基集团下属的全资高新技术企业。中华商务网以北京为主要运作基地，通过在线（On-Line）和离线（Off-Line）两种方式，为国内外大中型企业提供基于互联网、经过精心整合的大宗商品及原材料的专业型行业资讯和咨询服务。涉及行业包括钢铁、冶金原料、有色、石油、化工、塑胶、家电制冷、机电、汽车、粮油、建材、纸业等。

10．图行天下（http://www.go2map.com）

该网站是北京图行天下信息咨询有限责任公司的网站，是国内提供网上地图服务的较常用网站。

第 6 章

论文撰写

6.1 论文基本概况

古典文学常见“论文”一词，谓交谈辞章或交流思想。《现代汉语词典》中称，凡是“讨论或研究某种问题的文章”均可称为论文。

论文写作是科学研究的重要组成部分，也是最后的重要阶段。一项研究课题，只有在撰写论文并发表后才算完成。论文撰写有助于提高作者的专业学术水平和写作能力，其撰写论文的过程，也是作者自身学习提高的过程；论文发表有利于促进学术交流，提供学术借鉴价值，积累科技资料，丰富人类知识宝藏，从而发挥更大的经济效益与社会效益，为科技发展和社会进步做出贡献，这也是其真正的目的。

论文与其他文体的文章不同，主要有如下区别。

① 论文的研究主题相对来说更为鲜明、更为专业，无论是社会科学问题，或是自然科学问题，都可以成为专题论文的研究主题；无论是与实践密切相关的应用科学，或是抽象思维特性突出的基础研究，均可容纳和兼论不悖。

② 论文的研究更深入，它不停留在运用现成的观点和原则、对客观事物作一般论述和评价的层面上，而要求科学地描述和揭示客观事物的本质和规律，得出具有创造性的结论。

③ 它的论断更客观，不从主观臆测出发去评价和判断客观现象、规律和事物，而以探求不以人的意志为转移的客观真理为旨意。

可见，论文既是探讨问题进行科学研究的一种手段，又是描述科研成果进行学术交流的一种工具。

6.2 论文的撰写意义、分类和体裁

6.2.1 论文的撰写意义

美国学者罗伯特·巴拉斯讲过这样一段话，概括了学习写作科技文章的好处：“写作是

我们日常工作所不可缺少的一部分，它能帮助我们记忆、观察、思考、计划、组织文字及进行交流。其中最重要的是，写作能帮助我们进行思维和表达思想。……作为一个学生，一个求职者或一个雇员，我们只有写得好（如书写信件、指示、进展报告、文章和评述，以及供发表用的科学论文），才能充分地表明自己。”可见论文撰写的重要性。

论文是科研工作的重要部分，是科学研究的必要手段，是科技成果的重要标准，是科技交流的理想工具。撰写论文的意义在于提升作者的综合能力，促进学术交流的繁荣，满足业务考核的需求，推动科技水平的进步等。

对于高校大学生而言，论文写作也是必须掌握的一项基本功。高等院校的学生不仅要有较深、较广的专业知识，而且要具备一定的分析问题、解决问题的能力，也就是他们要学会运用自己掌握的知识去思考解决实际问题的方法。这一过程涉及对专业知识的系统掌握和灵活运用的能力，以及概念、判断、推理等严谨的逻辑思维能力，亦即进行科研活动的能力。高校毕业生必须初步具备这些能力，才能够用文字完整、清晰、准确、严谨地表达自己科研活动、解决实际问题的详细过程。这也是大学生毕业后走向工作岗位所需的科研和写作能力的重要内容。

课程论文、毕业论文的撰写，有助于培养大学生的信息素养。在撰写论文过程中，学生学会如何利用图书馆检索收集文献资料，如何整理和利用各类文献资料，如何观察、调研、实地调查、进行样本分析，如何操作相关仪器设备等。论文撰写的过程是学生在校期间接受的一次系统、全面实践培训的过程。

6.2.2 论文的分类和体裁

1．按其作用划分

论文按其作用不同，可以划分为学术性论文、技术性论文和学位论文。

（1）学术性论文

国家标准 GB/T 7713—1987《科学技术报告、学位论文和学术论文的编写格式》中对学术性论文的定义为：“学术论文是某一学术课题在实验性、理论性或观测性上具有新的科学研究成果或创新见解和知识的科学记录；或是某种已知原理应用于实际中取得新进展的科学总结，用以提供学术会议上宣读、交流或讨论；或在学术刊物上发表；或作其他用途的书面文件。”是科研工作者在其研究领域中，通过严谨、规范的科学研究而取得的研究成果，是一种原创性论文。学术性论文反映了该学科领域最新的、前沿的科学技术水平，能够达到或代表该学科领域国内或国际先进水平，对科学技术事业的发展起着重要的推动作用。

（2）技术性论文

技术性论文是工程技术人员在已有的科学理论、技术成果基础上，为解决设计、工艺、设备、材料等具体技术问题而取得研究成果的书面总结。这类论文应具有技术的先进性、实用性和科学性，对技术进步和生产力的提高起着直接的推动作用。

（3）学位论文

国家标准 GB/T 7713—1987《科学技术报告、学位论文和学术论文的编写格式》中对学位论文的定义为：“学位论文是表明作者从事科学研究取得创造性的结果或有了新的见解，并以此为内容撰写而成、作为提出申请授予相应的学位时评审用的学术论文。”学位论文是论文答辩委员会决定是否授予学位的重要依据。根据《中华人民共和国学位条例》的规定，学位论文分为学士学位论文、硕士学位论文、博士学位论文三种。

学士论文应能表明作者确已较好地掌握了本门学科的基础理论、专门知识和基本技能，并具有从事科学研究工作或担负专门技术工作的初步能力。

硕士论文应能表明作者确已在本门学科上掌握了坚实的基础理论和系统的专门知识，并对所研究课题有新的见解，有从事科学研究工作或独立担负专门技术工作的能力。

博士论文应能表明作者确已在本门学科上掌握了坚实宽广的基础理论和系统深入的专门知识，并具有独立从事科学研究工作的能力，在科学或专门技术上做出了创造性的成果。

2．按其写作形式划分

论文按其写作形式不同，可以划分为理论型论文、实验研究型论文、描述型论文、科普型论文和综述型论文。

（1）理论型论文

理论型论文是以报道科学技术研究成果为主要内容。一般是从实践或前人的论述中发现或提出问题，通过分析、推理、论证及证明，得出新的结论、结果、规律或定理，使问题得到解决。

理论型论文一般是用数学工具和逻辑推理来证明自己的新见解和新成果；研究的对象是比较广泛的科学专题以及和这些专题现象之间的关系；研究方法主要是数学推导、理论证明、综合分析等。这类论文应具有新的观点、新的分析方法和新的数据和结论，并具有科学性。从这些论文的数量和质量可以看出一个国家、一个地区、一个单位的科学技术水平。

（2）实验研究型论文

实验研究型论文是针对科技领域的一个专题，分析所进行的实验与研究，并得到的观察现象、实验数据或效果比较等重要的原始资料，从而得出结论。其写作重点在于研究，追求的是可靠的理论依据、先进的实验设计方案、先进适用的测试手段、合理准确的数据处理及科学严密的分析与论证。撰写实验研究型论文是对实验进行观测和分析，要求将实验结果和理论分析结合起来。因此，论文有比较固定的结构格式，正文一般分为材料、方法、结果和讨论四部分。当然，在写作过程中，也会因材而异，灵活变通。

（3）描述型论文

描述型论文是指人类对新发现的事物或现象进行的详细叙述，是由观察和积累中得到的。它主要的研究方法是描述说明，目的是介绍其所具有的科学价值，重点说明这一新事物是什么现象或不是什么现象。

（4）科普型论文

科学普及简称科普，又称大众科学或者普及科学，是指利用各种传媒以浅显的，让公众易于理解、接受和参与的方式向普通大众介绍自然科学和社会科学知识、推广科学技术的应用、倡导科学方法、传播科学思想、弘扬科学精神的活动。推广科普而撰写的论文称为科普型论文，其特点是用深入浅出、生动活泼的语言，论说科学道理，从而使深奥的科技得以普及。

（5）综述型论文

综述包括“综”与“述”两个方面。所谓综就是指作者必须对占有的大量素材进行归纳整理、综合分析，从而使材料更加精练、更加明确、更加层次分明、更有逻辑性。所谓述就是评述，是对所写专题的比较全面、深入、系统的论述。因而，综述是对某一专题、某一领域的历史背景、前人工作、争论焦点、研究现状与发展前景等方面，用作者自己的观点写成的严谨而系统的评论性、资料性科技论文。这类论文研究的对象是在科技发展上有重要价值的新发现和新技术，主要研究方法是描述和比较。综述型论文的写作要求比较高，具有权威性，一般具有一定学术水平的学科带头人才能写出高水平的论文，往往对所讨论的专题或对学科的进一步发展起到引导作用。

除以上两种主要划分标准外，还可按研究的学科划分，将学术论文分为自然科学论文和社会科学论文。每类又可按各自的门类细分下去。如社会科学论文又可细分为文学、历史、哲学、教育、政治等学科论文等。或按研究的内容划分，将学术论文分为理论研究论文和应用研究论文，前者重在对各学科的基本概念和基本原理的研究，后者侧重于如何将各学科的知识转化为专业技术和生产技术，直接服务于社会。或按写作目的划分，将学术论文分为交流性论文和考核性论文，前者的目的只在于专业工作者进行学术探讨，发表各家之言，以显示各门学科发展的新态势；后者的目的在于检验学术水平，成为有关专业人员升迁晋级的重要依据。

6.3　论文撰写的基本要求

学术论文应提供新的科技信息，其内容应有所发现、有所发明、有所创造、有所前进，而不是重复、模仿、抄袭前人的工作。因此，论文应具有科学性、创造性、理论性、实践性和可读性的特点。

6.3.1　科学性

科学性就是要正确地说明研究对象所具有的特殊矛盾，并且要尊重事实，尊重科学。学术论文要能揭示事物发展的客观规律，从客观实际出发，具有现实意义。

1．论文的内容

学术论文所论述的事实、事物、事件必须真实、客观，不带个人偏见，不主观臆断，所反映的科研成果是客观存在的自然现象及其规律的反映，是被实践检验的真理，并能为他人提供重复实验，具有较好的实用价值。

2．论文的论证

学术论文必须应尽可能多地占有资料，以最充分的、确凿有力的论据作为立论的依据。论证必须严谨而充分，富有逻辑效果、深层的专业理论知识。同时，要求作者在立论上不得带有个人好恶的偏见，不得主观臆造，必须切实地从客观实际出发，从中引出符合实际的结论。

3．论文的研究和写作方法

学术论文的撰写必须具有严肃的科学态度和科学精神，从选题到汇集材料、论证问题，以至研究结束写成论文，都必须始终如一、实事求是地对待一切问题，反对科学上的不诚实态度。既不肆意夸大，伪造数据，谎报成果，甚至剽窃抄袭；也不因个人偏爱而随意褒贬，武断轻信，以至弄虚作假，篡改事实。

4．论文的书写形式

论文的结构应该严谨清晰，逻辑思维严密，语言简明确切，不含糊其辞，对每一个符号、图文、表格及数据，都力求做到准确无误，即论文表述准确、明白、全面。

6.3.2 创造性

创造性是衡量科技论文价值的根本标准。创造性大，论文的价值高；创造性小，论文的价值低；论文没有创造性，对科学技术的发展自然没有什么作用。一篇论文价值的大小，不是看它如何罗列现象，重复别人已经取得的成果，而是看它是否创造出前人没有指导过的新技术、新工艺、新理论，并具有普遍性和公开性。一篇论文，如能自成一家之言，创造性大，其价值就高；或能立前人所未言，有所发现，有所发明，有所前进，同样具有一定的创造性，其价值也大。斯蒂芬·梅森曾说过，科学的本性就是“革命的和非正统的”，“科学方法主要是发现新现象、制定新理论的一种手段，旧的科学理论就必然会不断地为新理论推翻”。因此，没有创造性，学术论文就没有科学价值。

因此，在论文撰写过程中，要求对研究对象经过周密观察、调查、分析研究，能从中发现别人过去没发现过或没分析过的问题；或者在综合别人认识基础上发现新选题、寻找新方法、提供新资料等。

论文的创造性，是相对于人类总的知识而言的，是从整个世界范围来衡量的。如果某项科研成果，虽然在国内填补了一项空白，但国外早已研究成熟，也已有论文发表，那么就不值得写重复性的论文了，因为在世界整体范围而言，并没有创造性。

6.3.3 理论性

理论性就是论文必须要有自己的理论体系。论文在形式上属于议论文，但它与一般议论文不同，不只是材料的罗列，还应对大量的事实、材料进行分析、研究，所反映的是对事物的内在本质及其规律的深刻认识，是抽象而又生动的科学理论。一般来说，论文具有论证色彩，或具有论辩色彩。从提出问题到解决问题，从论述的展开到观点的明确，都要围绕着一个中心，要一环紧扣一环。写入论文的所有内容，都应纳入一个缜密的推理过程之中。论文的内容必须符合历史唯物主义和唯物辩证法，符合“实事求是”“有的放矢”“既分析又综合”的科学研究方法。

因此，在论文写作过程中，作者只有经过缜密的思考、富有逻辑与严谨的论证，才能达到完善、系统的理论性要求。

6.3.4 实践性

实践性是论文的价值体现。论文既要对客观事物的外部直观形态进行陈述，又要对事物进行抽象而概括的叙述或论证，也要对事物发展的内在本质和发展变化规律进行论述。既要表现事物的发生、发展和变化的规律，又要表述自己对这些规律的认识，是思维活动反复和深化的结果，是系统化的理性认识。

论文的实践性表现在它的可操作性和重复实践验证。论文所表述的创新成果要通过各学科、各专业、各个不同的题材的各种实践活动来完成，也要经过相应的实践活动来验证其正确性，如该论文获得社会推广，要经过相应的实践活动才能成功。论文所创造的社会效益与经济效益必须要经过大量的社会实践活动来体现。

论文的实践性在其论文创作的初期，主要在实验室、试验场等小型场地内完成。科技论文得到社会认可后，其实践性在相当广阔的范围内实施，将会得到更充分的发挥。例如很多实验，按照论文里提到的原材料、配方比例、实验方法和条件控制等要求进行，便可得到论文所述的结果，即是实践性的重要体现。也正是因为实践性，才显现出论文的珍贵。现在，我们通过很多古文书籍里知道的一些著名的科技，如古代的“木牛流马”、射程强劲的“弩”等，就是因为当时没有留下具有实践性的论文或记录，后人无法按照其史料中记载的方法加以复制、验证、应用与推广。即便照着文史资料仿制出来，也远远达不到原始的风貌，大大地降低了其自身的价值。

6.3.5 可读性

可读性是指用通俗易懂的语言表述科学道理，不仅要文字通顺，而且要做到准确、生动。可读性反映的是特定读者群对目标读物的认可度，却又受到许多因素制约，如特定读者群的认知水平、阅读心理倾向、价值取向等。因此，在论文写作过程中，需要考虑读者的阅读能力；使用大家都熟知的字词及被本领域同行所公认的专业术语，不使用生僻的专业术语；内容逻辑合理，符合人们的思维习惯；在段落组织上，尽量“一事一段落，每段有主题”，避免使用有多层含义的长段落。对技术细节等的介绍应突出重点，详略得当，避免毫无重点的平铺直叙。论文讨论的是复杂的、抽象的真理，多用专业术语，只有深入浅出地表达才能被人们所理解，以达到描述科研成果的目的。

Nature 在投稿指南中对可读性的解读为：来稿应写得清楚、简练，以便让其他领域的读者和母语为非英语的读者能够读懂。基本的但又属于专业的术语应作简明解释，但不要说教。该杂志的编辑常常建议修改并重写论文的摘要和正文的第一段，并保证文章和图片能让非该领域的读者明确，能读懂，可见论文的可读性是非常重要的。

6.4 论文的撰写格式

按国家标准规定，论文的编写格式由前置部分、主体部分、附录部分和结尾部分组成。

6.4.1 前置部分

1．题名

题名是以最恰当、最简明的词语反映报告、论文中最重要的特定内容的逻辑组合。题名所用每一词语必须考虑到有助于选定关键词和编制题录、索引等二次文献可以提供检索的特定实用信息。题名应该简明扼要，直接反映论文中最重要的特定内容逻辑组合，突出研究的对象、方法、内容和范围。一般来说，中文题名在 20 字左右，外文题名不宜超过 10 个实词。但要根据论文具体内容确定题目字数，不能盲目追求字数少，而导致表达不明确，让读者产生歧义。论文标题应该准确得体，且简短精练，能确切地表达文章内容，避免使用句子、不常见的缩略词、代号、公式、标点符号等作为标题。但根据文章需要，可以在标题中出现括号、书名号、顿号、问号等。如果题名语意未尽，或一系列工作分几篇报道，或是分阶段的研究结果，可以用副题名补充说明论文中的特定内容。

2．作者署名和作者单位

所有的学术论文都应该署上作者真实姓名和作者单位。一是表示作者对论文享有著作权，二是体现作者文责自负的承诺，三是便于读者与作者联系。

若读者想就论文中某个问题与作者商榷、求教或质疑时，可通信与作者联系。如果论文是独立作者，那么该作者即为通信作者。若有合作作者，则存在两种情况。一种是研究生与导师合作的论文，因为研究生毕业后去向未定，通常由导师作为通信作者；另一种是第一作者为通信作者。通常第一作者对论文贡献最大，掌握论文及实验等细节部分，可以给读者就某个问题进行深入探讨及解答。

合作作者，应该根据每个人对科研工作及论文写作时贡献大小进行排序，贡献最大者排在第一位。在研究工作中，承担部分工作或承担单一项研究工作的测试，以及对研究结果进行分析检验观察的辅助人员等，不列入论文署名范围之内。但可作为参与人员列入致谢部分。

一般学术性期刊中将署名置于题名下方，且居中。采用如下格式：

作者姓名

（作者工作单位名称及地名，邮政编码）

例如：

季丽新

（山东工商学院政治与社会发展学院，山东烟台 264005）

一个作者下面写一个单位，工作单位应写全称。例如“南京大学”不能写作“南大”。工作单位地址应包括所在城市名及邮政编码。

不同单位的合作作者，应在姓名右上角加注阿拉伯数字序号，并在工作单位名称之前加与作者姓名序号相同的数字，各工作单位之间联排时以分号“；”隔开。采用如下格式：

作者姓名[1]，作者姓名[2]，……

（1 作者工作单位名称及地名，邮政编码；2 作者工作单位名称及地名，邮政编码；……）

例如：

张双民[1,2]，张莉滟[2]，刘稳升[1]，吕志跃[1]，郑焕钦[1]，吴忠道[1*]

（1 中山大学中山医学院 教育部热带病防治重点实验室，广州 510080；2 陕西师范大学生命科学院微生物研究室，西安 710062）

其中张双民1，2，表示该作者有两个工作单位，通常见于学位在读的作者。一个单位为就读学校，一个单位为自己实际工作单位。吴忠道1*表示该作者为通信作者。

向国外期刊投稿，要注意期刊对作者姓名的著录要求。外国作者姓名写法遵从国际惯例。

3．摘要

摘要是对论文的内容不加注释和评论的简短陈述。摘要应具有独立性和自含性，即不阅读报告、论文的全文，就能获得必要的信息。摘要中有数据、有结论，是一篇完整的短文，可以独立使用，可以引用，可以用于工艺推广。摘要的内容应包含与报告、论文同等量的主要信息，供读者确定有无必要阅读全文，也供文摘等二次文献采用。摘要一般应说明研究工作目的、实验方法、结果和最终结论等，而重点是结果和结论。摘要位置一般是在署名之下。

摘要作为一种可供阅读和检索的独立使用文体，应该结构严谨、语义准确、表述清晰，不进行自我评价。应该采用第三人称写法，一般不使用“我们”“本文”等字样。中文期刊论文和会议论文的摘要一般为200～300字，外文摘要一般不超过250个实词。摘要只能用文字形式表述，不能采用图表、化学结构式、数学表达式等非文字性资料，不列举例证，不分段。

4．关键词

关键词是指从文献中提炼出来，最能反映论文核心内容的名词或短语。每篇文章通常抽取 3～8 个词作为关键词，以便建立索引和检索，其位置一般在摘要的下方。为了国际交流，应标注与中文对应的英文关键词。

一般而言，关键词可从题名中提出，如不能从题名中提出的，再从全文中提取。

关键词的选取原则有以下几点：

① 关键词应该是名词或术语，不宜选用形容词、动词和副词等。

② 尽量选用主题词表中收录的规范词。

③ 同义词、近义词不可并列为关键词。

④ 选词准确，有专指词就不选用上位词。如："政治经济学"不用"政治学、经济学"。

⑤ 关键词不应出现无检索意义的词，例如"研究""概述""发展"等包含范围过广的词语。

⑥ 英文的冠词、介词、连词以及一些缺乏检索意义的副词和名词也不能作为关键词。

⑦ 复杂的有机化合物通常以基本结构名称作为关键词，化学分子式不能作为关键词。

⑧ 中英文关键词应一一对应。

6.4.2 主体部分

1．引言

引言也称为前言，是论文的开场白。简要说明研究工作的目的、范围、相关领域的前人工作和知识空白、理论基础和分析、研究设想、研究方法和实验设计、预期结果和意义等。主要作用是向读者交代本课题研究的来龙去脉，介绍研究背景和作者意图。包括研究背景和目的、研究方法、研究结果及意义。一段有水平的引言往往能在作者阐述写作目的的同时，引起读者阅读正文的兴趣，激起读者追求知识的愿望。

引言要实事求是、客观公正地叙述，言简意赅，不要与摘要雷同，不要成为摘要的注释。不应使用评价性语言，如"填补空白""国际先进水平"等，更不能贬低前人或他人的工作以突显本研究的创新性。一般教科书中有的知识，在引言中不必赘述。

学位论文为了需要反映出作者确已掌握了坚实的基础理论和系统的专门知识，具有开阔的科学视野，对研究方案作了充分论证，因此，有关历史回顾和前人工作的综合评述以及理论分析等，可以单独成章，用足够的文字叙述。

2．正文

论文的正文是核心部分，占主要篇幅，可以包括调查对象、实验和观测方法、仪器设备、材料原料、实验和观测结果、计算方法和编程原理、数据资料、经过加工整理的图表、形成的论点和导出的结论等。

由于研究工作涉及的学科、选题、研究方法、工作进程、结果表达方式等有很大的差异，对正文内容不能作统一的规定。但是，必须内容充实、论据充分可靠，论证有力，主题明确。可以根据具体内容将正文分成几个段落，达到层次分明、脉络清晰的效果。

书写格式上需要注意以下几点。

（1）关于缩写

第一次出现的缩写应有中、英文全称，建议书写格式是：中文名称（英文缩写，英文全称）。第一次出现之后，再在论文中出现时，可以随意使用中、英文全名或缩写。但一般建议多用英文缩写。

例如：

“多媒体通信首先是在计算机通信网中发展起来的。高性价比的PC（PersonalComputer）和WS（Work Station）的超速发展为承载图像、数据、文本、语音等多种业务的多媒体通信提供了技术保证，……”

（2）关于数学表达式

数学表达式应分章编号，公式居中，公式号右对齐，式中的参量如果是第一次出现，必须在接着公式的文字中加以说明。注意变量必须用斜体。

例如：

① 平均扩展长度$\overline{K}$为

$$\overline{K}=\sum_{i=1}^{n} iP_i \geqslant 1 \tag{1}$$

其中P_i为……

② 对于我们的方案，有

$$\begin{cases} \overline{i}=12P_1+16P_2+20P_3 \\ 0\leqslant P_1、P_2、P_3 \leqslant 1 \\ P_1+P_2+P_3=1 \end{cases} \tag{2}$$

其中P_1为……，P_2为……，P_3为……。

（3）关于外文符号的字体

无论是在公式中，还是在正文、图、表中，用外文符号表示的变量（包括下标、上标）必须用斜体，单位名称、函数、常数必须用正体，矢量、矩阵必须用正黑体。

例如：

$$\bar{l}=\sum_{i=1}^{m} l_i \bullet P_i,\ 12L_1+16L_2+20L_3-16,\ P_e=\frac{1}{2}\exp\left(-\frac{E_b}{2N_0}\right)(1-P_n)+\frac{1}{2}P_n$$

$h(\tau,t)$；

$\sin\omega t$，$\log(1/x)$，dy/dx；

b/s，ms，km，BPSK，…

（4）关于图、表

每一个图（表）必须有图（表）号和图（表）题，正文中应该对图（表）有说明。图（表）号可以分节依次编排，也可以全文统一编排，图（表）题要切合图（表）意。图（表）号、图（表）题及图（表）中的字号应比正文略小。

图（表）、文必须一致。文中要明确说明。如××内容见图（表）1，并且在图（表）1处要用文字与文章内容呼应。

图（表）通常应放在文中给出该图（表）说明的那一小节下方。如该下方放不下图（表），应将其放在下一页，将后面文字补充到前面。

正文中每个图（表）大小应尽量不要超过一页。

3．结论

论文的结论是最终的、总体的结论，不是正文中各段的小结的简单重复。结论是整个研究活动的结晶，是全篇论文的精髓，是作者独到见解之所在。要求措辞严谨、逻辑严密、文字具体。结论应该准确、完整、明确、精练。注意结论要有根据，不能随意引申、发挥，做无根据的或不合逻辑的演绎、推理。提出的结论性论断一定要恰如其分，既不人为夸大，也不有意缩小。不对论文的成果进行自我评价，也不随意贬低他人成果。如果不可能导出应有的结论，也可以没有结论而进行必要的讨论；可以在结论或讨论中提出建议、研究设想、仪器设备改进意见、尚待解决的问题等。

4．致谢

致谢是作者对他认为在论文写作过程中特别需要感谢的组织或个人表示谢意的内容。如协助完成研究工作和提供便利条件的组织或个人，在研究工作中提出建议和提供帮助的人，给予转载和引用权的资料、图片、文献、研究思想和设想的所有者。致谢内容要适度、客观，用词应谦虚诚恳、实事求是、简短、恰当，切忌浮夸、庸俗及其他不适当词句。

5．参考文献

GB/T 7714—2005《文后参考文献著录规则》的定义，文后参考文献是指：“为撰写或编辑论文和著作而引用的有关文献信息资源。”参考文献是作者在开展研究活动过程中亲自阅读过的并对其产生了明显作用或被作者直接引用的文献。

（1）参考文献的表现形式

参考文献在论文中表现形式通常有以下3种。

① 夹注：即段中注，是书籍、文章的一种注解形式，多见于中国古代书籍。内容包括

标明读音、训诂文字、辨别语词、分析章句、考证名物、推求义理、校勘异文，以及注明出处等。表现形式为在正文相应位置上标注夹注内容并置于方括号内。例如："最主要的是儿童能通过游戏获得生活体验：兴趣性体验，自主性体验，成就感，愉快体验等（丁海东，2001：37）。"

② 脚注：脚注是标明资料来源、为文章补充注解的一种方法。一般脚注会在文章内以符号或数字标示，然后在文章末端（也就是文章的"脚"）列出所有补充资料来源的详情。脚注让编者补充细节之余，也不影响行文的排版，让版面显得更整齐。

③ 尾注：将所有需要记录的参考文献顺序编号，统一集中记录在全文末尾。也是学术论文撰写中最主要的参考文献表现形式。

（2）参考文献的著录格式

依照国家标准 GB/T 7714—2005《文后参考文献著录规则》，参考文献通常按着在正文中出现的顺序列于文后，其序号与正文中指示序号一致。序号格式为"[数字]"，如[1]，[2]，…。每一参考文献条目的最后均以"."结束。在正文中标记参考文献时，则需要采用比正文小一号的字体，且为右上标。正文标记格式为"[数字]"，如[1],[2]。在正文中，如有一处引用了多篇文献，标注时在一个方括号内列写几篇文献的序号。如参考文献序号连续，则只需标注起止序号即可，若不连续，则序号间用逗号隔开，如[3-6]，[3,5,6]等。参考文献中所有符号为半角状态下输入。

（3）参考文献的类型与标识

参考文献的类型与标识见表 6-4-1。

表 6-4-1 参考文献的类型与标识

参考文献类型	标识	参考文献类型	标识
专著	M	论文集	C
单篇论文	A	报纸文章	N
期刊文章	J	学术论文	D
报告	R	标准	S
专利	P	其他文献	Z
联机网上数据库	DB/OL	磁带数据库	DB/MT
光盘图书	M/CD	磁盘软件	CP/DK
网上期刊	J/OL	网上电子公告	EB/OL

（4）各类参考文献条目编排格式及示例

① 连续出版物。

[序号]文献主要责任者．文献题名[文献类型标志]．连续出版物题名：其他题名信息，年，卷（期）：页码[引用日期]．获取或访问路径．

示例：

[1] 张家峰．浅析英语学习中的母语正迁移[J]．海外英语，2012,（3）:5-8.

[2] 李劲松，颜国正，吕恬生等.一种移动机器人全局路径规划新方法[J].机械设计与研究，2009,16（3）:30-32.

[3] 亚洲地质图编目组．亚洲地层与地质历史概述[J]．地质学报，1978,3:194-208.

[4] 莫少强．数字式中文全文文献格式的设计与研究[J/OL]．情报学报，1999，18（4）：1-6[2001-07-08].

http://periodical.wanfangdata.com.cn/periodical/qbxb/qbxb99/qbxb9904/990407.htm.

[5] N Kamada. The immunology of experimental liver transplantation in therat[J]. Immunology, 1985,55（3）: 369-389.

② 专著。

[序号] 主要责任者．题名：其他题名信息[文献类型标志]．其他责任者．版本项．出版地：出版者，出版年：引文页码[引用日期]．获取和访问路径.

示例：

[1] 安刚，薛富善．现代麻醉学技术[M]．北京：科学技术文献出版社，l999:1228-1231.

[2] 汪昂．（增补）本草备要[M]．石印本．上海：同文书局，1912.

[3] 昂温 G，昂温 P S．外国出版史[M]．陈生铮，译．北京：中国书籍出版社，1988.

[4] Abbas, A.K. Lichtman, A.H. Pillai, S. Cellular and molecular immunology[M].Philadelphia, PA : Saunders,2010.

[5] 赵耀东. 新时代的工业工程师[M/OL]. 中国台北：天下文化出版社，1988[1988-09-26].

http: // www.ie.nthu.edu.tw/info/ie.newie.htm（Big5）.

③ 论文集。

[序号]主要责任者．文献题名[C]//主编．论文集名．出版地：出版者，出版年：起止页码.

示例：

[1] 中国力学学会. 第 3 届全国实验流体力学学术会议论文集[C]. 天津: [出版者不详], 1990.

[2] YUFIN S A.Geoecology and computers: proceedings of the Third International Conference on Advances of Computer Methods in Geotechnical and Geoenvironmental Engineering, Moscow, Russia, February 1-4, 2000 [C]. Rotterdam: A. A. Balkema,2000.

④ 学位论文。

[序号] 主要责任．文献题名[D]．保存地：保存单位，年份.

示例：

[1] 陈杨．我国机械制造企业母子公司管控研究[D]．武汉：武汉理工大学，2009.

[2] CALMS R B.Infrared spectroscopic studies on solid oxygen[D].Berkeley:Univ.of California, 1965.

⑤ 报告。

[序号] 主要责任．文献题名[R]．报告地：报告会主办单位，年份.

示例：

[1] 冯西桥．核反应堆压力容器的 LBB 分析[R]．北京：清华大学核能技术设计研究院，1997.

[2] U. S. Department of Transportation Federal Highway Administration.Guidelines for handling excavated acid-producing materials, PB91-194001 [R]. Springfield:U. S.Department of CommerceNational Information Service, 1990.

⑥ 专利文献。

[序号]专利申请者或所有者．专利题名：专利国别，专利号[文献类型标志]．公告日期或公开日期[引用日期]．获取和访问路径.

示例：

[1] 邱香廷．医学试验杯：中国，200620134308.6 [P].2006-08-04

[2] 西安电子科技大学.光折变自适应光外差探测方法：中国，01128777.2 [P/OL]. 2002-03-06[2002-05-28].http://211.152.9.47/sipoasp/zljs/hyjs-yx-new.asp? recid=01128777.2&leixin=0.

[3] Carl Zeiss Jena,VBD Anordnung zurlichtele-creischen Erfassung der Mitte cines Lichtfeldes, Erfinder: W Feist,C.Wahnert,E Feistauer.Int.Cl :G02 B27/14, Schweiz, patent Schrift, 608626. 1979- 01-15.

[4] TACHIBANA R, SHIMIZU S, KOBAYSHI S, et al. Electronic watermarking method and system: US,6,915,001[P/OL]. 2002-04-25[2002-05-28].http://patftuspto.gov/netacgi/nph-Parser?Sect1=PTO2&Sect2=HITOFF&p=1&u=/netahtml/search-bool.html&r=1& f=G&1=50&col=AND&d=ptxt&sl='Electronic+watermarking + method + system'. TTL.. & OS=TTL/.

⑦ 国际、国家标准。

[序号]标准代号，名称[S]．出版地：出版者，出版年.

示例：

[1] 国家标准 GB7713-87 科学技术报告、学位论文和学术论文的编写格式[S]．北京：中国标准出版社，1987.

⑧ 报纸文章。

[序号]主要责任者．文献题名[N]．报纸名，出版日期（版次）．

示例：

[1] 庞慧敏．机械制造企业“谨慎乐观”守望春天[N]．工人日报，2009-3-18（5）．

[2] 傅刚，赵承，李佳路．大风沙过后的思考[N/OL]．北京青年报，2004-04-12（14）[2005-07-12].

http://www.bjyouth.com.cn/Bqb/20000412/GB/4216%5ED0412B1401.htm.

⑨ 电子文献。

[序号] 主要责任者．电子文献题名[文献类型/载体类型]．电子文献的出版或可获得地址，发表或更新日期/引用日期（任选）．

示例：

[1] 王明亮. 关于中国学术期刊标准化数据库系统工程的进展[EB/OL]. http://www.cajcd.edu.cn/ pub/wml.txt/980810-2.html.1998-08-16/1998-10-04.

[2] PACS-L:the public-access computer systems forum[EB/OL]. Houston, Tex:University ofHouston Libraries, 1989[1995-05-17]. http://info.lib.uh.edu/pacsl.html.

6.4.3 附录部分

附录是论文主体的补充项目，并不是必需的。在论文撰写过程中，有一部分内容对正文研究方法和技术叙述得更为深入，对了解正文内容有很大帮助。但这些内容如果放入正文，则会破坏论文完整性及逻辑性。所以，通常将其放于附录部分。附录部分还可包括一些篇幅过大或不便于编入正文的罕见珍贵资料，对本专业同行有参考价值的资料。某些重要的原始数据、数学推导、计算程序、框图、结构图、注释、统计表、计算机打印输出件等也可以附于附录部分。

6.4.4 结尾部分

有些学术论文文末，作者为了读者能更加方便地在其论文中找到特定信息，必要时可为论文编制关键词索引、著者索引甚至分类索引等。这些内容起到一定的检索意义，不破坏论文整体性。但不是必须具有的部分。

6.5 论文的撰写步骤

一般来说，论文撰写包括选题、资料的收集与整理、拟定写作提纲、撰写初稿、修改定稿等步骤。

6.5.1 选题

选题是指选定学术研究中所要研究或讨论的主要问题。大致要经过初步设想、调查研究和最终立题 3 个基本程序。选题好坏，直接决定着论文的写作质量。选题是论文成败的关键。爱因斯坦在评价伽利略提出测试光速的问题时说：“提出一个问题往往比解决一个问题更重要，因为解决一个问题也许仅仅是一个数字上的或实验上的技能而已，而提出新问题，新的可能性，从新的角度去看旧的问题，却需要有创造性和想象力，而且标志着科学的真正进步。”

1．选题的意义

选题决定着论文的价值，也关系着学术研究的成败，科学研究表明，决定研究成功的因素有很多，但其中一个最关键的因素就是选题得当。只要选题合适，研究人员可以把自己的学识、修养、智慧最有效地用到研究中去。事实上，选题是研究人员才能的具体体现。因为要选出一个有价值的课题，要求研究人员既要了解课题的来源与价值，还要有相当的知识储备、丰富的想象力以及对选题的浓厚兴趣等。有人说选对了题等于完成了一半，表示选题不仅要与客观需要相符合，另外还需要与主体状况相适应。选题为科学研究活动确定了一个明确的目标，在科研过程中起到“灯塔”的作用。科学方法论者贝法里奇说：“有真正研究才能的学生要选一个合适的题目是不困难的，假如他在学习的过程中不曾注意到知识的空白或不一致的地方，或者没有形成自己的想法，那么作为一个研究工作者，他的前途是不大的。”美国物理化学家威尔逊在《科学研究方法论》一书中说：“所谓优秀的科学家在于选择课题时的明智，而不在于解决问题的能力。”可见选题的重要性。

但是，选题并不等同于论文题目。选题的前提是经过自己研究有能力解决的问题，是一个反复酝酿、不断论证的过程。而论文题目则是论文内容的外在形式。

2．选题的原则

学术论文的选题必须要有根据和标准。写好一篇论文，有两个关键因素，一是课题有价值、有意义，这是写好论文的前提；二是作者能够提出自己的独立见解，这是写好论文的基本要求。选题通常遵循以下原则。

（1）价值性原则

价值性原则即学术论文的选题要能创造应有的社会价值或经济价值。如果所选题目正好是当前亟待解决、人们普遍关心的问题，那么论文写成后就具有很高的社会价值。因此选题要从实际出发，可以选择与社会生活密切相关的问题，或者选择与当前经济建设直接相关的问题，或者某一学科发展中的基本理论及关键性问题。另外，选题时要选择一些具有开创性或填补空白的课题，或者是具有争鸣性的课题，这样易受到学术界关注，产生一定社会价值或经济价值。

（2）创新性原则

创新性原则即学术论文的选题要求课题具有先进性、新颖性，科学和技术研究就是要解决前人没有解决或没有完全解决的问题。创新是科研工作的根本特点，也是学术论文是否具有价值的体现。

（3）科学性原则

科学性原则即学术论文的选题要求以科学事实、科学理论、技术原理等为依据，按客观规律办事，使之成为在科技上和实践上可以成立和可以探讨的问题；同时，还要随着基础事实和背景理论的进步、变化而对选择的课题及其内容进行必要调整。科学性是学术论文的精髓所在。

（4）可行性原则

可行性原则即学术论文的选题要求与自身主、客观条件相适应。克服盲目性，选取一些自己有能力、有条件完成的课题。可行性原则是学术论文得以成功撰写的基础。

为了使论文选题是力所能及的，需要把握好大与小、难与易的关系。一般来说大题、难题往往比较有价值、成果影响大，但它们比较复杂，进行研究的条件高，不易出成果；小题涉及范围小，目标集中，容易把握，容易出成果。要想做一个大题目，最好首先完成一些小题目，由小到大，逐步实现最终目标；其次，要发挥自己的专业特长。学问高深，无所不包。一个人的时间和精力总是有限的，不可能在许多领域都有独到的见解。因此在选题时，应当扬长避短，这样才能有所收获、有所贡献；再次，还要能找到资料。

3．选题的方法

① 文献浏览法。即通过对文献资料进行大量、快速的阅读，从中确定选题。这要求在浏览的过程中“善读、善记、善思”。即能广泛阅读相关的文献资料，记录下自己最感兴趣的观点，并且会寻找问题、发现问题。

② 设想验证法。即先主观假定一个选题，然后再通过查阅相关资料进行选题验证。一般来说，在验证过程中，需要判断该选题是否与前人观点重复，是否具有可行性、创新性，是否对前人提出的观点有补充作用。同时，在查阅相关资料过程中，也会产生新的灵感。再根据灵感进行相关资料查阅，可以形成更有价值的选题。

③ 实验调查法。即从现实出发，根据自己已开展的实验或者正在进行的调查研究入手，进行选题。这类选题通常是来源于实践，同时也是服务于实践，具有一定的社会效益和经济效益。

④ 启发选题法。即通过学术讲座或同行交流时，从中获取一些新观点、方法的启发，开拓思路，得到合适的选题。

4．选题应注意的问题

① 选题要目的明确，避免盲目性。科研的目的是认识自然、利用自然、改造自然，造福于人类。因此，选题要充分考虑社会生产实践的需要，以具有解决实际工作中的问题和理论价值为出发点。

② 选择课题应注意可行性。不能违反自然规律和科学原理。结合研究者本身的知识水平、科研能力及研究单位的仪器设备及科研经费等，切实可行地开展科学研究。

③ 避免选题的重复性。如果选题已为同行所熟悉或已普遍开展应用，则不需要再进行重复研究。

④ 不断完善选题。一个成熟的科研课题，从选题到研究工作的完成，都需要不断地调整完善。在科研过程中，如果有了新的发现，也应进行补充。科学发展历史上的重大发现，也不是预先完全确定好的目标。很多都是在研究其他课题时的伴随现象。当然，如果在科研过程中，有些选题目前技术水平难以达到的，可以缩小，甚至取消。

⑤ 慎重选题，坚持科研。选题是科研的关键。因此在选题时应慎重考虑，一旦确定应坚持到底，不宜轻率停顿或半途而废，从而造成人力、物力、财力的浪费。

6.5.2　材料搜集与整理

初步确定选题后，就需要着手开展材料搜集与整理工作。充分占有材料是顺利完成论文写作的重要前提。

选题初步形成以后，研究者就要根据选题范围、研究对象内涵和外延以及自己的研究条件制订一个材料搜集计划。获取材料途径主要有两个：一是通过阅读从文献资料中获得，即常说的间接材料；二是通过观察、调查、实验等从社会现实生活实践中获得，即常说的直接材料。

通过各种途径搜集的材料，需要进行分析整理后，才能用于学术论文。可将所有的原始测定数据收集整理并做必要的分析统计，将之转化为相应的图、表，并分别给出标记和说明。也可以在电脑上为论文课题的研究建立专门的文件夹，里面再分别设定一些子文件夹，如数据、文献等，便于阅读、分析及选择。

6.5.3　拟定写作提纲

写作提纲是论文写作的设计图，是作者将自己的前期构思和材料进行编排，用简洁的语言记录下来的论文框架体系。拟定提纲的过程就是理清写作思路、确定文章结构的过程。其目的就是将获取的资料进行合理的布局，形成一个基本的写作思路，再按着思路进行写作，做到条理清楚，张弛有度。

标题式提纲较为多见，就是以列出一、二级标题的形式形成提纲。优点是简明扼要，一目了然，能清晰地反映文章结构和脉络。在具体拟定提纲时应考虑文章的题名（可以是暂定的）、文章的结构（拟从几个方面进行论证）、文章的资料（如实验数据、图表和文献资料等）、文章的主要论点。

拟定好提纲后，还要再检查并做必要的修改。从文章整体角度检查提纲是否围绕中心论点开展论证或主论点是否突出，各层次逻辑结构是否合理，层次划分标准是否统一等。提纲的拟定是论文顺利撰写的条件。

6.5.4 撰写初稿

撰写初稿时应该围绕中心，紧扣主题。论点是学术论文的灵魂和核心，论文写作的各个环节都是围绕中心论文展开的。同时要注意论文内容的连续性，按照逻辑层层展开，内容也要前后呼应。在初稿形成过程中，可以适当根据内容调整提纲，尽可能地充分展示丰富内容，便于日后定稿。

在拟定提纲后宜尽快开始初稿的写作。因为在拟定提纲的过程中，已经对论文的思路、论点、采用的材料及论文的方法都有了周密的思考，此时为写作的极佳时间。一段时间后，思路可能会出现中断，此时写作就会有思维顿挫之感。在初稿写作过程中，要尽可能地写全面。这样修改时可以根据情况删减。在文章写作过程中，删减比增加内容要容易些。另外，在撰写初稿时，使用的语言要讲究用词准确、概念明晰、语言客观。多用简单句，少用复合句，开门见山，直奔主题，不做有意的文字修饰，尽可能地将初稿更完善些。

6.5.5 修改定稿

即使是制定出最佳的蓝图、提纲或方案，也还是需要进行反复修改与推敲。

初稿在修改时应考虑主题论点是否突出、整体结构是否合理、论证过程是否符合逻辑、内容的增减是否必要、语言文字和符号是否精准等。在初稿完成之后，应征求各方面意见，特别是指导者与同行的意见。再根据征求意见进行推敲与修改。常用修改论文的方法有：热改法，即在初稿完成之后，立即开始修改定稿；冷改法，即初稿完成之后，放置一段时间，再修改定稿的方法；他改法，即请别人帮助修改；诵读法，即初稿完成之后，自己大声诵读，通过诵读可以发现和修改语言文字方面的问题。这些方法可以在一篇学术论文修改的过程中综合、灵活地运用。

论文最后修改完成后，还要对格式进行必要的调整。如学位论文，需要根据学位论文的格式进行修改；如为欲发表的科技论文，需要根据期刊的具体格式进行相应的修改；如为专业课程论文或学年论文，则需要按着老师的要求进行格式上的调整。

6.6 论文的投稿

学术论文只有正式发表才能体现出它的价值，才能使学术研究和科技成果成为人类共同财富，才能对后续科学研究起桥梁作用。投稿，就是将自己撰写的学术论文投寄给学术期刊。

6.6.1 投稿的注意事项

1．正确评价论文质量

投稿前首先要对论文质量进行正确评价，在投稿时才能正确选择期刊。一方面不要过高估计自己论文的质量，导致投稿时未能达到权威期刊要求，而影响投稿积极性；另一方面也不要过低估计自己论文的质量，导致高水平论文只在一般刊物上发表。

2．选择适当的期刊

（1）学术期刊的分类

学术期刊按报道内容划分，有综合性期刊和专业性期刊。综合性期刊选择范围广，如大学学报等；专业性期刊报道内容一般都限制在一个学科或专业范围内，如现代哲学、半导体技术等。

学术期刊根据其主办单位的级别可分为国家级、省级等。一般来说，主办单位的级别越高，其刊物档次越高，对论文水平要求越高。

学术期刊有核心期刊与非核心期刊之分。目前许多高校和科研单位都把学术论文是否在核心期刊上发表作为评价论文水平的一个标准。

在选择期刊时，需要认真鉴别非法期刊与合法期刊，以免造成不必要的损失。合法期刊查询可以通过中华人民共和国新闻出版总署网站进行。

（2）选择期刊应考虑的因素

① 期刊的专业范围及读者群。作者投稿前，可以通过翻阅期刊了解期刊的专业范围及读者群，以此来确定自己的论文主题是否在刊物征稿范围内，确定是否可以达到读者期待值。了解读者群也有利于对拟投论文的修改，以符合期刊要求。不要一味地追求在最优秀、最权威的期刊上发表，而应正确定位自己论文的实际水平，以免估计过高或过低而导致投稿失误。

任何期刊都有自己的办刊范围、风格特色。在投稿过程中，务必弄清所投期刊重点、常设栏目内容，特别是期刊的“征文”信息，避免盲目投稿。有些刊物主要接收研究性论文，不刊登综述性论文；而有些刊物，就专门接收综述性论文。有的刊物面对的读者群大，所以其对论文的可读性要求就很高。每个期刊的读者定位也不一样，各有各的风格。有的侧重于理论，有的侧重于技术，有的侧重于介绍性报道。所以，对期刊的专业范围及读者群进行分析，可以增加文章的录取率。

② 期刊及论文的出版时滞。出版时滞即论文从接收到发表的平均时间。论文的出版时滞与期刊的出版周期及稿件积压情况密切相关。一般来说，在稿件积压相似的情况下，月刊的出版时滞总是短于双月刊及季刊。期刊稿件积压越多，其论文的出版时滞越长，反之其出版时滞越短。因此，作者可以通过期刊已发表论文文末的论文接收时间及发表时间来了解出版时滞，以确定自己的论文是否处在等待的时间。

对于新创刊的杂志，是那些无社会赞助的期刊，一般认为其影响因子低，发行量小，很难维持下去。据统计，60%的新刊物只有 2 年的寿命。在投稿时，应慎重选择新刊物。

③ 作者资格及文章采用率。在向国外科技期刊投稿时，需要认真阅读期刊的相关投稿说明。有些国外科技期刊对作者投稿资格有要求，如要求作者具有某国国籍、某研究机构

或协会会员等资格。同时，为了避免盲目投稿，导致耽误论文发表时间，可以利用计算机检索中国论文在某刊收录的统计数据判断国内文章在期刊的采用率。

④ 论文的出版费用。中文期刊的论文出版费用一般包括审稿费和版面费两种。审稿费是给审阅作品的人的酬劳。通常在投稿说明中会明确指出是否需要交纳审稿费。版面费是许多期刊向作者收取的主要费用项目，也是期刊用以弥补出版印刷成本并获取利润的重要来源。通常在论文确定录用后按版面收费或按篇收费。国外学术期刊向作者收取论文发表费用主要有版面费、超版面费和图版费三种，一般不收审稿费。刊物对论文篇幅有统一要求，超出规定篇幅后即予征收超版面费。国外科技类学术刊物大多向作者收取图版费，而且有些刊物即使不收版面费也要收取图版费（尤其是彩色图版费）。图版费收取因黑白图和彩图而异。在选择期刊时一定要了解清楚拟投期刊的各种收费政策，以免造成日后的尴尬。

（3）选择期刊的方法

一般来说，拟投稿的论文主题是一个范围很窄的学科，则所能选择的期刊不多；如论文的主题交叉了几个研究领域，则作者期刊选择范围较大。为了更好地选择期刊，以达到较好的投稿效率，可以先列出简单的拟选期刊表，再进行比对筛选，确定投稿期刊。常用的期刊筛选的方法有以下几种。

① 通过检索系统评估期刊。

世界著名检索系统收录的科技期刊被认为是评价学术质量及影响力的一个重要标志。我国作者可以通过这些学术期刊评价工具正确选择期刊。评价期刊的常用指标有影响因子、他引率、扩散因子、学科影响指标、参考文献量及基金论文比等。

常用的学术期刊评价工具有科学引文索引（SCI）、工程索引（EI）、科技会议录索引（ISTP/ISSHP）、《国外科学技术核心期刊总览》及科学文摘、化学文摘等。其中 SCI、EI、ISTP 是世界著名的三大科技文献检索系统，是国际公认的进行科学统计与科学评价的检索工具。了解三大检索系统的概况、期刊收录范围可以节省科研时间和精力，也可以有助于提高科学成果的质量，提高论文的影响范围。

北京大学编制的《中国核心期刊要目总览》，南京大学编制的《中文社会科学引文索引（CSSCI）》，中国科学院编制的《中国科学引文数据库（CSCD）来源期刊》可以指导读者选择中文学术期刊。

② 翻阅近期出版的拟投期刊。

读刊头，了解刊名，对办刊宗旨及编委会成员、出版商及其联系地址建立初步印象。浏览目录，了解该刊物发表文章的主要研究领域及主题内容。注意栏目设置，帮助选择与自己论文相匹配的刊物栏目。看拟投栏目文章的范例，正确认识撰写要求及规范格式，便于修改自己的论文，以符合发表要求。有些期刊会刊登组稿计划，作者可根据这些组稿计划，确定自己的投稿计划。

③ 向编辑或主编咨询。

在选择期刊过程中，如采用上述方法仍有无法确定的问题时，可以通过信件、E-mail及网站等方式，主动与编辑部或主编取得联系。

④ 听取同仁或导师的意见。

可征求同仁，特别是本专业专家对拟选期刊的意见。

3．不要“一稿多投”

所谓一稿多投是指同一作者的同一论文，同时投寄给多家期刊。一稿多投容易造成多家刊物同时或先后发表同一篇论文，给作者和期刊编辑部的声誉造成负面影响。

4．联系方式翔实准确

作者在投稿时，一定要留下翔实、准确的联系方式，附上联系电话、电子邮箱等，便于编辑部因稿件问题与作者联系。

6.6.2 投稿的方式

1．邮件投稿

邮件投稿即将论文按着编辑部的要求整理打印之后，通过邮件方式寄往期刊编辑部。建议使用挂号件寄出，且应寄给编辑部，而不要寄给个人。随着网络技术的发展，通过传统邮件投稿的杂志社逐步减少。

2．电子邮箱投稿

电子邮箱投稿即将论文按照编辑部要求整理成电子文档，按照编辑部指定的电子邮箱发送稿件的方式。这类投稿方式需要按照编辑部对论文的要求认真进行文档编辑，如字号、字体、间距等。通常稿件是用附件的方式进行发送的。

3．网络投稿

目前，许多期刊编辑部都开通了网络投稿系统。这种方式操作方便、快捷，追踪稿件便利，深受科技工作者欢迎。网上投稿需要作者对拟投期刊的投稿须知了解清楚，并按要求准备好投稿所需要的所有文件。原稿的内容与格式要符合刊物的要求，同时，文章字数、格式及文件的存储形式也应符合拟投刊物要求。在进行投稿系统操作时，应根据提示仔细操作。在输入过程中，要按部就班地输入文章的主要部分，如题目、作者、关键词、摘要、正文、图表等。对于输入要求，要仔细阅读，如对关键词、对原稿件长度有限定等。在输入过程中，要确认输入的完整性，避免输入时过于匆忙，而导致遗漏，延误审稿时间。现在有些期刊的网上投稿系统要求把文件的存储形式进行改变，如Word文档转换成PDF文档等，在投稿操作时都应注意。

此外，值得一提的是，部分著名出版社的网页上除附有投稿需知外，还专门设计了针对网上投稿的指导、示范文件。作者可以根据指导、示范文件来提高操作的准确性与时效性。

6.6.3 投稿后注意事项

1．稿件追踪

一般来说，国内期刊编辑部收到电子投稿稿件，会有电子邮件回执。而通过网站投稿的作者，则可以自行在网站上跟踪稿件的审稿进度。大多数国外期刊编辑部收到新稿后，会给作者发一份正式的、收到稿件的通知函。如果投稿 2 周仍无任何有关稿件收到的信息，也可打电话、发 E-mail 或写信给编辑部核实稿件是否收到。一般来说，国内期刊编辑部在 4～12 周内、国外期刊编辑部在 4～6 周内通常会作出是否接受稿件的决定。

2．稿件退修

几乎所有的经审查学术水平达到出版要求的自由来稿，在发表前都需要退给作者修改其表述及编辑格式，如压缩文章篇幅、重新设计表格、改善插图质量、限制不规则缩写词使用等。但是退修文章并不代表文章被接受，其是否最终被接受取决于作者对文章重要内容和表述方式的修改能否达到审稿专家及编辑要求。当作者收到退修稿后，应该仔细地阅读退修信和审稿专家意见，再考虑是否愿意接受审稿专家或编辑的意见，修改稿件。

一般情况下，编辑都希望作者尊重自己的修改意见。因此收到退修稿件时，应逐条核对编辑部的具体意见并修改。对于作者认为确实难以修改或不妥的地方，最好诚恳而婉转地说明并坚持自己的学术观点，使编辑能够比较容易地接受作者本人的意见。

对于退稿，作者要保持冷静，根据专家、编辑的要求进行修改，使结果更准确，结论更正确。退稿对所有科学工作者而言是很正常的。

3．核改校样

校样指论文在期刊上发表前供校对用的印刷样张。国外许多英文期刊在论文发表前将校样送给作者核校。核改校样是文章发表前最后一次纠正错误的机会，因此应逐字逐句仔细核校，力争将错误降到最低限度。文章作者应了解并会使用编辑部要求的校对符号，以免耽误论文发表时间。

校对时，应注意文题是否相符、论点是否鲜明、论据是否充分、论证是否严密、结论是否科学客观、用词是否符合专业术语、文稿是否符合写作规范、标点符号是否正确等。

6.6.4 外文期刊投稿细节提示

① 正确选择对口的 SCI 期刊。原则上是先投高影响因子杂志，然后不断降低影响因子。但是在选择期刊时，需要根据前面所述的选择期刊所要考虑的因素认真、慎重地选择。

② 不能一稿两投甚至一稿多投。许多杂志之间编委是相同的，一旦同一篇文章两次发到同一个编委或审稿人手中，就会被期刊社直接将作者拉入黑名单。

③ 正确选择必须推荐的审稿人。

④ 礼貌地向编辑咨询稿件状态，谨慎填写版权协议。

⑤ 尽可能参照投稿说明，认真修改退修稿。认真阅读 Introduction for submission，逐条地改正，以防延误同行评审时间。

⑥ 一般外文 SCI 杂志的审稿周期是 1～3 个月。若 2 个月左右没有消息，作者可以通过 E-mail 咨询一下稿件状态。

6.6.5 提高投稿录用率的诀窍

1．国内期刊

（1）文章的署名

通常来说，学术水平高，业界享有一定声望的作者，容易得到编辑的信任。文献批量研究表时，学术水平高的论文其合作作者较多，这在自然科学领域的论文中表现得更为明显。

（2）基金项目

一般来说，基金项目是期刊出版社最受欢迎的部分，可以提高期刊的声誉。因此，在投稿过程中，如果是基金项目，不论哪一级一定要标注上。

（3）参考文献的选择

在选择参考文献时，尽可能选择该期刊近两年发表的文献。这样，可以提高该期刊的影响因子。影响因子＝统计当年被引用的总次数/期刊前两年发表论文总数，可见参考文献的选择也可以适当提高文章的录取率。

（4）期刊栏目的选择

有针对性地选择期刊栏目，可以有效地提高投稿的录取率。有些作者常会抱怨自己的文章质量不差，却总是遭受退稿，心里常觉得委屈，不能接受。如果能深入研究期刊的风格和特殊要求，投期刊之所好，就能提高录取率。

（5）撰写规范的稿件

作者投稿前，要认真阅读该刊的投稿须知，以便充分了解编辑部对稿件的各种要求。按着要求修改好自己的文章风格，如论文的形式、排版、图表制作、英文摘要撰写水平等方面，如果这些都能符合期刊的要求，这样就容易被录用。

（6）投稿说明信

在寄送稿件时附上一封简单明了的说明信，简单介绍论文的背景、创新点以及意义，并给出详细联系方式。特别是论文具有很强的时效性时，说明信就更为重要。提供有用信息的投稿信也是对编辑尊重的一种表现，可以给编辑留下良好的初步印象。

（7）与编辑部沟通

适时地询问稿件处理情况，沟通信息，可以加强编辑的印象。如在投稿时附上投稿说明信，介绍论文的主要创新点、写作背景及提醒编辑重点注意部分。现在很多稿件都是网上公示评审流程，可以在稿件处理的两个流程中间向编辑部咨询。但切忌刚投稿即反复催问，以免编辑心烦，导致退稿。

2. 国外期刊

国内学术界十分重视在 SCI 和 EI 期刊上发表论文。学术论文被 SCI 收录和引用已成为评价论文作者及其机构的学术水平、科研创新能力和论文质量的依据。发表 SCI 论文已成为高等院校和科研机构的热门话题，被 SCI、EI 录取的可能性成为普遍关注的问题。

（1）查找和筛选适合自己论文的国外学术期刊

可以在 ISI 网站中查找和检索全部 SCI 期刊的详细信息。一般找适合自己论文的期刊要从期刊的专业对口、期刊的影响因子和期刊的稿件录用率等方面综合考虑。各期刊的影响因子等统计指标一般可以反映它们的质量状况。一般影响因子高的期刊，其稿件录用要求会相对高些。投稿前需要根据自己的论文档次选择期刊。

（2）文章的质量高

凡被 SCI 和 EI 收录的期刊，对稿件的录取要求很高。加之全球投稿数量巨大，文章质量高的可以提高录取率。

（3）选择适合的栏目

前沿问题的选题一般易引起期刊编辑的重视，而具有中国特色的结果或中文文献综述也相对易被录用。就论文类型而言，研究报告较综述易被录用。

（4）文章格式

认真阅读期刊的撰稿要求和该刊近期的文章，并严格按要求认真修改自己的论文。国外高档次期刊对稿件格式有严格的要求，作者特别要注意在数据统计、图表制作、文章结构格式、参考文献标注等方面符合期刊规范，避免初审被淘汰。

（5）良好的英文水平

英文写作要注意英文表达习惯，对于英文水平欠佳的作者，建议定稿前请英语为母语的专家帮助修改润色。平时多读已发表的同类英文论文，从中学习一些专业术语和习惯表达方式等，这也是有针对性地提高语言水平的有效途径。

附录

常用学习型数据库

1．大学专业课学习数据库：十二大学科门类专业课程的知识脉络实用学习工具。

2．高教网考研互动精品课程：政治、英语一、英语二、数学一、数学二、数学三以及全国统考和非统考专业课程。

3．新东方多媒体学习库：国内考试、出国考试、应用外语、实用技能与求职、职业认证与考试等五大类课程。

4．银符考试模拟题库：四六级英语、计算机、公务员、各种行业从业资格证等。

5．职业全能培训库：以就业为导向的综合性多媒体教育培训在线学习平台。

6．蔚秀报告厅：主讲人均为985高校的院士、教授或受邀在985高校举办讲座的国内外名师和行业领袖。讲座内容可按学科或讲座人单位进行搜索。

7．高校试题素材资源库：各学科资源权威试题素材。

8．数图教育视频资源共享平台：世界各大名校著名教授的视频课程资源。

9．医学教学素材库：医学图片、视频、动画及音频等。

10．实训教学专题视频库：高校专业学科实践教学的精品专题数据库每类资源均由专业基础、实训项目和考证辅导三大部分组成。

11．爱迪科森环球英语多媒体数据库:学历考试类、应用英语类、出国考试类、职业英语类及小语种等多种外语培训课程。

12．本科教学参考书：国内高校文理工医农林各领域的权威学者、教授推荐的经典教材、教参被统一制作成正版电子图书，涵盖我国高等教育文理工医农林等各学科的权威教材、教参电子图书库。

参考文献

[1] 邓发云，杨忠，吕先竞．信息检索与利用[M]．北京：科学出版社，2010．

[2] 谢德体，陈蔚杰．信息检索与分析利用[M]．北京：科学出版社，2010．

[3] 王林．信息检索[M]．北京：人民邮电出版社，2010．

[4] 吉家凡，杨连珍，李明．网络信息检索[M]．武汉：华中科技大学出版社，2010．

[5] 储开稳，朱昆耕．文理信息检索与利用[M]．武汉：华中科技大学出版社，2010．

[6] 黄如花．信息检索[M]．武汉：武汉大学出版社，2010．

[7] 靳小青．信息检索[M]．北京：人民邮电出版社，2010．

[8] 朱江岭．网络信息资源检索[M]．北京：海洋出版社，2010．

[9] 于光．信息检索[M]．第 2 版．北京：电子工业出版社，2014．

[10] 罗晓宁．网络信息检索与利用[M]．上海：同济大学出版社，2011．

[11] 王勇，彭莲好．信息检索基础教程[M]．武汉：华中科技大学出版社，2010．

[12] 陈泉，郭利伟．网络信息检索与实践教程．北京：清华大学出版社，2013．

[13] 谢新洲．网络信息检索技术与案例[M]．北京：北京图书馆出版社，2005．

[14] 王日芬，李晓鹏．网络信息资源检索与利用[M]．南京：东南大学出版社，2003．

[15] 吴延熊．信息检索教程[M]．北京：中国传媒大学出版社，2010．

[16] 滕胜娟，蓝曦．现代科技信息检索[M]．北京：中国纺织出版社，2007．

[17] 于双成．科技信息检索与利用[M]．北京：清华大学出版社，2012．

[18] 袁曦临．信息检索——从学习到研究[M]．南京：东南大学出版社，2011．

[19] 贺霞，凌征强，司马敬敏．信息检索与实践[M]．北京：人民邮电出版社，2010．

[20] 张俊慧．信息检索教程[M]．北京：科学出版社，2010．

[21] 曾健民．信息检索技术实用教程[M]．北京：清华大学出版社，2012．

[22] 陈氢，陈梅花，等．信息检索与利用[M]．北京：清华大学出版社，2012．

[23] 梁国杰．文献信息资源检索与利用[M]．北京：海洋出版社，2011．

[24] 贺敏，等．信息检索与实践[M]．北京：人民邮电出版社，2010．

[25] 秦鸿．MOOCs 的兴起及图书馆的角色[J]．中国图书馆学报，2014，40（2）:19~25．

[26] 国家标准 GB/T 7714—2005 文后参考文献著录规则[S]．北京：中国标准出版社，

2005.

[27] 陈茁新，等. 信息检索与利用实用教程[M]. 北京：国防工业出版社，2011.

[28] 邓富民. 文献检索与论文写作[M]. 北京：经济管理出版社，2010.

[29] 张久珍. 国外参考资源检索与利用[M]. 北京：北京大学出版社，2008.

[30] 赵静. 现代信息查询与利用[M]. 第 2 版. 北京：科学出版社，2008.

[31] 刘双魁. 信息检索与利用[M]. 南京：东南大学出版社，2010.

[32] 刘绿茵. 电子信息检索与利用[M]. 北京：机械工业出版社，2007.

[33] 王伟，陆美，等. 网络学术信息资源及其检索[M]. 南京：东南大学出版社，2000.

[34] 杨飏，吴长江. 大学生信息检索与利用[M]. 武汉：华中科技大学出版社，2011.

[35] 闫瑜. 大学生信息检索与论文写作[M]. 哈尔滨：哈尔滨工程大学出版社，2010.

[36] 图书馆书目检索系统（汇文 5.0）新功能正式推出. http://www.08kan.com/gwk/MzA4OTEyNTIwMg/200084631/1/01b82113e3b3d44667dd6dee86b72c2c.html.（2015-4-5）

[37] 超星移动图书馆简介. http://lib.wyu.edu.cn/Html/Product_365.html.（2015-4-5）

[38] 肖珑. 数字信息资源的检索与利用[M]. 北京：北京大学出版社，2013.

[39] 黄丽霞，周丽霞，赵丽梅. 信息检索教程[M]. 北京：知识产权出版社，2014.

[40] 赵乃瑄. 使用信息检索方法与利用[M]. 第 2 版. 北京：化学工业出版社，2013.

[41] 杨耀防，陈先平. 医学文献检索与论文撰写[M]. 南昌：江西高校出版社，2009.

[42] 吕霞. CALIS 重点学科网络资源导航库建设中的网络信息资源选择探析[J]. 高校图书情报论坛，2010（9）：14.

[43] 清华大学图书馆网. http://lib.tsinghua.edu.cn/database/gale.htm（2015.5）

[44] 张洪亭. 科研论文撰写. [M]. 北京：中国纺织出版社，2013.

[45] 李群. 毕业论文撰写指南. [M]. 昆明：云南科技出版社，2010.

[46] 夏镇华. 科技论文撰写参考. [M]. 北京：国防工业出版社，2009.

[47] 段明莲. 学位论文撰写与参考文献著录规范. [M]. 北京：北京大学出版社，2009.

[48] 任培兵. 科技论文撰写指南. [M]. 石家庄：河北科学技术出版社，2012.

[49] 郜峻，张利平. 信息素养与计算机信息检索[M]. 北京：北京航空航天大学出版社，2011.

[50] 徐庆宁，陈雪飞. 新编信息检索与利用[M]. 上海：华东理工大学出版社， 2014

[51] 黄明，梁旭，谷晓琳. 大型开放式网络课程 MOOC 概论. 北京：电子工业出版

社，2015.

[52] 百度. http://www.baidu.com.（2015-4-29）

[53] 读秀学术搜索. http://www.duxiu.com.（2015-4-30）

[54] 国家标准 GB7713-87 科学技术报告、学位论文和学术论文的编写格式[S]. 北京：中国标准出版社，1987.

[55] 国家标准 GB6447-86 文摘编写规则[S]. 北京：中国标准出版社，1986.